经济所人文库

桂世镛集

中国社会科学院经济研究所学术委员会 **组编**

中国社会科学出版社

图书在版编目（CIP）数据

桂世镛集/中国社会科学院经济研究所学术委员会组编. —北京：中国社会科学出版社，2019.1
（经济所人文库）
ISBN 978-7-5203-3555-3

Ⅰ.①桂… Ⅱ.①中… Ⅲ.①经济学—文集 Ⅳ.①F0-53

中国版本图书馆 CIP 数据核字（2018）第 254340 号

出 版 人	赵剑英
责任编辑	王 曦
责任校对	赵雪姣
责任印制	戴 宽
出 版	中国社会科学出版社
社 址	北京鼓楼西大街甲 158 号
邮 编	100720
网 址	http://www.csspw.cn
发行部	010-84083685
门市部	010-84029450
经 销	新华书店及其他书店
印刷装订	北京君升印刷有限公司
版 次	2019 年 1 月第 1 版
印 次	2019 年 1 月第 1 次印刷
开 本	710×1000 1/16
印 张	22.75
字 数	307 千字
定 价	99.00 元

凡购买中国社会科学出版社图书，如有质量问题请与本社营销中心联系调换
电话：010-84083683
版权所有　侵权必究

中国社会科学院经济研究所
学术委员会

主　任　高培勇

委　员　(按姓氏笔画排序)

　　　　龙登高　朱　玲　朱恒鹏　刘树成
　　　　刘霞辉　杨春学　张　平　张晓晶
　　　　陈彦斌　赵学军　胡乐明　胡家勇
　　　　徐建生　高培勇　常　欣　裴长洪
　　　　魏　众

总　序

作为中国近代以来最早成立的国家级经济研究机构，中国社会科学院经济研究所的历史，至少可上溯至1929年于北平组建的社会调查所。1934年，社会调查所与中央研究院社会科学研究所合并，称社会科学研究所，所址分居南京、北平两地。1937年，随着抗战全面爆发，社会科学研究所辗转于广西桂林、四川李庄等地，抗战胜利后返回南京。1950年，社会科学研究所由中国科学院接收，更名为中国科学院社会研究所。1952年，所址迁往北京。1953年，更名为中国科学院经济研究所，简称"经济所"。1977年，作为中国社会科学院成立之初的14家研究单位之一，更名为中国社会科学院经济研究所，仍沿用"经济所"简称。

从1929年算起，迄今经济所已经走过了90年的风雨历程，先后跨越了中央研究院、中国科学院、中国社会科学院三个发展时期。经过90年的探索和实践，今天的经济所，已经发展成为以重大经济理论和现实问题为主攻方向、以"两学—两史"（理论经济学、应用经济学和经济史、经济思想史）为主要研究领域的综合性经济学研究机构。

90年来，我们一直最为看重并引为自豪的一点是，几代经济所人孜孜以求、薪火相传，在为国家经济建设和经济理论发展作出了杰出贡献的同时，也涌现出一大批富有重要影响力的著名学者。他们始终坚持为人民做学问的坚定立场，始终坚持求真务实、脚踏实地的优良学风，始终坚持慎独自励、言必有据的学术品格。他们是经济所人的突出代表，他们的学术成就和治学经验是经济所最宝贵的财富。

抚今怀昔，述往思来，在经济所迎来建所90周年之际，我们编选出版《经济所人文库》（以下简称《文库》），既是对历代经济所人的纪念和致敬，也是对当代经济所人的鞭策和勉励。

《文库》的编选，由中国社会科学院经济研究所学术委员会负总责，在多方征求意见、反复讨论的基础上，最终确定入选作者和编选方案。

《文库》第一辑凡40种，所选作者包括历史上的中央研究院院士，中华人民共和国成立后的中国科学院学部委员、中国社会科学院学部委员、中国社会科学院荣誉学部委员、历任经济所所长以及其他学界公认的学术泰斗和资深学者。在坚持学术标准的前提下，同时考虑他们与经济所的关联。入选作者中的绝大部分，都在经济所度过了其学术生涯最重要的阶段。

《文库》所选文章，皆为入选作者最具代表性的论著。选文以论文为主，适当兼顾个人专著中的重要篇章。选文尽量侧重作者在经济所工作期间发表的学术成果，对于少数在中华人民共和国成立之前已成名的学者，以及调离经济所后又有大量论著发表的学者，选择范围适度放宽。为好中选优，每部文集控制在30万字以内。此外，考虑到编选体例的统一和阅读的便利，所选文章皆为中文著述，未收入以外文发表的作品。

《文库》每部文集的编选者，大部分为经济所各学科领域的中青年学者，其中很多都是作者的学生或再传弟子，也有部分系作者本人。这样的安排，有助于确保所选文章更准确地体现作者的理论贡献和学术观点。对编选者而言，这既是一次重温经济所所史、领略前辈学人风范的宝贵机会，也是激励自己踵武先贤、在学术研究道路上砥砺前行的强大动力。

《文库》选文涉及多个历史时期，时间跨度较大，因而立意、观点、视野等难免具有时代烙印和历史局限性。以现在的眼光来看，某些文章的理论观点或许已经过时，研究范式和研究方法或许已经陈旧,但为尊重作者、尊重历史起见,选入《文库》时仍保持原貌而未加改动。

《文库》的编选工作还将继续。随着时间的推移,我们还会将更多经济所人的优秀成果呈现给读者。

尽管我们为《文库》的编选付出了巨大努力,但由于时间紧迫,工作量浩繁,加之编选者个人的学术旨趣、偏好各不相同,《文库》在选文取舍上难免存在不妥之处,敬祈读者见谅。

入选《文库》的作者,有不少都曾出版过个人文集、选集甚至全集,这为我们此次编选提供了重要的选文来源和参考资料。《文库》能够顺利出版,离不开中国社会科学出版社领导和编辑人员的鼎力襄助。在此一并致谢!

一部经济所史,就是一部经济所人以自己的研究成果报效祖国和人民的历史,也是一部中国经济学人和中国经济学成长与发展历史的缩影。《文库》标示着经济所90年来曾经达到的学术高度。站在巨人的肩膀上,才能看得更远,走得更稳。借此机会,希望每一位经济所人在感受经济所90年荣光的同时,将《文库》作为继续前行的新起点和铺路石,为新时代的中国经济建设和中国经济学发展作出新的更大的贡献!

是为序。

于 2019 年元月

编者说明

《经济所人文库》所选文章时间跨度较大,其间,由于我国的语言文字发展变化较大,致使不同历史时期作者发表的文章,在语言文字规范方面存在较大差异。为了尽可能地保持作者个人的语言习惯、尊重历史,因此有必要声明以下几点编辑原则:

一、除对明显的错别字加以改正外,异形字、通假字等尽量保持原貌。

二、引文与原文不完全相符者,保持作者引文原貌。

三、原文引用的参考文献版本、年份等不详者,除能够明确考证的版本、年份予以补全外,其他文献保持原貌。

四、对外文译名与今译名不同者,保持原文用法。

五、对原文中数据可能有误的,除明显的错误且能够考证或重新计算者予以改正外,一律保持原貌。

六、对个别文字因原书刊印刷原因,无法辨认者,以方围号□表示。

作者小传

桂世镛，男，1935年2月生于浙江杭州，1956年进入经济所工作。

1950年10月，桂世镛考入燃料工业部石油管理总局材料管理训练班（后改为北京石油学校）学习。1952年毕业后，被派往甘肃玉门油矿，实习了三个月。1952年9月，经组织推荐，桂世镛以优异成绩考入中国人民大学计划经济系工业计划专业学习，并于1956年7月大学毕业时加入了中国共产党。

1956年大学毕业后，桂世镛被分配到中国科学院哲学社会科学学部经济研究所（现中国社会科学院经济研究所）工作，一直到1969年11月。其间，他担任过研究实习员、助理研究员和工业经济组秘书。在经济所工作时，他先后参加了孙冶方主编的《社会主义经济论》（初稿）和马洪主编的《社会主义国营工业企业管理》的写作，在《人民日报》《经济研究》等报刊发表了多篇文章，撰写了有关工业企业责任制的论著。这一时期，他着重研究了政治经济学、工业经济、企业管理和劳动工资等问题。在政治经济学体系方面，他与何建章等同志合作研究政治经济学的结构体系问题，主张从经济过程的分析入手编写政治经济学社会主义部分，提出了一个按生产过程、流通过程、生产总过程分篇的体系。在企业管理方面，他与其他同志合作，深入研究和分析了国营企业的任务和性质。在经济核算方面，他提出了企业进行综合资金核算的必要性，论证了社会主义经济中资金利润率范畴存在的客观依据。他对企业内部和外部的责任制问题进行了深入研究，较早提出从经济上确立各级责任制的观点。他还对按劳分配思想的发展史做了比较系统的整理和研究。

1969年11月至1973年3月，桂世镛被下放石油工业部湖北潜江"五七"干校劳动。1973年5月，借调到国家计委劳动局研究室工作，先后参加劳动工资问题的调研、《工业二十条》的起草工作。1977年7月，他正式调入国家计委工作。其间，1978年9月至1987年3月，他先后担任国家计委政策研究室副主任、主任、国家计委委员兼计划经济研究所所长。他在继续进行经济理论研究的同时，直接参与了许多宏观经济管理的实际工作，并围绕现实经济生活中的突出问题，从实践经验中探索规律性的认知，完成了一系列质量较高的论著。

1987年3月，他调任人民日报社副总编辑。同年10月，在党的十三大上，他当选为十三届中央候补委员。

1988年6月至1989年12月，他任国家计委委员、秘书长、经济研究中心主任。1989年12月至1994年7月任国家计委副主任、党组成员。其间，他还曾兼任国务院研究室副主任、党组成员，1990年12月起兼任全国矿产储量委员会副主任，1991年7月起兼任全国企业管理干部培训工作领导小组成员。1992年10月，在党的十四大上，他当选为十四届中央候补委员。在国家计委工作期间，他先后参与了多个五年计划、各年度计划和相关政策措施的制订和实施工作，组织和主持了经济社会发展战略、国民经济重大比例关系、宏观经济调控体系、经济体制和计划体制改革等重大理论和政策的研究。

1994年7月至1998年3月，他担任国家行政学院副院长、党委书记（正部长级）。其间，他主持了国家行政学院的日常工作，建设新校区、组建教职工队伍并推进学院的正规化、专业化建设；主持修订、完善、落实学院机构编制方案，组织制定了学院办学工作的若干意见，等等。1997年党的十五大上，他当选为十五届中央委员。

1998年3月至2001年2月，他担任国务院研究室主任、党组书记。其间，他主持和参与了大量重要文件和国务院领导同志讲话、报告等重要文稿的起草；主持和组织了对国民经济和社会发展许多重大课题的调查研究，圆满完成了任上各项使命。1998年3月至1999年11月他还兼任国家行政学院副院长。

2001年3月、9月，他相继增选为政协第九届全国委员会常务委员、经济委员会副主任。2003年3月当选为政协第十届全国委员会常务委员、文史资料委员会主任。这一期间，他参与和负责组织了全国政协常委视察农村税费改革和全国政协委员视察西部地区小城镇发展的有关工作，主持了关于"国有资产管理体制改革问题"等调研，提出了一些重要建议。

桂世镛在做好综合经济部门和其他部门实际工作的同时，勤奋治学，并多次参与党和国家重大文件起草工作。他参与孙冶方主编的《社会主义经济论》（初稿）和马洪主编的《中国社会主义国营工业企业管理》的写作；著作包括《论调整、改革与效益》《中国经济：改革、发展与稳定》《世纪之交的中国经济》等；主编了《集中财力物力保证重点建设》《论指导性计划》《论中国宏观经济管理》等几十部著作。他发表了许多有重要影响的论文，包括《关于社会主义企业经济核算的内容问题》《提高经济效果的几个问题》《正确处理改革和建设的关系》等上百篇论文。

2003年11月28日，桂世镛在北京病逝，享年68岁。

目 录

中小企业在我国经济建设中的作用 …………………………… 1
略论工业战线上大型企业和中小型企业同时并举、洋法生产和
　土法生产同时并举的伟大胜利 ………………………………… 7
关于社会主义企业经济核算的内容问题 ……………………… 22
论社会主义国营工业企业的责任制 …………………………… 38
努力降低成本,增加企业赢利 …………………………………… 54
论我国国营工业企业的性质和任务 …………………………… 62
工业生产中必须建立全面的责任制 …………………………… 72
搞好调整、更加稳妥、更加迅速地推进四个现代化 …………… 82
提高经济效果的几个问题 ……………………………………… 95
论财政平衡与经济调整 ………………………………………… 103
论进一步调整的特点与意义 …………………………………… 109
实现国民经济良性循环若干问题的探讨 ……………………… 121
深入研究经济效益问题 ………………………………………… 136
论我国经济发展的战略目标、战略重点和战略步骤 ………… 142
论指令性计划制度 ……………………………………………… 155
坚定地走中国式的现代化道路 ………………………………… 172
关于正确认识计划经济为主、市场调节为辅的几个问题 …… 182
论自觉运用价值规律的极端重要性 …………………………… 195
建立合理的价格体系是保证改革成功的关键 ………………… 200
改革计划体制的理论基础 ……………………………………… 204
论社会总需求与总供给的基本平衡 …………………………… 218

正确处理改革和建设的关系……………………………………… 229
坚持把经济体制改革放在首位的方针……………………………… 235
努力实现国民经济长期持续、稳定、协调发展…………………… 242
继续推进治理整顿和深化改革的几个问题………………………… 251
要坚定不移地推进国有企业的改革和发展………………………… 265
实行计划经济与市场调节相结合的一些思考……………………… 273
论建立社会主义市场经济体制……………………………………… 276
中国的投融资体制改革……………………………………………… 285
开创建设有中国特色社会主义经济的新局面……………………… 296
论深化国有企业改革和调整国有经济布局………………………… 310
向深层次推进国有企业改革………………………………………… 322
抓住机遇迎接挑战 中国经济走向成熟…………………………… 328
深入研究和建设社会主义市场经济理论…………………………… 331
迎接信息网络化的挑战……………………………………………… 337
我国市场取向改革的实践与理论创新……………………………… 340
编选者手记…………………………………………………………… 345

中小企业在我国经济建设中的作用

　　发展大企业的同时，发展中小企业，实行大中小企业同时并举，这是我国工业建设中的一条重要方针。这个方针的主要目的就是调动全国六亿五千万人民群众对发展工业的积极性，大家动手办工业，力争我国工业的高速度发展。

　　大企业比起中小企业来有许多优点，它的规模大、技术先进，因而生产效率比较高，能够生产一些技术要求很复杂的产品，解决一些国民经济中带关键性的问题。所以大企业是我国工业的骨干，是我国经济发展的"火车头"。我们要实现国家工业化，要根本改变技术经济方面的落后状况，不建立相当数量的大企业，包括大型钢铁厂、机械厂、煤矿、发电厂以及纺织厂等，是不可能实现的。在第一个五年计划期间，我国集中力量进行了以156项重大工程为中心的工业建设，在各个工业部门都建设了一批现代化的大企业，这对提高工业的生产能力、技术水平和改变我国工业的落后面貌都起了很大作用，奠定了工业化的初步基础。今后我们还要建设更多更好的大企业，以保证我国工业化事业的早日实现。但是，建设大企业需要的资金多，要求的技术复杂，建设的时间比较长，并且还常常需要有相当集中的资源。所以大企业的发展不能不受一定的客观条件和主观条件的限制。只靠办大企业来发展工业，就好比只用一条腿走路，一跳一跳是走不快的。为了更快地发展工业，我们就必须在发展大企业的同时，发展中小企业，用两条腿走路。这样我们就能够跑步前进！

　　中小企业比起大企业来，虽然它的规模比较小，技术比较简单，但是它也有一些大企业所不能具备的优点。

第一，建设中小企业，投资少、收效快，能够迅速地发挥作用。例如建设一座年产90万吨的煤井，平均每吨生产能力的投资比年产15万吨以下的煤井几乎要多一倍，建设的时间需要三四年，经过七八年之后才能达到设计生产能力。而建设一座年产15万吨以下的煤井只要一两年，经过三四年就能达到设计能力。至于年产几千吨到一万吨的小煤窑，那么每吨生产能力的投资只及90万吨煤井的1/17，并且当年就能投入生产。又如建设一个大型的钢铁企业，每吨钢的生产能力和建设时间都要比建设一个小型钢铁厂多2倍。这种情形在其他的部门也是一样的。

第二，中小企业的规模比较小，技术比较简单，因此能够分散建设、遍地开花。这样中小企业的发展便可以充分利用分散的资源，动员各地的人力、物力和财力，并且能够使工业在全国得到合理的分布，使各地的经济得到平衡地发展。由于中小企业的生产能够更加接近原料产地和消费地区，所以能够大大节省运输上的劳动消耗。

第三，建设中小企业可以增加产品的花色品种，灵活地满足各地的多种需要。并且由于中小企业产品供应的范围较小，同需用单位的联系密切和生产比较单纯这些条件，它便于根据各个时期需要的变化来及时调整生产，适应需要。

第四，建设中小企业要求的技术比较简单，工厂设计和所需的机器设备，国内可以自行解决。这样既能可靠地保证建设进度，又能充分发挥国内的设计和机械制造方面的潜力，促进它们更快成长。

中小企业的优点是很多的，上面所列举的只是它的主要优点。中小企业的这些优点和我国资源丰富、人口众多这些特点相结合，便会对我国工业发展和整个社会主义建设产生重大作用。

我们的国家是一个以地大物博和人口众多著称于世的国家。我们有6.5亿勤劳勇敢的人民，有960万平方公里的领土，并且遍地都埋藏着极其丰富的矿物资源。根据现有的材料，煤的远景储量达1.5亿吨，铁的远景储量达120亿吨，水力的蕴藏量有5.4亿千瓦。在全国2000多个县里有1500个县有煤矿，许多藏有铁，其他像锰、铝、硫化铁、钼、石棉、云母等资源也无不应有尽有，并且分布很广，至于可以利用的野生动、植物资源就更是数不胜数。目前已经发现的就有2000余种，这对我国工业发展极为有利。但是由于长期以来的反动统治和帝国主义侵略，我们祖国的经济发展是极为缓慢的，现代工业的基础十分薄弱。仅有的一点工业（多半是轻工业）又大部分集中在沿海一带，发展极不平衡。遍藏各地的丰富资源远远没有得到充分的开发和利用，这是我们祖国近百年来备受帝国主义欺凌的主要原因之一。全国解放之后，特别是社会主义革命胜利之后，全国人民的迫切愿望和最大利益就是迅速地发展工业，实现国家工业化，使我国成为一个富强的国家。那么，在我们这样一个经济还不够发达的国度里，如何才能充分地发挥全国人民发展工业的积极性，充分利用资源丰富、人口众多这样一些有利条件来迅速发展工业呢？一个重要的方法就是在发展大企业的同时，发展中小企业，实行大中小企业同时并举的方针。

我们在发展大企业的同时发展中、小企业，使全国20多个省、2000多个县和2万多个人民公社大家都动手办工业，人尽其才，物尽其用，地尽其利，俗话说，"众人拾柴火焰高"，当然一定会大大加快工业的发展。

这一点在1958年以来国民经济的"大跃进"中得到了有力的证明。1958年由于在工业建设中全面地贯彻了党的大中小企业同时并举、洋法生产和土法生产同时并举、中央工业与地方工业同时并举等一系列的方针政策，在全国范围内出现了一个轰轰烈烈全党全民办工业的群众运动。从中央到地方，从城市到农村，工人、农民、机关干部、学生、军队一直到城市里的街道居民都投入了大办工业的运动，在工业战线上顿时出现了一个百花齐放、万紫千红的兴旺局面。不仅大企业，洋法生产的企业也有了迅速发展，而且中小企业，土法生产的企业也犹似雨后春笋成千上万地建立起来了。以钢铁工业为例，在去年（1958年，下同）以来不到一年的时间内，不仅包钢、武钢这样一些大企业的建设进度是一再加快，而且在全国建成了20多个中型钢铁厂的基础和300多个炼铁基点，在那里拥有4万多立方米容积的小高炉和年产400万吨钢、达到设计能力后为年产700万吨钢的小转炉。只是小高炉在今年（1959年，下同）内就将生产1000万吨生铁，几乎与大高炉的产量相等。这些小高炉的生产能力相当于20多座1000立方米以上的大高炉，显然，如果不是同时建设中小高炉而是一味地只建大高炉，那么根据我国目前的情况要在去年同时开工建设这么多大高炉是不可能的。即使能够开工建设，要在一年之内建成并且在今年就要生产1000万吨生铁也是不可能的。从这里我们更清楚地看到了中小企业的优点。

全党全民办工业的群众运动对我国工业的发展和整个社会主义建设发生了极其伟大的作用。

首先，它大大加快了我国工业化的进程。1958年我国工业产值比1957年增长了66%，生铁、钢、煤炭、发电设备、机车、动力机械等产品产量都比1957年增长一倍以上；生活资料工业也增长了34%。1959年国民经济正在继续跃进，根据今年的计划，工业总产值比"特大跃进"的去年增长25.5%，不包括土钢的钢产量将达到1200万吨，比去年的800万吨增长50%；煤产量也要比去年增长24%，达到3.35亿吨。这个速度大大超过了资本主义国家。拿钢来说，英国把钢的年产量由511万吨提高到797万吨用了11年时间（1903—1914年），从797万吨提高到1179万吨用了22年时间（1914—1936年）；美国钢的年产量从500多万吨增长到1030多万吨也用了8年时间。今年的计划完成以后，我们将提前3年完成原定第二个五年计划中的各项主要指标，从而我们将用10年左右的时间在主要工业产品产量方面赶上并超过英国。

其次，它对我国工业的均衡分布和工业网的形成有着重大作用。过去我国绝大部分工业是集中在上海、天津、广州等沿海几个大城市中，内地是很少的。现在不仅像青海、甘肃这些地方都发展了工业，就连云南、新疆和许多少数民族散居的高寒地区也建立了自己的工业，对繁荣这些地区的经济有很大作用。中小企业的大量建立，也大大加速了我国遍布各地的工业网的形成。特别要说的是在资本主义国家，大企业与中小企业之间是大鱼吃小鱼的关系。中小企业由于生产效率较低、成本较高，在竞争中常常受到大企业的打击和吞并，处境是可悲的。可是，在我国由于建立了社会主义制度，大企业和中小企业之间相互支援，分工协作，共同组成一个工业网。大企业好比人的骨骼、树的主干，中小企业好比人的肌肤、树的枝叶。大企业负担国民经济中一些主要任务，生产一些技术精、质量高和要求大量供应的产品，中小企业则可满足地区性分散的普通需要；大企业在设备、材料、技术力量和技术资料方面可以帮助中小企业，使它们随着生产的增长逐步提高技术水平，由小到大、由土到洋向前发展；中小企业也可以代大企业制造某些一般的部件、零件，承担许多修配业务和小量订货，因而能够解除大企业的许多负担，有利于它向专业化和更高的方向发展。这和资本主义国家的情景是根本不同的。

再次，它促进了我国农业的发展和加快了农业机械化的进程。过去在我国广大农村几乎没有什么工业，买把锄头、镰刀，修理一件农具都要跑到城里去。现在不仅各县办了工业，各人民公社也办了工业。去年光人民公社就办起了数十万个小型工厂，有铁木农具制造厂、肥料厂、小型发电站以及农产品加工厂等。这些工业对去年农村中大兴水利、改革农具、增加施肥等起了很大作用，从而促进了农业大跃进。许多县办的工厂都能够自己生产些农业机械，人民公社办的工厂也能够生产各种简单的农具。现在要增添或修理一些农具，再不用往城里跑了。并且，这些工业的逐步发展将在我国广大农村形成一个机械修配网，这是农业机械化中的一个重要环节。我们的农业是要逐步机械化的。农村中的各种农业机器必将日益增多起来，但是有了农业机械还必须有修理的地方，不然便不能充分发挥效用。我国的农村是这样广大,建立一个广大的机械修配网本来不是一件轻而易举的事情,但是现在靠全民办工业,我们能够在很短时期内加以解决。这是一件大事。

最后,中小企业在我国农村的普遍发展,还有其更加深远的意义。它有利于多方面发展农村经济,增加农民收入,并且把现代科学和技术知识带给农村,这样就必然会促进我国农村的经济、文化和整个社会生活的进步,有利于缩小城乡之间、工农之间的差别。

不难看出,在发展大企业的同时,发展中小企业对我国的社会主义建设有着多么重大的意义。我国工业建设中,全面地贯彻执行大中小企业同时并举的方针,不过只有一年多时间,但是所取得的成就却已经如此巨大。可以坚信,只要我们沿着这条道路走去,进行辛勤劳动和艰苦努力,我们就一定能够在很短的历史时期内完成国家的社会主义工业化,一定能够用 10 年左右的时间在重要工业产品的产量方面赶上并超过英国。到那时候,我们祖国的经济面貌将有一个根本变化,我们将以一个伟大的社会主义工业强国的形象出现在世界上!

(原载《中国新闻》1959 年第 2012 期)

略论工业战线上大型企业和中小型企业同时并举、洋法生产和土法生产同时并举的伟大胜利

一

中国共产党所领导的中国革命和建设事业，是马克思列宁主义普遍真理同中国具体情况相结合的产物；我国社会主义建设的伟大胜利，就是党的总路线的胜利，是马克思列宁主义在中国的胜利，是毛泽东思想的胜利。

怎么样才能使社会主义建设和社会主义工业化进行得更快一些，更好一些？这是中华人民共和国成立以后摆在我国面前的一个最重要的问题。党的社会主义建设总路线和一整套"两条腿走路"的方针胜利地解决了这个问题，而大中小企业并举和洋法生产与土法生产并举的方针则创造性地指出了高速度发展社会主义工业的具体道路。这些"两条腿走路"的方针，是迅速突破薄弱环节，更好地实现国民经济根本性比例关系的平衡和工业内部各部门之间平衡的重要手段；是为了调动一切积极因素，充分利用一切物质条件，发挥人们的主观能动性，加速社会主义建设，是党的群众路线在工业方面的具体运用和发展。一句话，它是我国社会主义工业建设经验的总结，是马克思列宁主义普遍真理同中国实际的高度结合。

大中小并举和洋土并举的方针，是党的群众路线在工业建设中

的具体运用和发展。

群众路线是我们党的生命线。党和毛泽东同志在各项革命事业中都一贯地遵循了群众自己解放自己的真理,坚决地贯彻了群众路线,因而保证在历次革命运动中取得伟大的胜利。社会主义工业建设也不例外。毛主席时时教导我们,由于我国是一个幅员辽阔、人口众多、"一穷二白"的农业大国,农村人口占全国人口的80%以上。因此,要加速我国的工业建设,就必须最充分、最广泛地调动六亿人民群众的积极性,既充分动员和依靠伟大的工人阶级力量,又充分发挥五亿农民办工业的积极性。党的大型企业和中小型企业同时并举的方针、洋法生产和土法生产同时并举的方针正是最充分地调动六亿人民的积极性。只有实行这样的方针,才能发动全党全民大办工业,才能鼓舞技术高的、技术低的、办过工业的、没有办过工业的人们都敢于办工业,打破只依靠少数人办工业的观点。特别是在党号召人民公社大办工业以后,更为五亿农民指出了参加工业建设的具体道路,使他们在工业建设中找到了"用武之地"。充分动员最广大的人民群众来支援工业建设,特别是动员过去长期从事农业劳动的五亿多农民的办工业的积极性,来大力发展地方工业和公社工业,从而加快国家工业化的速度,这是党和毛泽东同志领导群众运动的又一光辉范例。

人民群众是历史的主人,是历史的真正创造者。正如毛主席所说:只要这些人掌握了自己的命运,又有一条马克思列宁主义的路线,不是回避问题,而是用积极的态度去解决问题,任何人间的困难总是可以解决的。党的这两个并举方针的提出,正是上述伟大思想在工业建设领域中的运用,也是六亿中国人民要求迅速建成社会主义的强烈愿望和伟大智慧的集中表现。由于贯彻了党的社会主义建设总路线,贯彻了"两条腿走路"的方针,形成了波澜壮阔的工业战线上的群众运动,才使蕴藏在广大群众中的无比潜力像原子核分裂一样迸发出来。事实表明:掌握了自己命运的六亿中国人民完全可以用自己的双手改变自己祖国的面貌,完全能够自力更生地把我国迅速地建成为一个世界上一流的工业强国。

大家知道，我国现在还是一个很穷的国家。要高速地进行社会主义建设，就必须全面地持久地厉行增产节约。为此，我们就必须千方百计地挖掘一切潜力，充分发挥人力、物力、财力的作用，迅速发展生产，不断节约物化劳动和活劳动。也就是说，要迅速地提高社会劳动生产率。我们党所提出的"两条腿走路"的方针，正是提高我国社会劳动生产率的唯一正确捷径。一般说来，中小型企业的劳动生产率要比大型企业低。但是，中小型企业却具备一个最大的优点：可以把一切城乡劳动力最有效地组织起来，利用现有的物质条件（落后的或简易的设备以及一切零星的资源和原料等），来从事工业生产，为社会创造财富。马克思说：不论生产采取何种社会形态，劳动者与生产资料总是它的因素。但它们在彼此分离的状态中，就只在可能性上是它的因素。为了要有所生产，它们必须互相结合。所以，从整个社会来看，如果我们能够把一切可以利用的人力、物力和财力，都充分利用起来，发展生产，就一定能大大提高社会全员劳动生产率，增加社会产品和国民收入。

在以"大洋"为纲的条件下，大中小型企业同时并举与洋法生产和土法生产同时并举，是根据社会生产发展的客观规律和我国的具体情况制定出来的。

社会主义建设必须实现工业的现代化，用现代技术来装备农业和国民经济其他部门。我国目前还是一个农业大国，工业发展水平还不够高，虽然经过了十年来的努力，但还只能算是打下了为在我国实现工业化的基础。要彻底改变技术落后的面貌，必须建设一批现代化的大型的骨干企业，掌握一切先进技术，这是我们坚定不移的方针。但是，建设大型和洋法生产的企业需要资金多，建设时间长，技术不容易一下子掌握，设备供应也有一定的限制，不可能迅速满足社会的需要。所以我们要根据大中小型企业并存，以及先进和落后技术并存的一般特点，结合我国的具体条件，实行大中小型企业并举的方针，洋法生产和土法生产并举的方针，来迅速地发展社会生产力。

一般地说,任何时候都有企业规模相对的大小之别和技术水平先进与落后之分。这是社会生产发展的普遍现象,反映着不同部门、企业生产发展水平和相互间复杂的经济联系。因为整个工业的生产和再生产都是社会性的,都是在成千上万个企业单位中进行的。在目前条件下,这里既有采用最先进技术装备的企业,也有采用半机械化乃至手工操作的企业,这是由生产发展水平和工业发展的历史条件所决定的。

从生产过程的物质条件看,在不同的行业里,由于生产品的加工条件不同,生产周期不同,因而企业的规模也就不同。即在同一工业部门或同一类型的产品生产上,又由于采用了不同的装备,或由于资源条件的限制以及市场上的需求情况,也有不同的企业规模。从生产技术上来看,一方面随着生产技术的发展,要建设一些大型企业;另一方面,随着生产技术的进步,社会分工越细致,因而在大型企业生产复杂的产品时,也越需要有若干中小型企业为它服务。

我们正是根据以上这些客观情况,结合我国六亿人民迅速要求工业化的决心和一定的物质条件,制定了以"大洋"为纲的"两条腿走路"的方针。

必须指出:在不同的社会制度下,由于生产资料所有制形式的不同,大中小型企业之间有着不同的关系和不同的命运。在以私有制为基础的资本主义社会中,盲目竞争和生产无政府状态决定了大中小企业之间有着利害的冲突,小型企业经常要受大型企业的排挤和压榨。"大鱼吃小鱼"就是这种关系的最生动的写照。可是在社会主义制度下,由于生产资料公有制的性质,决定了大中小型企业之间根本利益上的一致性,出现了崭新的互助协作关系,它们手携手地为发展社会生产作出应有的贡献,而各得其所,各尽专长。同时小型企业和土法生产的企业也不是固定不变的,它们在"大洋"企业的帮助和自身的努力下,企业规模也在逐步扩大,技术也在不断革新。1958年以来，我国钢铁工业中"小土群"迅速地向"小洋群"过渡的事实，就是最好的例证。

由此看来，为了迅速实现社会主义工业化，我们必须认识经济生活和政治生活中的客观规律，很好地运用它们，充分调动和发挥人的主观能动性，实行政治挂帅，大搞群众运动。只有这样，才能使我国社会主义的工业建设多快好省地进行。

二

工业建设实践表明：工业建设中"两条腿走路"的方针都是便于充分发挥全民办工业的积极性，1958年以来，由于贯彻了大中小型企业并举与洋法生产和土法生产并举等"两条腿走路"的方针，取得了伟大的成就。主要成就有以下几个方面。

（一）大大加快了工业化的速度

我国第一个五年计划期间，工业生产的增长速度本来是很高的。但是1958年和1959年，工业生产的增长速度远远超过了前五年的水平。第一个五年计划期间工业总产值每年平均增长18%，而1958年却比上年增长66%，1959年在1958年"特大跃进"的基础上，继续跃进，已大大超额完成了原定增长25.6%的指标。这个特大跃进是与我们认真贯彻大中小型企业并举，洋法生产和土法生产并举的方针分不开的。中小型企业的迅速建成和投入生产有力地保证了当年工业的飞跃发展和国家计划的完成和超额完成。

首先，在迅速增加生产能力方面：1958年新增的生产性固定资产为171.6亿元，比1957年增长77%，工业部门由于中小型企业投资比重的提高，迅速地增加了生产能力。如在钢铁工业方面，仅仅一年的时间，即增加了生产能力1000万吨以上的中小型高炉；生产能力700万吨以上的中小型转炉，这些均超过了我国第一个五年计划期间新增炼铁、炼钢生产能力的总和（我国第一个五年计划期间五年合计增加炼铁能力339万吨，炼钢能力282万吨）。在煤炭工业方面，1958年地方中小企业的采煤能力大大增长，地方企业产量比1957年增加了2.1倍，在其他行业中也都占有相当大的比重。

其次，迅速增加了产量。由于中小型企业具有投资少、建设时间短、所需技术设备比较容易解决和便于迅速掌握生产技术等大型企业所不具备的优点，这就不仅使我们能在短期内，在全国各地迅速建成大量的中小型工业企业，而且还能迅速投入生产，做到当年见产品，支援国家的工业建设。1958年我国产钢1108万吨（其中洋钢800万吨），比1957年增长了一倍多，其中土法生产的产量就占28.7%。如果没有1958年大炼钢铁运动中所成长起来的小洋炉和小土炉的迅速投入生产，要完成国家钢铁生产计划是不可想象的。

再次，由于中小型企业的迅速建成和投入生产，还为今后整个国民经济的高速度发展创造了物质技术条件。

我们不仅在钢铁工业部门，并且在各个工业部门都建立了若干中小型企业。如在煤炭工业中，1958年中小煤窑产量已占煤的总产量的43%左右。又如：截至1959年年底，小型水泥厂已建成579个，这批水泥企业的总生产能力约相当大型水泥企业生产能力的1/2以上。这种事例还很多，因而才使我国的工业生产在1958年和1959年两年之内提前完成了我国第二个五年计划的主要指标。

由于中小型企业的迅速建成和投入生产，不仅保证了生产的急剧增长，而且还培养了大批的技术力量。所有这些，对于保证今后工业继续跃进的作用是难以用数字估量的。

最后，人民公社办工业，在短时间内，也已成为一个不可忽视的强大力量。仅在1959年的上半年内，全国社办工业就创造了71亿元的工业产值（约占全国工业总产值的10%），这个数字约相当1949年工业总产值的一半（1949年全年工业总产值为140亿元）。从这个数字可以说明，我国5亿农民在党的领导下，大办工业以来，用一年时间所取得的成就就赶上了旧中国工业几十年的发展过程。

所有这些事实，完全证明：在工业建设中，只有大中小型企业并举，洋土并举，才能使我国工业建设得又多又快又好又省。

（二）节约了投资，增加了社会财富

正因为中小型企业具有投资少、收效快的特点，所以它们在迅速增加各工业部门的生产和积累方面作出了重大贡献。

由于我们在发展大型企业的同时积极发展了中小型企业，这就使得建设时间比过去大大缩短，建设资金也比过去大大节省，并且迅速地增加了产量，满足了需要，提供了更多的积累。例如我们建设一个大型的年产 5 万吨的造纸厂，建设时间需要五年，投资 1 亿元以上。但是 1958 年造纸工业中大搞"小土群"和"小洋群"以来，就大大改变了这种情况，缩短了建设过程，如一年之内建设日产 2 吨纸的小厂 150 个，总共一年能生产 7 万吨纸，投资只需一两千万元。由此看来，大厂是在投资的第六年才能开始生产产品和向国家提供积累，而小厂则在投资的当年最多是第二年就能生产产品，并且取得盈利。这样就争取了时间，加快了速度。而且，在这六年中，小厂所提供的产品和利润在对满足社会需要和扩大再生产方面又将作出重大贡献。这正是小型企业所特有的优点。不仅造纸工业如此，就是其他各工业部门也是如此。当然只算中小型企业投资少、收效快的账还是不全面的。如果我们再算一算由于中小型企业就地取材、就地使用而节省了大量运力的"运输账"；算一算迅速地培养了干部增加了技术后备力量的"技术账"；算一算由于这些企业提前供应了产品而保证了其他经济部门生产的加速发展这笔"速度账"，以及其他等等；那么，我们就可以更深刻地看到：大中小型企业并举、洋法生产和土法生产并举是唯一的多快好省地发展我国工业的正确方针。贯彻这一方针不是没有经济效果，而是很有经济效果，不是"得不偿失"，而是所得极大。

（三）充分利用了资源，进一步改善了工业布局

我国地大物博，有着丰富的自然资源，这是我国工业能够顺利

发展的十分有利的条件。但是，旧中国给我们遗留下来的地质资料十分缺乏，许多地区的勘探工作都是在解放以后才开始的。俗话说，"兵马未动，粮草先行"，为了保证工业的迅速发展和合理分布，就必须更好更快地寻找更多的矿产资源。由于1958年全党全民大办工业，这就形成了一个广大群众上山探矿的热潮，进行了一次前所未有的大规模的全国地质大普查，结果发现了大量宝贵的地上和地下资源。从而不仅保证了建设大型企业的需要，而且也为积极发展中小型企业提供了充分的资源条件。在过去许多少煤、缺煤的地区，现在已找到了煤矿，许多缺铁、无油的地区，也找到了铁矿和油矿。例如长期以来，一直没有解决铁矿资源的陕西、河南和山东等省，在1958年内也都得到了解决。1958年探明的煤的储量比1957年增长了33%，其他如铬、铜、云母、硼砂等储量都比1957年增长一倍到几十倍。至于各种各样可供工业加工利用的地上资源，更是有了大量的发现，单就野生植物一项，现在知道的就有两千多种。

遍布各地的大量新资源的发现，在以钢为纲、全面跃进的方针下出现的大办钢铁等群众运动，不仅加速了工业的发展，而且也向合理分布工业方面大大前进了一步。

大家知道，旧中国的工业分布是极不合理的，工业大部分都集中在沿海几个大城市里。这是帝国主义侵略的历史原因造成的。新中国成立后，经过多年的建设，这种情况已有了改变。1958年以来，由于各省、市、自治区在开发本地资源的基础上，大量发展了中小型企业，又使我国工业的原来不合理布局有了进一步的改善。许多过去没有工业的空白地区经济，现在已经建立了自己的工业。拿钢铁工业来看，过去全国28个省、市、自治区中只有15个省、市可以炼钢，而且产量都很少，绝大部分钢和钢材产量集中在鞍钢和上海。但经过一年来的发展，现在全国除西藏以外，所有的省、市、自治区都已经拥有几个或几十个钢铁企业。比如，过去手无寸铁的河南，现在就已成为拥有62个钢铁厂的省份了。这样就根本改变了旧中国钢铁工业集中在沿海少数几个省、市的局面。从1959年1—9月份的钢铁实际产量的地区分布来看：东北区占总产量的58.8%，华东区占14.6%，华北区占12.35%，华中区占4.9%，西南区占8.7%，华南区占0.25%。钢铁工业布局的这个巨大改变，不仅使我们能够更好地利用分散的地方资源，减少由于原料和产品的长途调运所造成的种种浪费，而且还大大促进了全国各地生产建设事业的发展。"以钢为纲"，"纲举目张"。全国如此，各个地区如此，各个行业也是如此。在机械工业方面的变化也很显著，1958年不但新建和扩建了220个大型工厂，而且还建立了数以万计的中小型机械厂。在专区、县和公社里过去根本没有机械工业的地区，目前都或多或少地、或大或小地办起了一些机械厂和修理工厂，以致机械工业的企业分布在内地的比重，已由1955年的25%，提高到1958年的51%；内地机械工业职工人数占全国机械工业职工总数的比重，由1955年的33%，提高到1958年的48%；内地金属切削机床产量占全国机床总产量的比重，由1955年的11%，提高到1958年的32%。至于轻工业工厂更是星罗棋布，普及于各个人民公社。

这些情况表明：一个以钢铁和机械为中心的、大中小型企业相结合的工业网，正在全国范围内迅速形成，从而为今后工业的合理布局打下了一个更坚实的基础。

（四）加速了农业现代化的进程

我国是一个农业大国，农民占全国总人数的80%以上，农业生产的发展在整个国民经济中占有极为重要的地位。农业是发展工业以及整个国民经济的基础和基本条件。有了农业的跃进，就会有整个国民经济的跃进。这是因为农业的发展不仅直接促进了轻工业的发展，而且也促进了重工业、交通运输业和其他经济事业及科学文化事业的发展。很显然，我们要高速度地发展国民经济，就必须首先加快我国农业发展的步伐。

目前我国农业的生产水平还很低，离国家建设和人民生活的迅速增长的需要还相差很远。虽然从所有制方面来看，我国农业已经是高度集体化的农业。但是，机械化的程度还很低，施用的化肥还很少，繁重的手工劳动还占相当大的比重。这些不仅妨碍了农业劳动生产率的迅速提高，而且也和国家建设的迅速发展，工农业生产迅速增长的要求不相适应。根本的办法，只有加速实现农业的技术改造，尽快地实现农业的机械化、水利化和电气化。

实现农业的现代化，并不是一件轻而易举的事。为农业供应大量物质装备这个艰巨的任务，如果只靠大型企业是难以迅速解决的。所以在工业支援农业的问题上，也必须用"两条腿走路"——既靠大洋企业提供最现代化的机器、动力、燃料和化肥，也靠小土企业提供各种各样的、半土半洋的农业生产资料。

我国农业的技术改造必须积极而又有步骤地进行。在目前时期，还应当新式机器和改良农具同时并举，洋的和土的同时并举。当然，要彻底完成农业的技术改造，必定要依靠建设大型的现代化的农业机械厂、化肥厂、农药厂等，无疑它们是支援农业完成技术改造的主力军。而大量的中小型企业由于它们分布面广，接近农村，能够满足不同地区的具体需要；它们不但能生产一些改良农具和其他的农业生产资料，以弥补大工业的不足，还可以负担起农村的修配任务。同时，它们还可以在劳动力资源和动力资源上同农业结合利用，所以这些中小型企业确实是一支支援农业的地方军，是一支不可忽视的力量。根据17个省、市的调查，只在1958年一年内，人民公社工业就制造和修理了农具1亿多件，提供农业部门水泥29万多吨，原煤2530万吨，发电3640万度，从而有力地支援了农业生产的大发展。1958年在全国范围内，随着人民公社的农具制造和修配厂的普遍建立，已迅速形成了农村的机械修配网。这样不仅保证了农业机械和农具的及时修理，提高了利用率，而且还有力地支持了农村中大规模开展的农具改革和运输工具轴承化运动，从而把我国农业半机械化运动推向一个新的阶段。

此外，由于土化肥、颗粒肥料及土农药的大量生产，不仅大大提高了农田的肥效及施肥数量，同时还减少了病虫害，在相当程度上满足了当年农业生产的最迫切需要。只1959年上半年全国生产的土化肥，据16个省、市的不完全统计已达300万吨。

当然，中小型企业的大发展，特别是人民公社工业的大发展，对于农业技术改造的促进作用，远不止生产了多少改良农具、化肥等。它的更深远的意义还在于：由于中小型工业企业能够及时地供应农业部门为发展生产所需要的小型农具、半机械化的农业机械、土化肥等生产资料，为农业生产的大跃进创造了有利条件，这样就必然带来了整个国民经济的高速发展，从而也就有利于保持国民经济中工农业两大生产部门的比例关系更加健康、更加积极。

既然中小型企业特别是公社工业的分布面广，而且更加接近农业生产，那么认真贯彻两个并举的方针就会逐步在我国广大农村建立起发展工业的基地，使党的工农业并举的方针在更广泛的范围内得到贯彻。

（五）加速了技术革命的步伐

大中小企业并举和洋土并举的方针，还创造性地解决了我国工业生产技术的普及和提高的问题。我们现在正处于20世纪60年代，世界的生产技术正面临着一次新的变革。我们要迅速改变技术落后的面貌，不努力发展洋法生产，掌握各种尖端技术当然是不行的。所以洋法生产是我们工业技术提高的方向。但是提高必须和普及相结合。土法生产由于它易于为群众所掌握，便于推广、普及，便于把广大群众的积极性和聪明才智调动起来；随着生产的发展，经验的积累，今后土法生产也必然会逐步趋于完善和提高。由土到洋、土洋结合、以洋带土的技术发展过程，正是反映了在普及基础上提高的普遍真理。所以决不能把普及工作和提高工作截然地分开。提高工作固然是重要的，因为要迅速掌握各种尖端的生产技术，非努力提高不可，但是提高不能只依靠少数专家，而要在普及的基础上提高，同时又给普及以指导。

只有认清了普及与提高的关系，才能把专家与群众的力量正确地结合起来,形成一个轰轰烈烈的大闹技术革命的群众运动。比如,在机械工业中,就出现了化大为小,以小拼大,以铸代锻,以铁代钢,自制专用设备和简易机床,"小猴骑大象""蚂蚁啃骨头"等各种各样的加工方法,制造了许多过去认为没有条件制造的重大产品。在化学工业中正是由于采用了土法生产,才能迅速增产大量的酸、碱等产品,在一定程度上满足了当地的需要,并且许多土法生产的产品,还用于满足国防及其他工业部门的尖端生产的需要。此外,土法生产也培养了大批的技术力量,为"小土群"向"小洋群"的发展做好了技术准备。比如,目前钢铁战线上,"小洋群"企业中绝大部分技术工人都是1958年大搞钢铁"小土群"时所训练出来的。在化学工业方面,据初步估计已培养出3.2万多名技术工人,这支土生土长的技术力量,将在今后工业的发展中发挥重大作用。

技术革命的任务和其他革命事业一样,同样都是群众自己的事业,同样需要广大的劳动群众来参加。只要今后继续认真贯彻党的这两个并举的方针,特别是善于把长远的发展和目前的条件妥善地结合起来,就一定会引导群众性的技术革命运动不断前进。

(六)加速了工业部门内部的平衡过程

我国的社会主义建设不仅是高速度地发展,而且也是按比例地发展的。尽管"大跃进"以来我国国民经济的发展速度很高,国民经济各部门在一年之内发展变化很大,但是,由于我们认真贯彻执行了党的总路线和一整套"两条腿走路"的方针,从而使我们在经济建设的"大跃进"中避免了各种片面性。所以在我国国民经济各部类之间的比例关系总的来说是协调的、积极的和健康的,并没有出现国民经济的比例失调。但是,在工业生产内部,某些薄弱环节的出现则是经常的,这种现象也并不奇怪。

自"大跃进"以来,我们在克服工业生产中的某些薄弱环节方面,比任何时候都来得迅速。这主要是由于中小型企业迅速发展的结果。因为中小型企业具有投资少、建设时间短和收效快的特点，所以它就能在迅速增加薄弱环节的生产能力方面收到"立竿见影"的效果。试回忆一下，1958年我们之所以能够顺利完成钢产量翻一番的任务，除了由于我们经过第一个五年计划的努力建立了一批大中型钢铁基地之外，还不是由于1958年又开辟了一条由"小土群"到"小洋群"的钢铁战线，从而迅速地掀起了全民大炼钢铁的群众运动的结果吗？同样，1959年如果没有小高炉的巨大发展、巩固和提高，钢和铁的比例又如何适应呢？这是非常清楚的。就是在轻工业方面比如在纸张生产方面，也是如此，自采用以草类纤维为主的方针以后，产量随即迅速上升，而更好地满足了日益增长的社会的需要。

事实证明，只要我们在发展大型企业的同时注重发展中小型企业，在采用洋法生产的同时也注重采用土法生产，我们就不仅能够高速度地发展国民经济，同时也能促进工业各部门之间、各地区之间的平衡，可以大大缩短由不平衡到平衡的过程。

事实证明，在某些工业的薄弱环节上，群众运动越是开展得轰轰烈烈，这种由不平衡变为平衡的过程就越能缩短。

最近一年多的经济建设实践，显示了"两条腿走路"的方针的无比威力。由于紧紧地依靠了群众，使我们在这短短的时间内取得了一套极为丰富而生动的建设经验，而为今后的继续跃进开拓了最广阔的道路。从实践中我们学会了如何发动群众，在工业建设中走群众路线；学会了在钢铁、机械、轻工、纺织等各种不同的工业部门中如何根据具体条件灵活地贯彻大中小型企业并举、洋法生产和土法生产并举的方针，从而更好地发挥大中小型企业的作用；学会了识别和采用哪些土法生产的工艺更有利于发展生产，取得更大的经济效果；学会了采用土洋结合的方法，突破生产工艺上的薄弱环节而制造出重要的产品。

总之，这一套经验，是极为丰富而宝贵的。它必将使我国工业沿着多快好省的发展的道路前进。这一套经验也为我们今后继续深入全面地贯彻这两个并举的方针提供了有利条件。

三

以上这些伟大的成就，雄辩地证明了党所制定的这两个并举方针的正确性，以及它是一个具有普遍意义的战略方针。现在有人抓住我们在建设过程中的一些局部的或已经克服了的暂时性的缺点认为我们在工业建设中的"两条腿走路"的方针是"只讲政治挂帅，不讲经济效果""得不偿失"，等等。

这是不符合实际的。其实，我们的"大跃进"，正是党的政治工作和经济工作高度结合的产物。十年来，我国在工业战线上出现过几次生产高潮。1952年、1956年的增产节约运动和1958年以来的"大跃进"，这三次高潮都是党所领导的全国性的大规模群众运动的产物。这三次高潮一次比一次高涨，1958年以来的这次高潮尤其是轰轰烈烈。1959年8月贯彻党的八届八中全会《关于开展增产节约运动的决议》以来，又出现了比前三次更全面、深入、广泛、持久的新的生产高潮。这几次高潮都带来了社会财富的巨大增长，国民收入的迅速提高和整个国民经济的飞速发展。这些正是实行政治挂帅，充分发挥人的主观能动性，迅速提高经济效果，不断增加物质基础的集中表现，也正是把政治和经济结合起来的结果。我们的确讲政治挂帅，这是生产大跃进的保证，讲究经济效果的前提。我们也讲究经济效果，不仅讲究企业的经济效果，而且讲究部门的和整个国民经济的经济效果，但只有在政治挂帅的前提下我们才不致只算小账，而不算整个国民经济的大账。如果不是党提出一整套"两条腿走路"的方针，并在实践中取得了伟大的胜利，就不可能有整个国民经济的全面跃进。这一年，绝大部分工农业产品的增长额和增长速度，都远超过第一个五年计划时期的年平均速度，有的甚至超过五年的总和。这不是经济账吗？在1958年对群众大办钢铁确曾拿出了一些补贴，但是，应该看到，这些补贴不是白白拿出去的。因为由此带来的经济效果，远远超出补贴的数目。

这里面最根本的事实，就是1958年我国国民收入比1957年增长了323亿元，即增长了34%。这种惊人的增长速度是同我们贯彻了"两条腿走路"的方针，大办钢铁从而带动了整个国民经济的高涨分不开的。因此，即使算经济账，也是完全划得来的。

谁都知道，如果我们不这样做，就不仅不能完成1958年全国钢铁生产任务，而且也就不可能有1959年的继续跃进和今后的发展。由于我们对于小高炉的生产拿出了一些补贴，才使小高炉迅速地度过了创建、巩固而走上了不断提高的阶段；才迅速地增加了我国的生铁生产能力，而可以在第二个五年计划时期内总共生产出5500万吨左右的生铁。如果我们不这样做，我们只采取建设大高炉的办法，在这样短短的时间内，由于受各种条件的限制，即使花同样的乃至更多的投资，也决不可能在五年内生产出这样多的生铁。更何况由于钢铁工业发展不够快，还会影响到其他部门乃至整个国民经济的高速度发展。

一年多的实践证明了工业中的"小土群"和"小洋群"已在我国社会主义建设中成为一支强大的力量，并已显现出旺盛的生命力，它必将加速我国的社会主义建设，使我国的建设事业继续不断地以更高的速度前进！

（原载《经济研究》1960年第1期，与陆斐文、刘其昌等合作，署名宫晓集）

关于社会主义企业经济核算的内容问题

社会主义企业是国民经济的基本生产经营单位。合理地管理企业，使企业的生产经营活动获得最好的效果，对于国民经济的发展具有非常重要的意义。社会主义建设的实践表明：企业经济核算是适合社会主义经济特点的管理企业的良好形式。在一切企业中实行严格的经济核算，是保证以最小的劳动消耗和资金垫支，取得最多的有用效果，全面完成和超额完成国家计划的重要措施。近年来，关于企业经济核算问题，在报纸杂志上已有不少文章进行了探讨和论述。但这是一个很重要的问题，同时也是一个很复杂的问题。直到现在，在有关这方面的若干理论问题上，还存在各种不同的认识，需要结合我国社会主义建设的实践，对这些问题展开进一步的研究和讨论。在这篇文章中，我们准备根据学习和调查中的粗浅体会，对社会主义企业经济核算（指全民所有制企业经济核算）的内容问题作一些初步的探讨。

一

企业经济核算包括哪些内容，什么是全面的企业经济核算，这是一个具有重要理论意义和实践意义的问题。正确地阐明企业经济核算的内容，有助于深刻地理解企业经济核算的实质和意义，明确企业经济核算中的主要指标，以及确定实行和加强企业经济核算的各种必要的条件。正因为这样，在许多讨论企业经济核算的文章中，都从不同的方面、在不同的程度上涉及这个问题。有的同志认为，企业经济核算的内容应该包括企业一切生产经营活动的核算，只有对各项生产经营活动都进行核算，才是全面的企业经济核算。也有的同志认为，成本核算是企业经济核算的主要内容（或中心内容），因为企业经营活动的效果主要是通过产品的成本水平综合地表现出来的。此外，也要进行资金核算，例如合理地确定流动资金定额，加速资金周转，严格地执行固定资产的维护、修理和保管制度以及提高设备利用率，等等。这些意见，从不同的角度阐述了企业经济核算所应该包括的内容，但是在我们看来，还不够全面和不够明确，需要进一步加以研究和探讨。

我们认为，所谓全面的企业经济核算，其含义是指对企业生产经营活动的经济效果进行全面的计算和考核，并且把这种考核同企业的财务状况和合理的物质奖励直接地联系起来。具体来说，全面的企业经济核算应该具备下述两个标志。

第一，这种核算是全面的、综合的核算，而不是片面的、单项的核算。大家知道，企业为了遵照国家计划的规定生产一定的产品，需要从事生产、技术、供销、运输等多方面的活动，企业的这些活动都要进行严格的核算，以便确定哪些活动的成绩较大，效果较好；哪些活动的成绩较小，效果较差。从而找出进一步改进工作、提高企业经营活动效果的方向和措施。所以，对企业的各种活动分别实行严格的核算，无疑是十分重要的。但是，只有各种活动的分项核算是不够的，因为它不能综合地反映企业全部经营活动的效果，不能据此而对企业的工作出综合的评价，并在各个企业之间相互进行比较。而为了做到这一点，就必须对企业的全部活动进行综合的核算。

第二，这种核算是同企业的财务状况和合理的物质奖励有直接联系的。企业经营活动的效果好，它的财务状况也就相应地比较好，得到的物质奖励也会比较多，反之，企业在财务上便会感到比较困难，物质奖励也会相应地减少。这就是说，企业对自己经营活动的效果，负有物质上的责任。实行全面的企业经济核算，可以促使企业主动地改进工作，努力提高生产经营活动的效果。

全面的企业经济核算的这两个标志，相互间有着密切的联系。只有实行综合的核算，才能综合地反映企业经营活动的效果，它是把企业的工作成果同企业的财务状况和物质奖励直接联系起来的前提；而企业的财务状况和物质奖励同其工作成果的直接联系，反过来又会促使企业全面讲求经济效果，改进自己的工作。问题在于企业的综合核算应该包括什么内容，才能全面地而不是片面地反映企业经营活动的效果。我们认为，企业全面的综合的核算，应该包括成本核算和资金核算①两个方面。大家知道，生产过程同时也是生产资料和劳动力的消费过程。任何企业进行生产，都要消耗一定数量的原料、材料、燃料等物化劳动和一定数量的活劳动。生产一种产品所消耗的劳动越少，同量的劳动就可以生产出越多越好的产品，劳动消耗的经济效果也就越高。因此每个企业都应该把生产中所消耗的劳动同所取得的有用效果进行严格的比较，尽量节约各种劳动耗费，力求以尽可能少的劳动消耗取得尽可能多的有用效果。产品的成本核算正是劳动消耗效果核算的具体形式，它无疑是企业经济核算的一个重要的内容。但是，企业在进行生产的过程中，不仅要消耗一定数量的劳动，而且要占用一定数量的资金。这一方面是因为，为了保证企业生产过程周而复始地进行，必须有各种机器设备及其零件、配件，各种原材料、在制品和成品等的储备，另一方面也由于企业在生产中所使用的劳动手段，一般都不是在一个生产周期内就消耗完的，而是在许多个生产周期中发挥作用。这就决定了占用一定数量的资金，同要消耗一定数量的劳动一样，是企业进行生产的一个不可缺少的条件。企业占用的资金是人类过去的劳动的结晶。这些资金虽然并没有在一个生产周期中消耗掉，但在它被企业所占用的时期内，社会就不可能再用这些资金去从事其他的

---

① 我们所说的资金核算是指资金占用效果的核算，不是指资金消耗效果的核算，因为后者实际上就是成本核算。

生产和建设事业，因此从社会的角度来看，降低生产某种产品所必须占用的资金，就意味着提高了资金运用的效果。用同量的资金可以生产出更多、更好的产品，从而提高了整个社会劳动的经济效果。这就说明，对企业占用资金的经济效果同样要进行严格的核算，讲求资金占用的效果。由此可见，要进行全面的企业经济核算，就既要进行产品的成本核算，又要进行资金核算。只核算成本不核算资金，或者只核算资金不核算成本，都不能全面地反映企业经营活动的效果，从而都不可能是全面的企业经济核算。

二

如前所述，产品的成本核算是企业经济核算的一个重要内容。没有严格的成本核算，就谈不上起码的经济核算。成本核算的实质就是核算企业生产某种产品的劳动消耗，促使企业以尽可能少的劳动消耗生产尽可能多和好的产品。在高度社会化的社会主义生产中，企业生产的产品不是为了满足自身的需要，而是为了满足社会的需要，社会对企业所提供的产品，是通过社会必要劳动量这个共同的尺度进行统一评价的。因此，社会主义企业产品的劳动消耗同有用效果之间的比较，是以企业生产这种产品的个别劳动消耗量同社会必要劳动量的比较来实现的。产品的社会必要劳动量构成产品价值，其货币表现是产品的价格，而产品的个别劳动消耗量则主要是通过产品成本来表现的[①]。当然，产品的企业成本不等于生产产品的个别劳动消耗量，它们之间不仅在量上而且在质上都有一定的区别。个别劳动消耗量是由产品生产过程中所消耗的全部物化劳动和活劳动组成的，其中活劳动消耗部分又可以分为必要劳动和剩余劳动两个部分。产品成本只反映个别劳动消耗量的一部分，即物化

---

① 这里指产品的企业成本，而不是产品的部门成本。在社会主义经济中，个别劳动消耗量为什么必然要通过产品的企业成本来反映，是由于客观的经济条件所决定的。限于篇幅和本文的主题，在这里不打算对这个问题进行专门的探讨。

劳动消耗和作为必要劳动的那一部分活劳动消耗，在产品成本中并不反映作为剩余劳动的那部分活劳动消耗，这就是它们在量上的区别。其次，产品成本也不是对个别劳动消耗量的一个组成部分的直接反映，而是它的货币表现，因此产品成本不仅受生产中的劳动消耗量来决定，而且还受工资价格变化等分配和交换因素的影响，这就是说，产品成本和个别劳动消耗量这两个范畴在质上，即在它们反映的经济内容上也有一定的区别。但是应该指出，产品成本作为个别劳动消耗量中一个重要部分的货币表现，它的变化主要是由生产中劳动消耗量的变化决定的，而劳动消耗量的变化也必然会在产品成本中得到反映。例如企业在生产同量产品中所消耗的原料、材料和燃料等物化劳动增多了，或者活劳动的消耗增多了，都会使产品成本上升，反之，则会降低产品成本。在价格和价值相符、必要劳动和剩余劳动的比例不变的条件下，产品成本的变化就可以相当准确地反映个别劳动消耗量的变化，从而，产品成本同价格的比较，以及由这种比较所决定的企业赢利的大小，也就可以相当准确地反映个别劳动消耗量同社会必要劳动量之间比较的结果。如果企业由于降低成本而获得了比一般水平更高的利润，说明产品的个别劳动消耗量低于社会必要劳动量，企业的工作获得了良好的经济效果；反之则表示产品的个别劳动消耗量高于社会必要劳动量，说明企业没有取得应有的经济效果。所以，成本核算就是通过计算、比较和考核企业的产品成本和赢利来核算产品劳动消耗的经济效果，它是企业经济核算的一个不可缺少的组成部分。

成本核算的主要指标是成本利润率。成本利润率是产品成本同利润之间的比例，它可以分别按各种产品来计算，也可以按整个企业的全部产品来计算。企业的实际成本利润率可以进行多种的考核和比较：可以同企业生产这类产品的历史水平比较；可以同计划水平比较；可以同同一部门内的其他企业比较；也可以同整个部门的平均水平比较；等等。通过这些分析比较，可以评价企业在节约各种耗费、降低产品成本方面所取得的成绩，发现仍然存在的缺点，并且找出进一步改进工作、提高劳动消耗的经济效果的途径。由于企业实行以收抵支、取得盈利，并根据企业完成国家计划指标的状况，按利润额的一定百分比提取企业奖励基金，企业成本利润率的高低就同企业的财务状况和合理的物质奖励有着直接的联系，从而促使企业全面完成和超额完成国家计划，努力降低成本，向国家提供更多的积累。

应该指出，要正确地考核企业的成本利润率，还需要解决以下两个问题：第一，注意如何使成本利润率能够如实地反映个别劳动消耗量同社会必要劳动量之间比较的状况；第二，采取一定的方法剔除影响产品成本利润率的各种客观的、不属于企业本身的因素。

前面说过，成本利润率指标的意义，就在于它能够反映企业个别劳动消耗量同社会必要劳动量之间的比较状况。但是，也正如前面所说的，成本利润率要如实地反映这种比较，需要这样两个条件：企业的产品及其消耗的各种生产资料的价格同它们的价值是相适应的；劳动者提供的活劳动中必要劳动部分和剩余劳动部分的比例是不变的。然而，在现实经济生活中很难同时具备这两个条件，企业的产品及其消耗的生产资料的价格，往往不完全同它们的价值相符；劳动者的必要劳动部分同剩余劳动部分的比例，也往往随着各个时期政治经济条件的不同而发生变化。这样，就必然影响着成本利润率如实地反映企业个别劳动消耗量同社会必要劳动量之间比较的状况。例如，尽管企业生产这种产品所消耗的生产资料的品种、数量没有变化，但它们的价值变化了，或者，尽管企业产品的价值没有变化，但它们的价格变化了，就都会引起成本利润率的变化。显然，这种变化并不能反映个别劳动消耗量同社会必要劳动量之间比较的变化，不能如实反映企业本身工作的成果。因此，当我们运用成本利润率来观察产品劳动消耗的效果的时候，就要自觉地估计到上述这些因素对成本利润率的影响，尽可能地剔除这些因素的影响。

其次，企业经济核算要求企业对自己的经营活动的状况负完全责任，要求企业本身的工作成果能够独立地表现出来。但是，企业成本利润率的水平及其变化是受着多方面的因素影响的。即使在它如实地反映产品个别劳动消耗量同社会必要劳动量比较的变化的时候，这种变化也不是完全取决于企业本身工作的状况，而往往还同时受各种客观的、不属于企业本身的因素的影响。例如，有些企业由于它们的技术装备水平比较高，具有较高的劳动生产率水平和成本利润率水平。显然成本利润率水平的这种差异，不能反映企业本身工作成果的差别，而只能反映不同企业的技术装备水平的差别。大家知道，社会主义企业的技术装备水平的高低，基本上不是企业自身能够决定的，而主要是由国家的建设计划决定的。又如，同一个企业在不同时期的成本利润率水平，会受到该企业生产的品种、规格的变化，原料、材料和燃料等的品种、规格和供应地的变化等因素的影响，而这些因素基本上也都不属于企业本身工作的因素。上述这些情况表明：社会主义企业是在国家的集中领导下和同其他企业发生密切的联系中从事生产经营活动的。它的劳动消耗的经济效果，不仅取决于企业本身的工作，而且必然要受企业本身工作以外的种种因素的影响。这样，如实地反映企业劳动消耗的经济效果同独立地表现企业本身工作成果之间就会存在一定的矛盾。因此，为了使成本利润率如实反映企业本身工作的成绩，使企业对其劳动消耗的效果真正负责，就需要剔除各种不属于企业本身工作的因素对成本利润率的影响。

三

成本核算是企业经济核算的一个重要内容，但是只有成本核算还是不够的，甚至是远远不够的。因为成本核算只能反映企业劳动消耗的经济效果，而不能反映企业占用资金的经济效果。为了全面地核算企业的经济效果，还要进行严格的资金核算。

资金核算有着极其重要的国民经济意义。大家知道，增加资金的积累和提高资金的运用效果同样是实现社会扩大再生产的重要途径。在一定时期内，社会扩大再生产能以何种速度发展，既取决于这一时期社会所拥有的资金数量，也取决于这些资金运用的经济效果。资金积累的规模在一定时期内总有一定的限度，它受该时期国民收入的总量及其在消费基金和积累基金之间分配的比例所制约。因此如何合理地使用有限的资金，充分发挥它们的作用，就有着极其重要的意义。作为社会基层生产单位的企业，一方面固然要进行严格的成本核算，力求以最少的劳动消耗生产更多、更好的产品，不断降低成本，为国家提供更多的资金积累；另一方面也必须进行严格的资金核算，占用尽可能少的资金，生产尽可能多的产品，为国家节约资金。资金的节约无异于在不改变积累基金和消费基金的比例的情况下，相对地扩大了资金积累的规模，从而促进社会扩大再生产的进行。特别是随着社会主义建设的不断发展和技术的不断进步，一方面比例于生产规模的扩大和有机构成的提高，国家投入生产领域中的资金，亦即企业所占用的资金越来越多；另一方面，企业所占用的资金同它们在一个生产周期内所消耗的资金之间的差别也越来越大。而严格核算企业占用资金的经济效果，也就具有越来越重要的意义。

有的同志虽然也承认讲求占用资金经济效果的必要性，但是他们认为企业占用资金的效果已经在成本核算中得到了反映，因此只要有成本核算就可以了，不必再单独地进行资金核算；而对企业财务状况的考核，可以从成本和成本利润率着眼，无须把它同企业占用资金的多少及其效果的大小联系起来。我们认为，这种看法是值得商榷的。

固然，成本核算同资金核算有着密切的联系，但是成本核算对占用资金效果的反映只是部分的，而且主要是间接的，它不能也不可能代替资金核算。从固定资产利用的方面来说它同产品成本的直接和间接的联系，一般表现在两个方面。一方面设备的利用状况影响着劳动生产率，而劳动生产率的高低影响着产品成本的高低；另一方面，固定资产的利用效果通过折旧直接反映在成本中。但是，企业劳动生产率的高低取决于多种因素的影响，由于劳动生产率的变化而引起的产品成本的升降中，并不能明确地指示出固定资产利用的效果来。同时，折旧在产品成本中所占的比重是很小的，通过折旧对产品成本的影响来考核企业固定资产利用效果，其作用是不大的。例如在我国各个工业部门中，除了电力和采掘等少数部门折旧在成本中所占的比重较高以外，大多数部门折旧在成本中的比重都在10%以下。这就是说，在这些工业部门中，即使占用的固定资产数量增加或减少一半，其对产品成本的影响还不到5%。并且，折旧只是对在生产中使用的设备提取的，一切在企业中闲置未用或在储备中的设备都不提折旧，它们对产品成本是没有丝毫影响的。此外，企业对固定资产的维护、修理和保管的好坏，也不可能在产品成本中完全反映出来。折旧没有提足而不能再用的固定资产，企业可以提前报废，由此而引起的损失既不会影响产品的成本，也不会影响企业的财务状况。

从流动资金的方面来说，情形也是如此。流动资金的占用是通过信贷利息同产品成本相联系的，但是，信贷利息在产品成本中所占的比重比折旧还低，其对产品成本的影响当然就更小了。同时，利息支出只同企业流动资金中的借入部分有关，企业自有资金部分占用的多少，在产品成本中是没有任何直接反映的。因此，企业流动资金的周转速度，原料、材料、在制品和成品等各种储备的多少，对于产品成本的影响是微不足道的。

从上面的分析中可以看出，成本核算同资金核算虽然有着一定的联系，但它们的经济内容是不同的。成本核算是企业生产中资金消耗（即劳动消耗）效果的核算，而资金核算则是企业资金占用效果的核算。一般说来，企业在一个生产周期中所消耗的资金，只是企业占用资金中的一部分，在一定的生产技术水平和社会经济条件下，企业在一个生产周期中所消耗的资金同它所占用的资金之间，在客观上有着一定的比例关系。在一定程度内，资金消耗量的增减会相应地影响资金占用量的增减，例如其他的条件不变，各种物质消耗定额的变化会影响流动资金的占用量；反过来，资金占用量的增减也会相应地影响资金消耗量的增减，例如折旧率等其他条件不变，占用固定资产的多少会通过折旧额影响成本。这就说明，成本核算同资金核算之间有着一定的、客观的联系。但是，消耗资金和占用资金是两个不同的范畴，它们不仅有量的区别而且有质的区别，从量上来看，在一个生产周期中，消耗资金只是占用资金的一个组成部分，它们在一定条件下虽然客观上有一定的正比例关系，但是这个比例并不是机械的、完全可以确定的，而是往往有很大的可变性。而且特别应该指出的是，消耗资金量之间不仅存在上述这种正比例的关系，更重要的还存在一种相互消长的关系，企业资金占用量的增多，技术装备水平的提高，往往是企业提高劳动生产率、降低产品成本的重要原因。这就产生了这样一个问题：一方面企业的资金占用量增多了，另一方面企业的产品成本却因此而有了下降，企业以占用社会更多的资金提高技术装备水平和劳动生产率，从而降低产品成本这件事，究竟在什么限度内是合理的，即对提高整个社会劳动的经济效果是有利的呢？显然，只进行成本核算是不可能解决这个问题。其次，从实质上来看，占用资金和消耗资金在生产中所起的作用并不完全一样，消耗资金是保证一个生产周期所必需的，而占用资金则保证生产和再生产过程连续不断地进行。因此，消耗资金是从一个生产周期出发的，它不能完全反映生产过程不断循环往复的速度这个因素，而占用资金却比较全面地包含着生产和再生产的速度因素。

既然占用资金同消耗资金是两个不同的范畴，反映资金消耗效果的成本核算同反映资金占用效果的资金核算包含着不同的经济内容，从而在客观上也就不存在用成本核算去代替资金核算，或者用资金核算去代替成本核算的可能性。如果像某些同志所主张的那样，只核算成本，不核算资金，只根据成本利润率来评价企业经营活动的成果，决定企业的财务状况和物质奖励，而不把它同企业占用资金的多少和其效果联系起来，那就可能会造成以下的后果。

第一，不能全面地、如实地反映企业经营活动的经济效果。企业尽管一方面在努力降低成本，增加赢利，为国家提供更多的资金积累；另一方面却可以因为固定资产的闲置、损坏和流动资金的积压，浪费大量国家资金，其程度甚至使它在降低成本方面所获得的成绩化为乌有。如果在企业经济核算中只核算成本而不核算资金，这种情况就不能得到如实地反映，及时地克服存在的缺点。相反，由于企业的赢利增加，企业还能使自己的财务状况有所改善，并且得到较多的奖励基金。

第二，不能促使企业全面地改进经营管理工作，甚至会鼓励企业"好大求全""喜新厌旧"，以积压和浪费资金的办法来完成生产任务和降低成本。企业占用多少资金及其运用效果既然同企业的财务状况和物质奖励没有联系，也就容易使企业忽视资金的节约，不是在各项工作中都精打细算，力求少用资金多办事，而可能是向国家多要资金，不讲求经济效果地去搞各种基本建设，超额储存暂时不需要的物资等，给社会带来物质财富的积压和浪费。

由此可见，只有成本核算而没有资金核算，就不可能有全面的企业经济核算，资金核算也是企业经济核算的一个不可缺少的组成部分。

四

关于资金核算的重要意义，以及企业进行资金核算的必要性，近年来已经为越来越多的同志所肯定，但是企业怎样核算资金呢？主张企业要进行资金核算的同志对这个问题的回答，却并不是完全一致的。有的同志认为，企业只要进行资金的定额核算和分项核算就可以了，例如合理地确定各种物资储备定额，核定企业流动资金的定额，以及计算各种设备利用率指标等，而不需要对企业全部占用资金（包括固定资金和流动资金）的经济效果进行综合的核算。我们认为，这种看法也是值得商榷的。资金的定额核算和分项核算无疑是十分重要的，它是进行全面的综合的资金核算的必要条件。但是，仅仅有了资金的定额核算和分项核算，并不等于就有了严格的、完整的资金核算。因为这种核算不能综合地反映企业占用资金的经济效果，也不能把这种效果同财务状况和物质奖励直接联系起来。因此，为了把资金核算真正纳入企业经济核算的范围之内，还必须对企业全部占用资金的效果进行综合的核算。

我们认为，对企业占用资金效果进行综合核算的主要途径，就是计算、比较和考核企业的资金利润率（它等于企业所占用的全部资金同全部利润之比），把企业所占用的资金同表示企业经营成果的最综合的指标——利润直接联系起来。企业资金利润率的水平主要取决于以下三方面的因素。

第一，企业按照国家计划生产和销售的产品数量和质量。在产品价格既定的条件下，产品的数量与质量同企业的资金利润率成正比例的关系。

第二，产品的成本水平。在原料和产品价格以及产品品种等条件不变的情形下，产品成本水平越低则资金利润率越高，反之则资金利润率越低。

第三，企业所占用的全部资金量。在利润总额既定时，企业所占用的资金量同资金利润率成反比例的关系。

因此，企业要提高资金利润率，便必须进行多方面的努力，既要增加生产，提高产品的数量和质量，降低产品成本，又要尽量节约资金，充分发挥现有资金的作用。这样，成本核算便可以同资金核算有机结合起来，比较全面地反映企业经营活动的成果。

有的同志不同意通过资金利润率来综合地核算企业占用资金的效果，他们所持的理由是：把利润同全部垫支资本相联系的利润率是资本主义经济特有的范畴，在社会主义经济中，资金同利润之间不存在客观必然的联系，不存在资金利润率这个范畴，因此，不能把资本主义经济所特有的范畴硬搬到社会主义经济中来。我们认为，这种看法是不正确的。

大家知道，随着社会主义公有制的确立，消灭了人剥削人的现象，反映资本家对工人的剥削关系的资本主义利润率，也就失去了存在的客观基础。在资本主义条件下，劳动者所创造的剩余价值被资本家无偿地攫为己有，它当作垫支总资本在观念上的产儿，取得了利润这个转化形态，从而使资本家剥削工人剩余劳动的关系蒙上了一层神秘的外衣，被歪曲地表现出来。在社会主义条件下情形发生了根本的变化。劳动者共同创造的剩余产品，归代表劳动者的利益的社会所占有，并用来为全体劳动者谋福利，因此没有任何条件要使这种关系被物与物的关系掩盖起来。但是，这并不等于社会主义的资金同利润就不存在任何联系，在社会主义经济中就不存在资金利润率的范畴。社会主义建设的实践证明：在社会主义经济中，资金同利润之间有着密切的联系，资金的数量及其运用效果从多方面影响着利润水平。概括起来，这种联系可以表现在以下两点上。

第一，社会主义资金的物质形态，是各种生产资料和直接生产者为维持、恢复和扩大其劳动能力所必需的生活资料。一定量的资金代表着一定量的生产资料和生活资料。生产资料和生活资料都是人类过去劳动的结晶，它们不能创造物质财富（包括剩余产品），因而不能创造新的价值（包括剩余产品的价值）。但是，它们是人们进行生产、创造物质财富（和价值）的必要条件，在一定条件下，社会投入生产的活劳动总量同社会拥有的生产资料和生活资料之间有一定的依存关系。在劳动者的技术装备水平和消费水平既定的情形下，社会所拥有的资金总量，决定着能够吸收和动员多少劳动者参加生产。如果充分发挥资金的作用，提高资金运用的效果，则同量资金可以吸收更多的劳动者参加生产；反之，则同量资金只能吸收较少的劳动者参加生产，或者要吸收同量的劳动者参加生产便需要有更多的资金。在社会主义制度下，由于生产资料公有制的确立和社会生产的迅速发展，逐步消灭了旧社会遗留下来的失业现象，就是社会主义制度较之资本主义制度有无比优越性的具体表现。但是，即使在消灭了失业的社会主义条件下，社会所拥有的资金数量及其运用效果仍然同社会能够投入物质生产领域中的劳动量有着密切联系。一方面，为了使随着人口的增长而每天新增加的劳动力参加生产，社会必须有足够的资金装备他们；另一方面，社会所拥有的资金数量在颇大程度上影响着社会劳动力在社会主义的生产劳动和家务劳动之间的分配。因此，社会主义资金本身虽然并不创造物质财富（和价值），但它作为生产所不可缺少的要素，通过同活劳动之间的特定关系，与社会在一定时期内所能生产的物质财富、剩余产品及其价值有着密切的联系。

第二，也是更为重要的，社会主义社会所拥有的资金的数量及其运用效果，对劳动生产率起着极大的影响。在投入物质生产领域的活劳动总量不变的情形下，劳动生产率的提高不仅能够增加使用价值形态的剩余产品数量（这是不说自明的），而且能够增加剩余产品价值的数量，因为在这种情形下，社会新创造的价值总量（即价值形态的国民收入量）虽然没有变化，但由于社会主义制度下劳动生产率的提高速度一般要超过平均工资的增长速度，因而在劳动者新创造的价值总量中，必要产品的价值同剩余产品的价值之间的比例，会随着劳动生产率的提高而发生变化：v 的部分会相对地减少，m 的部分则会相对地增加，这说明，资金运用效果的提高，可以降低成本、提高盈利，为社会提供更多的积累。

社会主义资金同利润之间的这种联系，无论就整个社会来说还是就某一个企业来说，都是存在的。企业占有资金的数量同企业的生产规模、职工人数和劳动者的技术装备水平都有直接的关系，从而影响着企业的盈利水平。企业对自己占用资金的运用的好坏，也必然通过产品产量、质量和产品成本等因素的变动对企业的利润发生作用，即增加企业的利润或减少企业的利润。因此，社会主义资金同人们运用这些资金所创造的剩余产品之间的联系，是一种客观存在。反映这种联系的资金的数量及其运用的状况，总对利润水平发生着这样或那样的影响。我们的任务，正在于具体去分析和研究这种客观的经济关系，自觉地运用资金利润率这个范畴来促进社会生产的发展，以便用更多的社会产品来满足整个社会日益增长的需要。那种不从具体分析社会主义经济的实际情况入手，而简单地用同资本主义经济作抽象类比的方法来否定资金利率的观点，是不能令人信服的。事实上，社会主义的资金利润率，无论就其反映的经济关系、在生产中所起的作用以及它的运动形式来说，都同资本主义的利润率有着根本的区别。社会主义资金不是人剥削人的手段，而是为劳动者造福的工具，从而社会主义资金利润率所反映的完全不是那种人剥削人的阶级对抗关系，而是人们在生产资料公有制基础上共同劳动、互助合作的关系。在社会主义制度下，利润不是生产的直接目的，资金利润率也不起生产调节者的作用，它是保证社会主义生产达到更好地满足社会需要这个根本目的的手段，是社会有计划地运用它来发展国民经济的杠杆。

既然计划和考核企业的资金利润率是社会主义经济的客观要求，那么如何进行这种计算和考核呢？这是一个很复杂的问题。一般说来，企业的资金利率可以进行多方面的分析比较，例如可以同企业生产这类产品的前期水平比较，同当期的计划水平比较，同一部门内其他企业比较，同部门资金利润率的平均水平比较，等等。但是同考核和比较企业的成本利润率一样，这里也存在如何剔除各种客观因素对企业资金利润率的影响，如实反映企业本身资金运用的效果的问题。

大家知道，不同的企业由于产品方向、生产规模、技术水平等一系列生产条件不同，它们的劳动生产率、资金有机构成和资金周转时间各不相同，在价格符合于价值的情况下，它们的资金利润率也是不同的，资金利润率的这种差异是客观的存在，它反映着资金在各种不同类型企业中客观上产生的不同效果，这是社会考虑投资效果的一个重要依据。在保证满足社会需要的前提下，社会怎样运用资金，怎样使生产规模不同、技术水平不同的企业得到合理的结合，从而发挥资金的最大效果，需要考虑到各类企业在客观上存在的不同资金利率。但是，这种差异对于企业来说是既定的，与企业经济核算无关。企业经济核算所要反映和考核的是企业自身在运用资金方面的效果，而上述资金利润率的差异，在它由企业的产品方向、生产规模和技术水平等原因所引起的限度内，是不取决于企业本身工作的努力程度的。大家知道，社会主义企业的这些因素都是国家统一计划规定的，因此，如果不剔除这种客观因素对资金利润率的影响，不同企业的资金利润率便不能反映它们各自在运用资金方面的成效，便不能作为考核企业经济效果的依据。正是鉴于这一点，有的同志曾建议只在同一部门的同类型企业中考核资金利润率①，这当然是解决问题的一个办法，因为同一部门、同一类型的企业，各种生产条件都差不多，它们之间资金利润率水平的不同，基本上可以看作由它们工作的努力程度不同造成的。但是采用这种办法不仅缩小了资金核算的范围，影响其作用的充分发挥，而且会使不同部门、不同类型的企业，其财务状况和物质奖励同它们在资金运用方面所做的主观努力程度不相适应，以致增加与它们之间的矛盾。我们认为，为了解决这些问题，为了使不同企业的资金利润率可以比较，应该剔除各种客观因素对资金利润率的影响。例如可以考虑通过税率的调节、上缴利润任务的调节或采用结算价格等途径，为不同部门和企业规定与其资金占用量相适应的计划盈利水平，从而为比较和考核企业的奖金利润率提供一个统一的尺度。

关于资金核算，资金利润率的计算、比较和考核的问题，是一个极为重要但又极为复杂的问题。我们对这个问题的接触还只刚刚开始，所以把学习中的一些初步体会写在这里，与其说是想全面地论证问题，不如说主要是试图提出问题，以便引起大家的重视和讨论，并得到大家的指教。

（原载《经济研究》1962 年第 4 期，与何建章、赵效民合作）

---

① "……为了运用经济的内部制约关系，促进多快好省、节约资金、提高投资效果，我认为可以分别部门采取对同一类型的企业把资金占用多少作为考核企业盈利水平的依据……" 参见许毅《关于经济核算的几个问题》，《经济研究》1958 年第 4 期。

论社会主义国营工业企业的责任制

社会主义全民所有制经济是高度社会化的经济。全民所有制的各个企业之间有着精细、严密的分工与协作关系；同时，每个企业本身又是一个复杂的分工体系。这就需要建立和健全企业的责任制。严格的企业责任制是保证整个社会和每个企业生产正常进行所必需的；同时，它也是正确处理人们在生产和劳动中的相互关系，调动一切积极因素，保证全面完成和超额完成国家计划的一个重要条件。本文拟就有关国营工业企业责任制的若干问题，着重从理论上作一些初步的探讨，不当之处，请大家批评指正。

一 责任制是社会主义高度社会化生产的客观要求

责任制的必要性是由社会劳动过程本身的性质所引起的。许多人在一起共同劳动，有分工、有协作，客观上要求每一个劳动者都必须严格地完成自己所分担的工作，否则集体劳动的各个部分就不能协调配合，使劳动过程无法顺畅地进行。劳动过程的社会化程度越高，劳动的分工和协作越发达，严格的责任制就越是必要。马克思说：在手工制造业，社会劳动过程的组织纯然是主观的，是部分劳动者的结合；大工业在其机器体系中，都有了一个纯然客观的生产组织体。现在，劳动过程的协作性质，是由劳动手段自身的性质所规定，而成为技术上的必要了。在现代工业企业里，装备着一系列不同的、相互联系的机器，各种机器按照一定的量的比例排列着，按照一定的速率运转着，劳动者分别在不同的机器上进行操作，他们或者依次完成一个产品生产的各道工序，或者分别加工各个部件或零件，最后装配成一个产品其分工之精细，协作之密切，就像一架机器自身的组织一样。一个部件或者一个零件的失灵，会导致整架机器停止运转。同样，部分劳动者或者一个劳动者不能及时完成自己的职责，整个劳动过程都可能受到影响，甚至陷于瘫痪。因此，要保证大机器生产连续地、有节奏地进行，客观上就要求有整个生产过程的集中领导和统一指挥，要求每个劳动者坚守岗位，严格履行自己的职责。诚如恩格斯所说："如果说人靠科学和创造天才征服了自然力，那么自然力就对他施行报复，在他利用自然力的程度内使他服从一种真正的专制，而不管社会组织怎样。想消灭大工业中的权威，就等于想消灭工业本身，即想消灭蒸汽纺纱机而恢复手纺车。"[1] 所以，对于现代工业生产来说，严格的责任制更是生产正常进行所不可缺少的条件。

在历史上，现代工业是随着资本主义的发展而产生并发展起来的。在资本主义制度下，企业是资本家的私有财产，资本家经营企业的目的是追逐利润。他们为了攫取高额利润，在企业里实行着这种或那种责任制。但是资本主义工业企业的责任制，不能不受到资本主义制度下种种社会条件所局限。社会生产的无政府状态从根本上排斥了在整个社会生产范围内建立科学责任制的可能性。首先，资本主义企业在相互交往的过程中虽然也签订经济合同，也有一定的责任制，但是这种责任制经常不能符合社会化生产的客观要求，并且不可避免地要被周期性经济危机所打乱。社会生产的无政府状态也不得不影响企业内部的生产组织，影响企业内部各种责任制度的科学性和稳定性。其次，资本主义企业的责任制是资本家榨取工人血汗的一种手段，它建立在剥削者和被剥削者之间对抗关系的基础上，因此，不但根本谈不上什么群众基础，而且注定要经常被剧

---

[1] 《论权威》，《马克思恩格斯文选》两卷本第 1 卷，莫斯科外国文书籍出版局 1954 年版，第 612 页。

烈的阶级搏斗所破坏。

与此相反，社会主义制度为企业建立健全的责任制开辟了广阔的道路。首先，在社会主义条件下，生产的社会性和生产资料的公有制是相统一的，个别企业单位生产高度的计划性和严密的组织性，是同整个社会生产的高度的计划性和严密的组织性一致的。这就为企业建立全面的、科学的责任制提供了必要的条件。其次，社会主义企业的责任制具有广泛而坚实的群众基础，在这里，工人群众是社会的主人、企业的主人，他们能够在生产和劳动中自觉地听从指挥、遵守纪律，严格地履行自己的职责。不言而喻，这种建立在广大群众自觉的纪律基础上的责任制，才是真正巩固的责任制。

社会主义经济对于企业的责任制还提出了更为严格的要求。在社会主义条件下，国民经济的各个部门、各个环节和各个企业，都是根据国家的统一计划从事生产经营活动的，任何一个企业不严守职责、不全面地完成国家计划所规定的任务，都可能影响到国民经济的有计划发展。因此，社会主义企业只有建立严格的责任制度，才能保证企业正常进行生产，保证整个国民经济有计划地、互相协调地发展。

二　责任制反映着人们在生产和劳动中的相互关系

责任制所要解决的，是人们在共同劳动中的职责问题。它确定每个劳动者在集体劳动中所分担的工作范围、在执行工作中所拥有的职权以及就这项工作他对其他的劳动者和整个劳动集体所应负的责任。因此，责任制反映着人们在生产和劳动中所处的地位以及他们相互间结成的一定的关系。人们在生产和劳动中的相互关系是同人与自然的关系密切联系而不可分割的。责任制所反映的人与人的关系也同人与物（劳动手段、劳动对象等）和人与事（各种生产活动和管理活动）的关系相紧密结合①。人们在生产劳动中的职责决不是抽象的，它总是就各个劳动者对一定的物或一定的事而言的，因此责任制在反映人们相互关系的同时，也必然反映着人与物和人与事之间的关系。但是不能因此得出结论说，责任制只反映或者主要是反映人与物或人与事的关系，因为责任制的根本内容在于规定劳动者的职责，而劳动者的职责就是指他就一定的物或一定的事对其他的劳动者或整个劳动集体的职责，离开了整个劳动集体，离开了劳动者相互之间的关系，就不会有责任制的问题。以企业中设备管理方面的责任制为例，它规定着劳动者在使用、维护、保管和修理机器设备方面的职责。毫无疑问，它反映着人与设备之间的关系，即人们应该根据机器设备本身的性能来运用它们。但是设备管理的责任制是把应该如何运用机器设备这件事，当作一个或一组劳动者对其他劳动者和整个劳动集体所应负的职责规定下来，因此它同单纯反映人与设备之间关系的有关各种技术科学不同，它反映着机器设备的使用者和所有者之间的关系，反映着各个机器设备使用者之间以及他们同设备修理者之间的关系。可见，责任制的最本质的特点就在于它确定着各个不同的劳动者之间的相互关系。

　　责任制所反映的人与自然之间的关系，是由于生产的物质技术条件决定的，并不会随着生产的社会形态的改变而改变。一台机器设备，不论是在社会主义企业中使用还是在资本主义企业中使用，只要它的制造条件和使用条件相同，它的使用运转和维护的要求就基本上是一样的。在资本主义企业里，由于受种种社会条件的制约，责任制常常不能完全正确地反映人与自然之间的关系，但是其中也有一部分在不同程度上反映着大机器生产的客观要求，它们包

---

　　① 这里所说的人与事的关系，是就人们与各种生产活动和管理活动的关系而言的。生产活动，例如对原料进行各种加工、处理以及在生产过程中运送在制品和半成品等，它们反映着人与自然之间的关系是很明显的。管理活动，例如企业的计划工作、技术工作、财务工作等，它们虽不属于直接的生产活动，但也是社会劳动过程本身所不可缺少的一种机能，从这个意义上来说，它们也包含着人与自然之间的关系。

含着一定的科学性。对于这些科学成就,社会主义应该加以批判地继承和发扬。另外在1918年十月革命取得胜利后不久,列宁就曾经明确地指出过这一点,他在谈到"泰罗制"时说道:"资本主义在这方面的最新发明——泰罗制——也同资本主义其他一切进步的东西一样,有两个方面,一方面是资产阶级剥削的最巧妙的残酷手段,另一方面是一系列的最丰富的科学成就……苏维埃共和国在这方面无论如何都要采用科学和技术上一切宝贵的成就。"[①] 但是,责任制所反映的人们在生产和劳动中的相互关系,在不同的社会制度下却是根本不同的。在资本主义企业里,责任制反映着资本家与工人之间阶级对抗的关系。"泰罗制""福特制""加快制"等都是这方面的典型,它们的实质就是用所谓科学的方法来加倍地榨取工人的血汗,所以列宁曾最恰当不过地把"泰罗制"称为"科学的血汗制度"。资本家对自然规律的认识越深,越是在生产中采用先进的科学技术成就,广大工人群众所遭受的压迫和剥削也就越是深重和残酷。与此相反,在社会主义企业里,由于人剥削人的现象已经消灭了,人们对生产资料的关系是平等的,他们的根本利益是一致的,因此责任制反映着劳动者之间同志式的互助合作关系。

社会主义国营工业企业责任制的内容是十分丰富的。各种不同范围、不同方面和不同内容的责任制,反映着人们在社会主义生产过程中所结成的各种具体的关系。下面我们对国营工业企业各个方面的责任制所反映的各种具体的关系试作一些简单的分析。

(一) 企业对外关系方面的责任制

企业对外的责任制主要有企业对国家的责任制和企业对其他企业或社会经济单位的责任制。这两种责任制是有密切联系的,它们反映着社会主义条件下企业与国家以及企业与企业或其他社会经济单位之间的特定的关系。

---

① 《苏维埃政权的当前任务》,《列宁全集》第27卷,人民出版社1958年版,第237页。

社会主义国营工业企业是全民所有制的经济组织，它的生产经营活动必须严格地服从国家的集中领导和统一计划。国家根据社会的需要和企业的生产条件，经过反复的综合平衡为每个企业规定一定的计划任务。它代表着整个国民经济的发展对企业的要求，全面地完成和超额完成国家计划是企业的最大职责。在这里，一切不服从国家的集中领导、不遵守国家计划的分散主义、本位主义和其他各种无组织无纪律的行为，是同社会主义计划经济的要求背道而驰的，是同全民所有制企业的性质不符的。同时，为了使企业能够完成自己的职责，能够真正对自己生产经营活动的成果负责，国家必须为企业提供相应的生产条件，并赋予企业一定的职权，使它在行政上和业务上具有相对的独立性，实行独立的经济核算。具体地说，国家要在确定企业产品方向、生产规模的基础上，确定企业的人员和机构，把一部分属于全民所有的生产资料和资金拨交企业，并为企业确定各种主要的协作关系；企业在遵守国家的统一政策、统一计划和统一规章制度的前提下，可以使用这些生产资料和劳动力，独立地组织生产经营活动。企业在全面完成国家计划的同时，要以自己的收入抵偿支出，并且保证获得必要的赢利；而国家则根据企业全面完成国家计划的程度，给企业以一定的奖励。这样，企业经营活动的成果就同它的财务状况和物质奖励发生了直接联系，企业对自己的经营活动不仅在道义上和行政上而且在物质上要完全负责。由此可见，建立和健全企业对国家的责任制，就是要正确处理国家的集中领导和企业的独立经营之间的关系，使企业在全国一盘棋的原则下，充分发挥自己的积极性。

在分工精细、社会化程度很高的现代工业生产中，企业与企业或其他的社会经济单位之间存在错综复杂的协作关系。在企业协作中建立和健全严格的责任制，是保证企业之间协作的顺利实现和保证整个工业生产正常进行的重要条件。一般来说，企业所承担的协作任务包括两个部分，一部分是纳入国家或各级计划的固定协作关系，它是国家或各级计划的组成部分和具体化；另一部分是在上级主管机关领导下，企业之间建立的临时协作关系，或未纳入国家或各级计划的固定协作关系，它是国家或各级计划的必要补充。所以企业在相互协作中的责任制，一方面是企业对国家的责任制的进一步具体化，另一方面又是建立全面的企业责任制的必要组成部分。

企业协作中责任制的具体形式是经济合同制。经济合同是协作企业双方经过协商共同签订的，它规定着协作产品的品种规格、质量、数量、价格、交货的期限和地点，以及双方应该承担的其他各种权利和义务。合同一经签订，双方都必须严格执行，不执行合同的企业不仅要担负法律上的责任，而且要负经济上赔偿的责任。经济合同制度反映着社会主义经济中企业与企业之间及企业与其他社会经济单位之间的关系。如果协作双方都是国营企业，那么它们所签订的合同反映着全民所有制经济内部各个独立的生产经营单位之间的关系。它们都是全民所有制的经济组织，都在国家统一计划的领导下从事生产经营活动，因此，相互支援、相互帮助，努力完成自己的协作任务，是每个企业的神圣的职责。那种只顾局部不顾整体，只顾自己不顾别人，以至假公济私、损人利己的资产阶级经营思想和作风，同社会主义企业的性质是格格不入的。同时，社会主义国营企业之间的关系，也是各个独立核算单位之间的关系，企业在相互交换产品的过程中，虽然并不发生所有权的转移，但是为了进行核算，为了使企业对自己生产经营活动的成果真正负责，仍然要遵守等价交换原则和实行经济赔偿制度。如果国营企业是同人民公社或手工业合作社等集体所有制经济组织进行协作，那么它们所签订的合同就反映着全民所有制经济同集体所有制经济之间的关系，这种关系同全民所有制企业之间的关系有着重大的区别。在这里，产品和劳务的交换伴随着所有权的转移。为了维护全民所有制和集体所有制的利益，必须严格地遵守双方自愿和等价交换的原则，国营企业不能在协作中无偿地占用集体所有制企业的财产，损害集体所有制经济的利益；同样，集体所有制企业也不能在协作中无偿地占用国营企业的财产，侵犯全民所有制经济的利益。

（二）企业内部的责任制

建立和健全企业内部的责任制，是保证企业全面完成国家计划和协作任务，从而是保证企业严格地履行自己的社会职责的重要条件。企业内部的责任制也是多种多样的，归纳起来基本上不外有这样三类，即各级行政领导的责任制、各种职能机构和职能人员的责任制以及工人的岗位责任制。企业内部的各种责任制，也同它的各种生产经营活动一样，是相互联系和相辅相成的，它们主要反映着企业内领导与被领导的关系、职能管理人员和工人的关系以及工人相互之间的关系。建立和健全企业内部的各种责任制，就是要在正确地处理上述人与人之间关系的基础上，正确地处理人与自然之间的关系，促进企业生产的迅速发展。

在企业内部，建立和健全各级行政领导的责任制是十分重要的。首先，每个企业都要正确地贯彻执行党委领导下行政管理上的厂长负责制，建立以厂长为首的全厂统一的生产行政指挥系统，集中领导企业各方面的生产经营活动。在厂长的领导下，各个副厂长、总工程师、总会计师都要有明确的分工，分别负责生产、技术、劳动、供销、运输、财务、人事等工作。其次，在厂部的统一领导下，要建立和健全车间、工段和小组的各级行政领导的责任制，使他们都能在厂部的统一指挥下，在各自的职责范围内负责管理工作。

企业的各级行政领导责任制，比较集中地反映着企业内部领导和被领导之间的关系。对生产过程的集中领导和统一指挥，是任何集体生产特别是高度社会化的机器生产的客观要求。但是在不同的社会里，领导和被领导关系的性质却是根本不同的。在资本主义企业里，领导与被领导的关系就是资本家的独断专横和工人被奴役、被压迫的关系，就是剥削和被剥削的关系。在社会主义企业里，人们对生产资料的关系是平等的，企业的领导人员在生产资料的占有方面并没有什么与众不同的特权。他们之所以成为企业的领导者，是因为他们受国家的委派，根据全民的意志依靠企业广大职工群众来领导和指挥生产，他们同职工群众之间的关系是一种在根本利益一致基础上的分工和协作关系。这就决定了社会主义企业中的集中领导不是也不允许是脱离群众、脱离集体的个人独裁，而是同广泛地发扬企业内部的民主相结合的集中领导。

有的同志对社会主义企业的集中领导做了不正确的理解。他们以为，既然高度社会化的机器生产本身和全民所有制企业的性质都要求有高度集中和统一的领导，就似乎可以不去广泛地发扬企业内部的民主，不依靠群众，不走群众路线，而靠少数人的独断专横来办事。这是同社会主义企业的性质根本不符的。也有的同志从另一个极端曲解了社会主义企业中的民主集中制。他们认为，既然在社会主义企业里人们对生产资料的关系是平等的，既然职工群众都有了主人翁的自觉主动精神，企业的各项工作就似乎可以不要高度集中的领导，不要严格的纪律和严格的责任制度了。这种看法同样是完全错误的。

在社会主义企业里，人们在占有生产资料方面的平等关系，是否就排斥了各项工作要有高度集中的领导了呢？当然不是。社会主义企业需要高度的集中领导，首先是由高度社会化的机器生产本身决定的。正像列宁所说：社会主义是大机器工业的产物。如果正在实现社会主义的劳动群众不能使自己的机关像大机器工业所应该工作的那样进行工作，那么也就谈不上实现什么社会主义了。企业的集中领导也是生产资料全民所有制的客观要求。在国营企业里，生产资料是全民的（国家的）财产。企业的一切生产经营活动都必须服从全民的意志，并在全民的意志支配之下进行。为了做到这一点，首先，各个企业必须严格地服从国家的集中领导；其次，在企业内部，各个部分和各个劳动者必须严格地服从企业的统一集中领导。如果不是这样，那么党和国家的方针政策便不能得到正确的贯彻执行，全民所有制便会遭到削弱和破坏，国民经济便不可能有计划按比例地发展。所以，不论从哪一方面来看，企业的集中领导都是绝对必要的。

同时，也不能把社会主义企业中的集中领导同充分发挥群众的积极性和主动性对立起来。在社会主义企业里，集中领导和充分发挥群众积极性之间在根本上是互为条件和相互促进的。社会主义企业的集中领导，符合广大职工群众的根本利益，并以广泛的民主为基础，它不但不会压抑群众的积极性、创造性，相反，能把广大群众的积极性按照社会化生产的客观要求集中起来、组织起来，引导到多快好省地推进企业生产的方向上去。在现代化大生产的条件下，如果没有高度集中的领导，群众的积极性是不可能充分发挥出来的。反过来也一样，如果没有广泛而坚实的群众基础，没有广大群众高度的积极性和自觉性，那么，社会主义企业的集中领导也是不可能真正确立起来的。

当然，在社会主义企业里，领导者和被领导者之间也存在矛盾。这一方面是由于他们之间的分工不同，他们观察和处理问题的角度也常常不同，不免在共同工作过程中产生这种或那种矛盾。如果企业的领导者不善于走群众路线，不善于把自己的全部工作建立在"从群众中来，到群众中去"的基础上，不是把党的政策真正贯彻到群众中去，倾听群众的意见，把群众的意见集中上来，然后坚持下去，而是把自己主观的愿望强加在群众身上，那么，领导和被领导的矛盾便会突出起来。另一方面，由于社会主义阶段在社会生活的各个方面还遗留着旧社会的残余，如果某些企业领导者沾染了高高在上的官僚主义恶习，滋长了脱离群众的特殊化倾向，或者某些职工不能以真正主人翁的态度对待企业的工作，不能自觉地服从领导、遵守纪律等，就更会引起领导和被领导之间的矛盾。这些矛盾，一方面都是在根本利益一致基础上的人民内部矛盾，它们是可以通过人们自觉地调整而得到克服的；另一方面，如果对于这些矛盾不及时地加以正确处理，那么也会削弱企业的集中领导，束缚广大职工积极性和主动性的充分发挥。因此，正确地处理企业内领导与被领导之间的矛盾，是不断改进和加强企业集中领导、充分调动群众积极性的必要条件，而建立和健全企业各级行政领导责任制，正是正确处理领导与被领导之间关系（以及同级、各级之间关系）的一个重要环节。

生产、技术、劳动、供销、财务、人事等各种职能机构和职能人员的责任制，是企业内部责任制的一个重要组成部分。它体现着社会主义企业里各种职能人员同行政领导和工人之间的关系，以及他们内部相互之间的关系。正确地处理这种关系，对加强企业管理、促进生产发展有重要的意义。

在现代工业企业里，各种职能机构和职能人员之所以必要，是由生产本身决定的。生产的复杂性决定了企业管理工作的复杂性。管理活动的分工更精细了，对管理工作的要求更全面、更严格了，以至必须有一系列的职能机构和职能人员来协助各级行政领导管理企业。在资本主义企业里，职能人员和掌握着剥削手段、不劳而获的资本家是不同的。但是，由于他们中间的许多人出生于非劳动人民的家庭，受剥削阶级的教育，并且，他们所做的工作又多半是为资本家服务的，因此，剥削者和被剥削者之间的对抗关系也必然会反映到职能人员和工人之间的关系、一般脑力劳动者和体力劳动者之间的关系上来①。而在社会主义企业里，职能人员同工人之间的关系发生了根本的变化。在这里，职能人员是为社会主义建设服务的，脑力劳动者和体力劳动者之间虽然还存在差别，但是他们的对抗已经消灭了。在我国国营工业企业里工作的职能人员，一部分是中华人民共和国成立后从学校或实际工作中培养出来的，其中有的是从工人中提拔起来的；另一部分则是从旧社会中培养出来的。这两部分人员，尽管出身、经历不同，但现在他们都是劳动者，从整体上来看，都是工人阶级的组成部分。虽然他们同直接生产工人之间存在这种或那种矛盾，但其根本利益是一致的。这就为充分发挥

---

① "在人剥削人的社会制度下面，在国民党时代的经济组织中，不但剥削者和被剥削者互相敌视，在一般管理人员和直接生产者之间、一般脑力劳动者和体力劳动者之间的关系，也反映着这种阶级间的对立状态。"《中国共产党中央委员会向第八届全国代表大会第二次会议的工作报告》，人民出版社 1953 年版，第 29 页。

职能人员的作用，促使他们深入生产、深入工人群众，把自己的科学理论知识同广大群众的生产实际经验密切地结合起来，提供了广阔的可能性。

但是，要把这种可能变为现实，还需要做许多工作，在这方面，建立和健全各种职能机构和职能人员的责任制，明确规定他们的职责是有重要意义的。严格的责任制，可以明确职能人员在企业的生产经营活动中同各级行政领导和工人群众之间的关系，可以使他们在工作中有职、有权、有责，激发他们的责任感，促使他们努力提高自己的政治思想水平和业务水平，深入生产实际和深入群众，从而更好地发挥自己的积极作用。

企业内部责任制的另一个重要组成部分，是工人的岗位责任制。岗位责任制规定着各种不同工种、不同岗位的工人的职责，它一方面体现工人同企业的各级领导和职能人员之间的关系，另一方面体现工人相互之间的关系。在社会主义企业里，工人群众成了企业的主人，明确地规定他们的职责，是充分发挥他们的生产积极性的重要条件。给每个工人确定明确的职责，就为他们的行动树立了具体的目标，使他们能够根据全民的利益和社会化生产的客观要求充分发挥自己的积极性。另外，工人群众的高度责任感和积极性，也是建立和健全岗位责任制的重要条件。群众的责任感和积极性越高，他们就越会认识到根据集体的利益和社会化生产的要求来规划自己行动的必要性，越会自觉地严守职责，完成自己的任务。

在社会主义企业里，工人群众由于分工不同、岗位不同，政治思想水平和文化技术水平不同，相互之间也存在各种各样的矛盾。例如在上道工序工人和下道工序工人之间，制造工人与检验工人之间，生产工人与检修、运输等辅助工人之间，以及各个车间和各个小组之间，都会在他们具体的生产联系中发生这种或那种矛盾。这些矛盾都应该正确地处理，按照社会主义的原则和生产本身的要求来调节各种工人之间的关系。建立严格的岗位责任制，明确规定每一个工人的职责，正是正确处理这种关系的一个重要的方面。

综上所述，我们可以看出，企业内部的责任制反映着企业内部人们在生产和劳动中所结成的各种相互关系，而建立和健全企业内部的责任制，是正确处理企业内部人们的相互关系的一个重要手段。

三　通过规章制度使责任制成为职工行动的指南

责任制必须通过一定的规章制度，才能明确地表现出来，也才能真正成为广大职工的行动指南。如前所述，责任制是社会主义大生产的客观要求，是人们在生产和劳动中所结成的一定的关系，也是人们各种生产经验的总结。人们在生产发展的一定阶段上所结成的相互关系，以及他们积累起来的生产经验，只有用人人必须遵守的规章制度确定下来，才能成为人们共同进行生产活动的准则，才能指导人们正确地处理相互之间的关系和他们同自然之间的关系。在现代工业企业里，人与人的关系和人与自然的关系密切相连，错综复杂，并且要求高度的协调统一。在这种情形下，如果没有各种必要的规章制度，来明确地规定各人的职责，调节人们的活动，那么，没有规矩就不能成方圆，高度社会化的生产是一日也不能正常进行的。因此，建立一套既反映社会主义生产关系的性质，又反映大生产的客观要求的规章制度，是建立和健全企业责任制所不可缺少的。国家的各个主管部门应该为企业规定各种必须遵守的规章制度，确定企业对国家以及企业相互交往中所应负的职责；企业内部，在生产、技术、财务等生产经营活动的各个方面和厂部、车间、小组等生产和管理的各个环节，都应该有必要的规章制度，来确定每一个部门和每一个人的职责。只有这样，社会主义国营工业企业这样一个庞大复杂的劳动集体，才有可能按照社会主义的原则和社会化生产的要求有机地组织起来，充分发挥每一个人的积极性，有条不紊地进行生产。

在社会主义企业里，有关责任制的各种规章制度属于上层建筑的范畴。企业的这些规章制度并不是人们主观臆造出来的，而是对人们在生产和劳动中所结成的社会主义生产关系和生产本身发展规律的认识的反映，它反过来又对社会主义生产关系的巩固和发展，对生产的迅速增长起着积极的作用。这正是社会主义的上层建筑对经济基础具有巨大的能动作用的一个具体表现。

规章制度要充分发挥它的积极作用，首先它要正确地反映客观实际。在各个不同的企业里，由于它们在生产技术条件、管理经验等方面的差别，人们在生产和劳动中的权责关系也必然各具特点，因此每个企业都应该从实际出发，进行深入细致的调查研究工作，依靠群众，在正确处理人们相互之间的关系和总结群众生产经验的基础上，制定各种有关责任制的规章制度。同时，由于人们的相互关系和客观生产实际都是十分复杂的，人们对它们的运动和发展的规律，常常不可能一下子就认识得完全正确，因此企业在制定各种规章制度时，有必要对某些重要的规章制度进行一定的典型试验，以便通过一定范围内的实践来检验它的正确性。总之，只有采取科学的、实事求是的态度，才能制定出符合实际情况的规章制度。

企业中有关责任制的各种规章制度并不是一成不变的。相反，它必须根据生产发展的需要，及时地进行各种必要的调整。这一方面是因为，这些规章制度是人们在生产和劳动中所结成的客观的权责关系的反映，而随着生产的发展和变化，人们的权责关系是会发生变化的，规章制度也需要与之相应地加以改变。我们以煤矿为例，在实行三班制的生产组织的条件下，各个工作班都顺序交替地进行工作，每个工作班同其他工作班虽然也有着密切的联系，但它对自己的生产成果是独立负责的。如果改为实行"四八交叉作业制"的生产组织，那么每天将有四个班进行工作，并且每个班都有一定的时间同上下两班进行共同的交叉作业，在这段时间内，两个工作班是在一起劳动的，他们要对工作的成果共同负责。在这种情况下，各个工作班的分工协作关系变化了，他们的权责关系也变了,在实行三班制条件下规定各班职责的规章制度当然也需要作相应的改变。另一方面,规章制度是人们主观反映客观的东西,而人们对客观规律的认识是随着人们的生产实践的进展而不断深化和不断提高的,因此,原来制定的一部分规章制度可能在实践中被证明是不够完善的,需要作必要的修改和补充,而原来没有考虑要制定的规章制度,又可能在实践中被证明是迫切需要的,要迅速地加以制定等。总之,为了使企业的规章制度经常正确地反映客观生产的实际情况,充分发挥其促进生产的作用,根据客观条件的变化自觉地对规章制度进行调整和修改是必要的。

规章制度的调整和修改,同规章制度的制定一样,需要采取十分慎重和科学的态度。首先要对生产中人们的权责关系的变化进行深入的分析研究,在这个基础上实事求是地确定哪些规章制度已经不能适应新的条件了,需要用反映新的权责关系的规章制度来代替它,或对它作必要的修改;哪些规章制度是仍然适用的,必须继续贯彻和执行。只有这样,规章制度的调整和修改才能获得真正良好的效果。同时,企业的生产是连续不断地进行的,它一日不能没有严格的责任制,因此规章制度的调整修改必须在保证生产正常进行的前提下进行,严格遵守"先立后破"的原则。某些规章制度,可能已经不完全适应生产发展的需要了,但是只要新的、更加适应生产发展需要的规章制度还没有建立,它就暂时还是保证生产的进行所必需的,如果贸然将它废除,会造成生产中职责不清和无人负责的现象,不利于生产的正常进行。

企业有关责任制的各种规章制度,在一定时期内也有相对的稳定性。这首先是由这些规章制度所反映的客观事物本身运动和发展的规律决定的。规定人们在共同劳动中职责的规章制度,是人们在生产发展的一定阶段上所结成的权责关系的反映,如前所述,人们之间的权责关系,随着生产条件的变化、人们在共同劳动中分工与协作形式的变化,是会发生改变的。但是,在一定的时期内,在生产的发展还没有要求改变人们原有的权责关系,并且为人们建立新的权责关系创造必要的条件的时候，在人们原有的权责关系还是调动群众的积极性、促进生产发展的强有力的因素的时候，这些权责关系就具有相对的稳定性。规章制度的目的就在于在这个时期内，把人们之间的权责关系相对地固定下来，指导人们的生产经营活动，因此，它当然也具有相对的稳定性。其次，这些规章制度属于上层建筑，上层建筑必然随着经济基础的发展变化而发生变化，但是，上层建筑的变化往往要落后于经济基础的变化。因为人们对客观事物的认识往往落后于客观事物本身的发展。在企业里，生产中常常会出现一些新的条件或新的经验，人们的相互关系也会有一定的新的发展。但是新事物的发展和明朗需要一定的时间；同时，这些变化要通过人们自觉的认识和总结，并且以一定的规章制度把它确定下来，更需要有一个反复的过程。当然，这并不是说人们可以不积极地去发现和总结生产中的新的经验，并且把那些业已证明是行之有效的新经验及时地纳入规章制度，从而充分发挥它们的作用。但是，人们在工作中也不能不估计到上述这种情况，以免在自己还没有对新的东西取得确有把握的认识时，便轻率地改变规章制度，给生产带来损失。可见，规章制度的相对稳定性是一种客观要求，是规章制度本身运动发展的客观规律。如果企业的各项规章制度每时每刻都处于不断的变化之中，那么它们也就不可能真正发挥作用，不仅不会正确地指导生产，而且会造成生产的混乱。

综上所述，健全的企业责任制是社会主义社会化生产的客观要求，它反映着人们在生产和劳动中的相互关系，并且以一定的规章制度表现出来。因此，建立和健全责任制，实质上也就是要在企业里正确地处理生产力和生产关系之间的矛盾，经济基础和上层建筑之间的矛盾，调动一切积极因素，保证生产有条不紊地进行，保证企业不断提高劳动生产率，全面完成与超额完成国家计划。

（原载《经济研究》1962年第7期，与费悟文、刘复荣合作）

努力降低成本,增加企业赢利

努力降低成本,增加企业赢利,扩大社会主义积累,这是社会主义工业企业的一项重要任务。早在抗日战争时期,毛泽东同志就曾经指出:"一个工厂内,行政工作、党支部工作与职工会工作,必须统一于共同目标之下,这个共同目标,就是以尽可能节约的成本(原料、工具及其他开支),制造尽可能多与尽可能好的产品,并在尽可能快与尽可能有利的条件下推销出去。这个成本少、产品好、推销快的任务是行政、支部、工会三方面三位一体的共同任务。"① 在社会主义建设时期,毛泽东同志进一步指出:"节约是社会主义经济的基本原则之一。"② "任何社会主义的经济事业,必须注意尽可能充分地利用人力和设备,尽可能改善劳动组织、改善经营管理和提高劳动生产率,节约一切可能节约的人力和物力,实行劳动竞赛和经济核算,借以逐年降低成本,增加个人收入和增加积累。"③ 每一个社会主义工业企业,都应当遵循毛泽东同志这些重要指示,在国家的集中领导和统一计划下,在努力扩大产品品种、提高产品质量、增加产品数量的同时,努力提高劳动生产率,逐年降低成本,增加企业赢利。

---

① 毛泽东:《经济问题与财政问题》,解放社1944年版,第114页。
② 《中国农村的社会主义高潮》(上册),人民出版社1956年版,第16页。
③ 《中国农村的社会主义高潮》(中册),人民出版社1956年版,第768页。

一 为什么每个社会主义企业都必须努力降低成本、增加赢利呢

首先是因为，社会主义经济的发展，社会扩大再生产的进行，需要大量的资金积累，而企业赢利是社会主义积累资金的重要来源。在我们国家的全部财政收入中，有 90% 以上是国营企业缴纳的税收和利润。十分明显，只有每个企业都努力降低成本，给国家上交更多的利润，国家才有可能积累更多的资金来扩大再生产，促进国民经济的迅速发展。否则，社会扩大再生产就会受到影响，国民经济要高速度发展是不可能的。

其次，企业赢利也是建立各种社会基金、满足社会多种共同需要的重要来源。例如，我们要加强国防，必须有一定的国防费用；我们的国家机关要正常地进行工作，必须有一定的管理费用；我们要发展科学、文化事业，必须有国家各种相应的拨款；除此以外，国家还必须建立必要的后备，还必须设立专门的基金来举办公用福利事业；等等。所有这些从哪里来开支呢？归根到底，最主要来源，就是物质生产领域内各个企业所提供的税收和利润。如果企业为国家创造更多利润，国家在扩大社会主义积累、加速生产发展的同时，就有可能更好地加强国防，更好地发展科学、文化事业，并且也就有更多的可能举办必要的公用福利事业，满足人民物质文化生活的需要。

最后，降低成本、增加赢利，是提高企业管理水平、在企业中全面贯彻执行社会主义建设总路线的重要环节。成本和赢利是反映企业生产经营成果的综合指标。产品质量的好坏、产品数量的多少、劳动生产率的高低以及原料材料的消耗、设备的利用等情况，最后都会影响产品成本，影响企业赢利。成本和赢利好像是企业工作的一面镜子，从中我们可以看出企业各方面工作的成绩和缺点。通过降低成本、增加赢利的努力，可以促使企业不断改善管理，提

高工作水平,全面地实现多快好省的要求。

由此可见,降低成本、增加赢利,是一个极其重要的问题。它不仅有重大的经济意义,而且有重大的政治意义。因此,它是每个企业在任何时候都必须十分重视的。

二 在当前,降低成本、增加赢利,又是贯彻以农业为基础、以工业为主导的发展国民经济的总方针,继续做好工业的调整、巩固、充实、提高工作的重要环节,因而更具有十分重要的现实意义

首先,降低成本、增加企业赢利,对于工业更好地支援农业,加速农业技术改革的进程,有着重要作用。我国是一个大农业国,实现农业现代化需要的资金是很多的。但是,我国又是一个穷国,农业现代化的资金要从农业生产的发展中逐步积累起来。在一定时期,农业能够积累的资金还是不多的。工业产品的成本越低,集体农民用有限资金可以购买比较多的机器设备和其他的农业生产资料,农业现代化的进程就会快一些;反之,集体农民用同量的资金只能购买较少的农业生产资料,农业现代化的进程就势必要慢一些。这个道理是十分清楚的。

其次,降低成本、增加赢利对于促进工业本身的发展,也有重要的意义。工业是国民经济的主导。发展农业,要相应地发展工业。但是,工业发展的规模必须同农业生产的水平相适应,不能超过农业提供的商品粮食、工业原料、劳动力等条件的可能。而在目前,我国农业还不可能为工业发展提供比较充裕的条件。这样一方面,工业必须迅速地发展,另一方面,发展工业的条件还不能不受到相当的限制,这是一个矛盾。解决这个矛盾的办法,就是要在加速农业发展的同时,努力改进工业本身的工作,以便在同样的农业生产的基础上,更好地推进工业的发展。在这里,降低成本、增加企业赢利有重要作用。产品成本的降低,意味着劳动生产率的提高

和原料、材料、燃料等物资消耗的节约，意味着企业用同样的人力、物力和财力，生产出更多、更好的工业产品，为国家提供更多的积累。这就是说，在同样的农业生产的基础上，工业可以发展得更快一些、更好一些；反之，工业的发展就势必要慢一些、差一些。这个道理，同样是十分清楚的。

所以，要充分发挥工业的主导作用，推进农业的技术改革，就必须在做好其他各项工作的同时，努力做好降低成本、增加企业赢利的工作，这是我国工业战线上广大职工在坚决贯彻发展国民经济总方针中的一项极重要的任务。

三 既然降低成本、增加企业赢利如此重要，那么，怎样才能降低成本、增加赢利呢

影响产品成本和企业赢利的因素有很多，其中有企业内部的因素，也有企业外部的因素。企业的主管部门，有责任逐步调整和改进企业的外部条件，积极地帮助和督促企业降低成本、增加赢利。当然，企业也要关心外部条件，并且，应当在上级领导下积极地促进外部问题的解决。但是，企业不应当片面地强调外部条件，而放松改进本身经营管理的努力。对于企业本身来说，最经常和最主要的是面向内部，切实改进经营管理，节约活劳动和物化劳动的消耗。

在企业内部，降低成本、增加赢利的方法是很多的。主要有以下几个方面。

第一，节约人力，提高劳动生产率。提高劳动生产率不仅能减少单位产品上的工资开支，而且可以降低产品成本中的其他费用，如杂费、折旧费和各种固定费用。根据已有经验，提高劳动生产率带来的成本降低额，往往在全部产品成本降低额中占很大的比重。所以，提高劳动生产率对一切企业降低成本都是很重要的，而在采煤、伐木等工资在成本中占较大比重的企业里，提高劳动生产率对

成本降低就有更加重要的意义。

我国的工业劳动生产率，虽然几年来是逐步提高的。但是，我们目前劳动生产率的水平，比起工业技术先进的国家，还是非常低的。提高劳动生产率的可能性，也是非常大的。为了不断地提高劳动生产率，企业需要经常地发挥广大职工群众的劳动自觉性，巩固劳动纪律；提高职工的文化技术水平和劳动熟练程度；改善劳动组织，实行严格的定额定员制度；做好劳动保护工作，不断改善劳动条件；开展劳动竞赛并且实行合理的工资制度和奖励制度。同时，企业也需要根据可能的条件，积极进行技术革新，提高技术水平，逐步实行生产过程的半机械化、机械化、半自动化、自动化，在费力劳动较多的企业里，尤其要注重这方面的工作。

第二，节约原料、材料、燃料等物资消耗。物资消耗是构成产品成本的一个重要项目，在保证产品质量的前提下，节约各种物资消耗，对降低产品成本有很大的作用。特别在大量使用物资的企业里，这一点尤为重要。

节约物资的主要方法是：制定先进合理的物资消耗定额；建立与健全物资采购、运输、验收、保管、领发等环节上的管理制度和责任制度，杜绝浪费；改进产品设计，采用先进的加工工艺和操作方法；实行原料、材料的综合利用，以及采取合理的材料代用；等等。社会主义企业为尽可能节约地利用物资，提供了极其有利的条件，我们应当充分利用这种有利条件，采取切实具体的措施，努力节约物资消耗。在目前由农业提供的工业原料还不可能有很大的增长，原料、材料、燃料等工业部门的生产还不能充分适应需要的情况下，这不仅对降低成本是十分重要的，而且也是直接加速生产发展的一个重要方法。

第三，合理利用机器设备，提高设备利用率。这不仅可以通过单位产品折旧费的减少，降低产品成本，而且更重要的，它可以引起产品成本中其他费用的降低。在这个方面，首先要严格按照设备的性能和能力来使用设备，做好设备维修工作，使机器设备经常处于良好状态,为此,必须建立与健全设备管理方面的各项责任制度和管理制度,使机器设备经常处于良好状态,认真地贯彻操作规程。同时,要根据需要和可能,积极地对设备、工具、工艺等进行技术改革,发挥设备的效能,在技术比较落后、设备比较陈旧的企业里,这方面的潜力更大。除此以外,改进劳动组织与生产组织,消除不合理的停工时间等,对合理利用机器设备也有重要作用。在合理利用机器设备这个问题上,我们必须强调掌握机器设备运转规律的重要性,在采取任何措施时,都要切实考虑设备的性能和能力,都要采取科学的、实事求是的态度。不这样,我们就不可能达到合理利用设备、降低产品成本的目的,而且会使机器设备受到损坏,造成浪费和损失。

第四,提高产品质量,减少和消灭废品损失。有人往往把提高产品质量同降低产品成本截然对立起来。他们认为,要降低产品成本,就不能提高产品质量。这种看法是不正确的。在某种条件下,例如在提高产品质量要改用质量较高、价格较贵的原料、材料的场合,可能会引起成本的某些升高。但这不是一般的、普遍的情况。在一般的情况下,用同样的原料、材料甚至较次的原料、材料,生产质量更好的产品,努力减少和消灭废品损失,这恰恰是降低产品成本的一个重要途径。废品损失,是最大的损失,不合格品的返修,也会造成许多浪费,它们都会使产品成本昂贵。在国家实行按质论价的价格政策下,用同样的人力、物力,生产的产品质量越高,企业的赢利就越多;反之,企业的赢利就越少。所以,要降低成本,就必须采取各种措施提高产品质量。例如,制定合理的技术标准,加强产品设计工作和工艺工作,严格质量检验制度,以及建立必要的废品分析、报告制度和责任制度,等等。

第五,节约行政管理费用。管理费是构成成本的一个项目,不断提高管理工作的效率,缩减各种不必要的费用开支,可以降低成本。每个企业,都应当认真贯彻勤俭办企业的方针,发扬艰苦朴素的精神,处处精打细算,节约开支,坚决反对铺张浪费的作风。

　　以上所说的只是企业降低成本、增加赢利的几个主要方法。在不同的企业里，由于产品方案、生产条件和技术水平等的不同，在降低成本、增加赢利的方法上，侧重点是不同的。即使同一个企业，在不同时期，影响成本降低的关键因素也会发生变化，因而需要采取不同的措施。解决当时的关键问题，才能取得良好的成效。

　　为了使企业能够及时发现自己工作中的薄弱环节和缺点，采取切实措施降低成本、增加赢利，就必须加强企业经济核算。毛泽东同志说："有了严格的核算制度之后，才能彻底考查一个企业的经营是否是有利的。"① 经济核算是促使企业降低成本、增加赢利的有力杠杆，它要求企业精确地计算劳动消耗和生产成果，认真讲求经济效果，改进经济管理，发掘生产潜力，从而保证不断地降低成本、增加赢利。为了加强企业经济核算，必须搞好定额管理，建立与健全厂内三级核算制度和经济活动分析制度，以及以总会计师（或相应的会计负责人）为首的经济责任制，真正以厂部为中心，把厂部、车间和班组的经济核算结合起来，以财务部门为中心，把供销、生产、技术、劳动等专职机构的经济核算结合起来。只有这样，企业经济核算才能逐步走上健全发展的轨道，才能真正发挥它的作用。

　　社会主义制度要求企业不断降低成本、增加赢利，同时，它也为企业降低成本、增加赢利提供了极其有利的条件。社会主义经济是计划经济，企业的一切活动都要服从国家统一的政策和计划。降低成本、增加赢利，同样必须在国家统一的政策和计划的指导下进行，而不能脱离和违反国家的政策和计划。这是社会主义企业同资本主义企业的一个根本区别。企业生产产品的品种、质量、数量和价格，都是国家规定的，降低成本、增加赢利，不能采取变更品种、降低质量、抬高价格的方法，更不允许擅自从事计划外的活动

---

① 《经济问题与财政问题》，《毛泽东选集》，东北书店1948年版，第822页。

来谋取高利，而只能在全面完成国家计划前提下，用不断改进经营管理、提高劳动生产率的方法，来降低成本、增加赢利。只有企业认真做了这种努力，实现了这种要求，才能真正为国家提供积累，有利于扩大再生产。

社会主义企业的一切工作，都必须依靠广大职工群众的自觉努力来实现。降低成本、增加赢利，同样要充分发动群众、依靠群众的努力来进行。要在职工群众中广泛地宣传降低成本、增加赢利的重要意义，使勤俭建国、勤俭办企业的思想，真正深入人心，开展群众性的增产节约运动，把大家动员起来为降低成本、增加赢利而奋斗。只有这样，才能很好地完成这项重要的任务。

（原载《前线》1963年第5期）

论我国国营工业企业的性质和任务

一

现代工业企业的社会性质,是由它的生产资料所有制决定的。一定的生产资料所有制,决定人们在生产和劳动中一定的相互关系与分配关系。因此,有什么样的生产资料所有制,也就有什么样社会性质的工业企业。

社会主义工业企业同资本主义工业企业是根本不同的。它们之间的根本差别,在于社会主义工业企业实行了生产资料所有制的社会主义革命。同时,还在于社会主义工业企业是用革命精神来从事生产和经营管理的。这就是说,社会主义工业企业,不仅是现代化的企业,而且是革命化的企业。

我国国营工业企业,是一种什么样的社会性质的工业企业呢?

早在1949年3月,毛泽东同志在党的七届二中全会的报告中,就已经清楚地说明了我国国营工业的社会性质。他说:"这一部分经济,是社会主义性质的经济,不是资本主义性质的经济。"决定我国国营工业企业的社会主义性质的,最根本的是生产资料的全民所有制。

我国国营工业企业,是全民所有制的经济组织,是国民经济的一个有机组成部分。无论是中央管理的企业,还是地方管理的企业,都属于社会主义国家所有,都是社会主义国家的财产。同时,社会主义国营工业企业又是全民所有制经济中独立的生产经营单位，它按照国家的规定，进行独立的经济核算。

那么，国营工业企业的全民所有制主要表现在哪些方面呢？

第一，企业的生产资料，包括机器、设备、建筑物、原料、材料以及土地、矿山等，都属于国家所有。没有国家的命令和上级行政主管机关的批准，企业不能把生产资料转移、出让或者赠送给别的企业和单位。

第二，企业的生产活动，服从国家的统一领导和统一计划。国家在党的领导下，制定指导企业生产经营的各项方针政策，规定企业的计划，拟定重要的规章制度，并且直接委派企业的行政领导人员。

第三，企业的产品属于国家所有，由国家统一分配和统一调拨。企业必须严格按照国家规定的调拨计划和调拨价格销售产品，不能擅自处理自己生产的产品。

第四，企业要按照规定向国家缴纳税金；企业的利润，除了按照国家规定留作企业奖金的小部分以外，大部分要上交国家，由国家统一支配、集中使用。

第五，企业的职工工资标准和工资制度，由国家根据各尽所能、按劳分配的社会主义原则统一规定。

上述这五个方面，是相互联系、相互制约的。破坏其中任何一个方面，都会削弱以至破坏企业的全民所有制。但是，在生产资料属于社会主义国家所有的条件下，其中最主要的和具有决定作用的，是国家对工业企业生产的统一计划和对企业产品的统一调拨。没有这一点，其他的方面就不能落实，全民所有制便是一句空话。

国营工业企业的全民所有制，同现代工业生产力的高度社会性是相适应的。生产资料的全民所有制，决定了社会主义国营工业企业的生产，是在国家的集中领导和统一计划下进行的。这就使国民经济有可能有计划、按比例地发展，使工业企业的生产经营活动，有可能根据全民的利益和社会的需要，最合理和最有效地进行。这是社会主义国营工业企业大大优越于资本主义企业的根本点。

社会主义国营工业企业的全民所有制是绝对不能动摇的，必须坚决维护，不能侵犯。任何部门、任何地方、任何企业，都应当严格按照国家的统一政策、统一计划和统一的规章制度来组织生产，不能违反国家的统一规定，任意地调用和处置企业的生产资料和产品，否则，全民所有制便会遭到削弱和破坏，就有变成部门所有制、地方所有制、单位所有制的危险，社会主义经济就有向资本主义蜕化变质的危险。列宁说得完全正确："任何直接或间接地把个别工厂或个别行业的工人对他们各自生产的所有权合法化、或者把他们削弱或阻挠执行全国政权的命令的权利合法化的做法，都是对苏维埃政权基本原则的极大歪曲和完全放弃社会主义。"① 因此，在任何时候，在任何条件下，我们都必须坚决地维护社会主义国营工业企业的全民所有制，同一切削弱和破坏全民所有制的现象进行不调和的斗争。

二

社会主义国营工业企业是全民所有制的企业，它的活动要服从国家的集中领导和统一计划，这是不是说，它没有一定的独立性呢？

当然不是。

如前所述，我国国营工业企业是全民所有制经济中独立经营、独立核算的单位，因此，它在国家的集中领导、统一计划下，具有一定的独立性。这种独立性，主要表现在以下几个方面。

第一，企业有权使用国家交给的固定资金和流动资金，按照国家计划进行生产，实行独立的经济核算。

第二，企业有权和别的企业签订经济合同，它有责任严格履行

---

① 列宁：《关于苏维埃政权的民主制和社会主义性质》，载《列宁论苏维埃建设》（上册），法律出版社1958年版，第138页。

合同，也有权要求别的企业和单位严格履行合同。它在处理同其他企业和单位的经济事务中，具有法人的资格。

第三，企业有权同国家银行建立信贷关系，在银行中开设自己的结算账户。

第四，在企业计划确定以后，如果生产能力有余，而当地或者其他单位又能够供应生产所需的各种物资，企业可以在保证完成国家计划任务、不占用国家计划分配的材料和遵守等价交换的条件下，经过上级行政主管机关的批准，承担当地分配的或者其他单位所要求的、力所能及的生产任务。

第五，企业在根据先进合理的消耗定额和生产任务，确定了原料、材料和燃料的需要量以后，如果能够降低消耗，节约物资，可以按照国家的规定，同别的单位和企业调剂使用原料、材料和燃料的结余部分，增产国家计划规定的产品。但是，企业不能用这些物资交换生活资料。

第六，企业有权使用国家发给的企业奖金，来改善劳动条件和职工生活。

应当指出，工业企业独立性的具体内容，并不是一成不变的。在不同的时期，由于国家面临的政治经济任务和各种具体条件不同，企业独立性的具体内容可以而且必然会有所区别。但是，在任何时候，在任何条件下，国营工业企业的独立性都是以全民所有制为基础的，都是有条件的、相对的。就是说，企业的独立经营，在任何时候都必须以服从国家的集中领导、统一计划为前提。

社会主义的全民所有制对于工业企业独立性的这种制约，不是束缚了工业企业的积极性和主动性，恰恰相反，它为工业企业充分发挥积极性和主动性创造了非常有利的条件。

资本主义工业企业是资本家的私有财产，它完全由资本家个人支配。从这个意义上来说，资本主义工业企业似乎是完全独立的。但是，这种以生产资料私有制为基础的独立性，使资本主义工业企业根本不可能自觉地按照社会生产发展的规律来组织生产。资本家不可能确切地知道社会需要什么和需要多少，他们只能根据市场行情的自发波动来安排生产。因而，资本主义工业企业的生产活动，注定要被周期性的经济危机所打乱，经常处于破产和倒闭的威胁之中。可见，资本主义工业企业，在形式上似乎是完全独立的，在本质上却处于社会自发势力的统治下，是真正被动的。

同资本主义企业根本相反，社会主义国营工业企业的独立经营，是以国家的集中领导和统一计划为前提的。因而，企业有可能自觉地按照社会需要来安排生产，它的产品有广阔的、可靠的销路；它有可能从别的企业和单位有计划地、稳定地获得各种原料、材料的供应。这就为企业充分发挥主动性和积极性开辟了广阔的道路。国家的集中领导和统一计划，是企业进行真正有效的独立经营、充分发挥主动性的根本条件。

社会主义国营工业企业的独立性，是相对的、有条件的，这是不是说，企业的独立性是不重要的，是可有可无的呢？

当然不是的。

国营工业企业的独立性，虽然是相对的、有条件的，但是，是不可缺少的。这种独立性，对充分发挥企业的积极性和主动性，有着重大的作用。因为，现代工业生产，是一个由千万个企业组成的复杂的社会分工体系。一方面，各个企业之间存在密切的联系，它要求社会统一计划和安排企业的生产；另一方面，每个企业又都是社会分工的基本环节，它们都各有自己独立的生产过程，并且在生产、技术、经济、自然条件等方面，都各具特点。这样，为了发挥每一个企业在社会生产组织中的作用，使社会分工体系这个链条上的每一个环节都能够起到自己的作用，就要承认它们在客观上所具有的独立性，给它们创造一定的条件，赋予它们一定的权力，使它们在国家的集中领导和统一计划下，能够发挥自己的主动性和积极性，正确而及时地解决生产中经常出现的应当由企业解决而且可以解决的问题。反之，如果企业没有必要的独立性，而企业生产经营中的一切细枝末节，都由国家直接来处理和解决，那就必然会束缚企业的手脚，不能在国家经济生活中正确实行统一领导、分级管理的原则，因而不利于社会主义经济的迅速发展。同时，由国家直接去解决每个企业中的许多具体问题，在事实上也是不可能的。

可是，国家的集中领导、统一计划和企业的独立经营，既是矛盾的，又是统一的。它们是相辅相成、相互促进的，它们之间并不存在对抗性的矛盾。把这两个方面机械地割裂开来，看作截然对立和相互排斥的东西，是一种形而上学的观点，是错误的。

当然，这绝不是说它们之间没有矛盾，不会发生矛盾；恰恰相反，它们之间的矛盾是客观存在的，并且是会不断产生的。但是，这种矛盾是非对抗性的，在社会主义制度下是完全可以解决的。我们的任务，就是要自觉地处理这种矛盾，正确地处理国家与企业之间的关系。如果能够把国家的集中领导、统一计划同企业的独立经营，根据不同时期、不同条件下的要求，正确地结合起来，那么，就能够比较顺利地解决这方面的矛盾，促进工业生产多快好省地发展。

那么，怎样才能正确地处理国家与企业的关系呢？

我国的经验证明，为了正确处理国家与企业的关系，国家要明确规定对企业的生产要求，并且为企业正常生产提供必要的条件。具体地说，国家要给企业规定产品方案和生产规模，规定固定资产和流动资金，规定人员和机构，规定主要原料、材料、燃料、动力、工具等的消耗定额和供应来源，以及规定协作关系。通过这些，不仅可以使企业明确自己的生产任务，而且也可以为它们正常生产提供必要的条件。这就使企业免除"外顾之忧"，集中精力，搞好生产。

同时，要明确工业企业对国家的责任。根据国家的要求，企业要保证完成产品的品种、质量、数量计划；保证不超过国家规定的工资总额；保证完成成本计划，并力求降低成本；保证完成上缴利润计划以及保证主要设备的使用期限。企业履行了对国家的责任，可以根据它们完成任务的情况，按照一定的比例，在上缴利润中提取企业奖励基金；反之，如果企业完不成任务，不能履行对国家的责任，就不能提奖。

这样正确地处理国家和企业的关系，就可以加强国家对企业的集中领导和统一计划，就可以为工业企业的独立经营创造必要的条件，从而促使企业更好地依靠群众，全面完成和超额完成国家计划。

上面，我们分析了国营工业企业的全民所有制。同时，全民所有制，也决定了企业内部人们在生产和劳动中的相互关系以及分配关系的性质。在我国国营工业企业里，根本不再存在阶级剥削和阶级压迫，人们之间建立了同志式的互助合作关系，个人消费品分配，是根据各尽所能、按劳分配的社会主义原则进行的。所有这些都说明，我国国营工业企业的社会性质，是社会主义的，它同资本主义企业的性质是根本不同的。

三

工业企业的根本任务，是由企业的社会性质决定的。我国国营工业企业是社会主义的企业，这就决定了它的任务同资本主义工业企业的任务是根本不同的。

关于社会主义工业企业的任务，毛泽东同志早就有过明确的阐述。在《经济问题与财政问题》一书中，毛泽东同志写道："一个工厂内，行政工作、党支部工作与职工会工作，必须统一于共同目标之下，这个共同目标，就是以尽可能节省的成本（原料、工具及其他开支），制造尽可能多与尽可能好的产品，并在尽可能快与尽可能有利的条件下推销出去。这个成本少、产品好、推销快的任务是行政、支部、工会三方面三位一体的共同任务。"[①] 这就是说，每个工业企业，都应当在国家的集中领导和统一计划下，生产尽可

[①] 毛泽东：《经济问题与财政问题》，解放社 1944 年版，第 114 页。

能多和尽可能好的产品,并且,尽可能地降低成本,为国家提供积累。全面完成和超额完成国家计划,增加社会产品,扩大社会主义积累,这就是社会主义国营工业企业的根本任务。

国营工业企业的根本任务,首先是要按照国家计划规定,增加社会产品,满足社会需要。大家知道,资本主义工业企业也生产工业产品,但是,它的目的不是满足社会需要,而是获取利润。生产产品只是资本家获取利润的手段。同资本主义工业企业相反,社会主义工业企业必须遵循毛泽东同志经常教导我们的"发展生产、保证供给"这个根本方针,按照社会需要来生产工业产品。这是我们社会主义工业企业的一项最重要的任务。

在社会主义制度下,社会对工业产品的各种需要,是由国家有计划地组织各个工业企业,采取分工协作的方法来生产和满足的。国家为每个企业规定的产品生产计划,体现着社会对于各个企业生产的要求。因此,就每个企业来说,能否全面地完成国家规定的产品生产计划,是衡量它是否完成任务的一个最重要的标志。

社会主义工业企业的根本任务,不但要很好地完成国家规定的产品生产计划,而且要很好地完成国家规定的上缴利润计划。社会主义企业并不否定赢利,恰恰相反,社会主义企业必须在国家的集中领导和统一计划下,克勤克俭,认真地讲究赢利,努力完成和超额完成国家规定的上缴利润任务,扩大社会主义积累。

企业赢利是社会主义建设资金积累的重要来源。每一个工业企业能不能赢利、能不能完成国家规定的上缴利润任务,直接影响到国家的财政收入,关系着社会主义扩大再生产的规模和速度。同时,企业赢利又是满足社会多种共同需要的来源。例如,支付非生产领域内职工的工资,支付国家行政管理费、国防费,以及建立必要的后备和各种公共福利基金等,它们都是保证社会主义建设和社会生活的正常进行所必需的。而对于企业本身来说,利润也是反映劳动生产率和企业经营管理水平高低的一个重要指标。因此,社会主义工业企业能否完成扩大社会主义积累的任务,同样是衡量企业是否全面完成任务的一个不可缺少的标志。

当然，社会主义工业企业的生产，是不允许由利润的多寡来自发地调节和支配的。把赢利当作企业唯一的任务，鼓励和放任企业不择手段地去追求赢利，而不遵守国家计划，不考虑社会需要，这同社会主义工业企业的性质是格格不入的。

我们的国营工业企业，必须按照国家计划规定，增加社会产品和扩大社会主义积累，这是它的根本任务。这个根本任务，包含着对工业企业各方面工作的要求，包含着企业必须完成的许多具体任务。这些任务，主要是：（1）完成国家规定的产品的品种、质量和数量计划；（2）不断地提高劳动生产率；（3）合理地利用固定资产；（4）尽量地节约原料、材料、燃料、动力等物质资料的消耗；（5）合理地利用流动资金，加速流动资金的周转；（6）努力降低产品成本，增加企业赢利；（7）不断改善劳动条件，实现安全生产；（8）不断地提高职工的思想政治觉悟和文化技术水平。

上述八个方面，都是工业企业根本任务的具体化。它们相互之间有密切的联系。只有全面地完成这些任务，才能真正贯彻执行党的社会主义建设总路线，才能使工业企业的生产多快好省地全面发展。在实际工作中，某些时候，针对当时的具体情况和薄弱环节，着重强调其中某一方面的任务是完全必要的。但是，这样做的目的，不是为了别的，而是为了更好地、更全面地完成工业企业的根本任务。因此，工业企业的管理人员，在任何时候都要有全面观点。在考虑完成企业某一方面的任务的时候，应当同时考虑到它对其他方面的影响。例如，在节约原材料的时候，应当注意保证产品的质量和其他有关的条件；在增加产量的时候，必须全面地考虑质量、品种、成本和设备的维修等。片面地追求某一个方面，忽视其他方面的做法，都会给工业企业带来不利的影响，因而是不正确的。

毛泽东同志说过："任何社会主义的经济事业，必须注意尽可能充分地利用人力和设备，尽可能改善劳动组织、改善经营管理和提高劳动生产率，节约一切可能节约的人力和物力，实行劳动竞赛和经济核算，借以逐年降低成本，增加个人收入和增加积累。"①我们应当遵照毛泽东同志的指示，来办好我们的社会主义工业企业。

社会主义工业企业，不仅是出产工业产品的场所，而且是培养共产主义新人的学校。社会主义企业之所以优越于资本主义企业，除了企业的所有制根本不同以外，企业职工的精神面貌也是根本不同的。社会主义现代化企业是现代技术和革命精神相结合的企业。在社会主义工业企业里，只有坚持政治挂帅，做好思想政治工作，用马克思列宁主义、毛泽东思想武装干部和工人的头脑，学习解放军坚持"四个第一"，发扬"三八作风"，创造"四好连队"的经验，振起广大职工群众的革命精神，使人的思想革命化、使企业的管理机构革命化、使整个现代化企业革命化，才能保证企业多快好省地全面地完成任务。

（原载《人民日报》1964年3月3日，与马洪、陆斐文合作，署名马文桂）

---

① 《真如区李子园农业生产合作社节约生产费用的经验》一文按语，《中国农村的社会主义高潮》（中册），人民出版社1956年版，第768页。

工业生产中必须建立全面的责任制

全面建立各项责任制度，是当前加强企业和工业管理、提高管理水平的一个重要问题。管理工业生产，需要建立各种规章制度，而规章制度的核心是责任制。没有责任制把各项工作落实到一定的部门和个人，其他的制度定得再好也是空的。下面，就建立责任制的有关问题，谈点看法。

一

从根本上说，责任制是社会化生产的客观需要。凡是进行社会化生产，有劳动的分工和协作，就必须明确规定生产过程中各个环节和各个人的工作职责，使他们在合理分工的基础上密切配合，保证生产协调地进行。生产的社会化程度越高，劳动的分工协作越发达，严格的责任制度也就越必要。这是社会生产发展的一条规律，任何社会形态都不能例外。

但是，严格的责任制度对于社会主义工业比之对于资本主义工业，更加重要。社会主义工业是以生产资料公有制为基础，在全国范围内有计划、有组织地进行生产的。生产资料公有制的建立，消除了资本主义制度下个别工厂生产的组织性和整个社会生产的无政府状态之间的对立，为国民经济有计划、按比例、高速度地发展，开辟了广阔道路。要把社会主义制度的优越性发挥出来，就必须在正确路线指引下，按照客观规律的要求，进行大量的、艰巨的、科学的计划工作和组织工作。其中一个重要环节，就是从上到下都要建立和执行严格的责任制。只有这样，才能使每个单位、每个人在统一计划下，既充分发挥自己的作用，又密切配合，做到像列宁所说的：把全体劳动者团结成一个像钟表一样准确地工作，把公有制的巨大而复杂的工业生产组织成紧张而又有条不紊的活动。相反，如果没有严格的责任制，党的政策、国家的计划，可以执行也可以不执行，一件事情，职责不清，互相推诿，那么工作就没有秩序，生产就没有效率，不仅不会有高速度，而且势必出现与社会主义制度的要求完全违背的无政府状态，给生产带来严重损害。

"四人帮"及其一伙，为了破坏社会主义经济，搞垮无产阶级专政，竭力歪曲和攻击社会主义责任制，给它横加种种罪名，从什么修正主义的"管卡压""把工人当作旧分工的奴隶"，一直到什么"王熙凤整顿大观园，也无非是老妈子、小丫头来一个责任制""搞了责任制，失了火谁去救"之类，真是荒谬绝伦！

责任制是任何社会化生产都需要的，但是社会制度不同，它所体现的生产关系不同，其社会性质也不同。"四人帮"反对责任制的一个手法，就是用形式上的相似来抹杀本质上的区别，把社会主义责任制污蔑为资本主义甚至封建主义的东西，加以攻击。这是他们仇恨社会主义、丑化社会主义的表现。大家知道，封建主义、资本主义的责任制，是农奴主、资本家统治、压迫农奴和工人的手段，反映阶级剥削的关系。而社会主义的责任制，则是掌握了生产资料和国家命运的广大职工，根据阶级的整体利益和生产的客观要求规范自己行动的工具，它体现着人们之间新型的社会主义的分工合作关系。社会主义责任制也有强制性，但是这种强制性是建立在职工群众高度的主人翁责任感和革命自觉性基础上的。职工的社会主义觉悟和政治责任感越高，就越要求明确自己的任务和职责，要求有严格的责任制；而严格责任制的建立和执行，又会进一步激发群众的政治责任感和革命自觉性。对于少数觉悟不高、责任心不强的人来说，责任制是一种必要的约束，也是培养他们提高觉悟、加强责任心的手段。怎么能够把它同资本主义、封建主义的责任制混为一谈呢？

"四人帮"对责任制的第二个手法，是完全混淆社会主义的分工与旧分工两个不同的概念，并且把做好本职工作同关心国家大事对立起来，把责任制污蔑为维护旧分工的东西加以攻击。应当指出，社会化生产中不同行业和工种的分工是一回事，一个劳动者终身束缚于一种职业的分工又是一回事。前一种分工是生产力发展的要求，一万年以后也有。后一种分工是旧社会遗留下来的，它将随着社会生产力的高涨和劳动者体力和智力的全面发展，而逐步消除。实现共产主义，应当"用那种把不同社会职能当作互相交替的活动方式的全面发展的个人，来代替只是承担一种社会局部职能的局部个人"①，而不是去消灭不同的社会职能。因此，即使到了共产主义阶段，旧分工完全克服了，人们可以交替从事各种工作了，但当一个劳动者在从事一种工作的时候，他仍然处于社会生产的复杂分工体系中，仍然要自觉遵守严格的责任制，一丝不苟地完成自己的职责，否则，高度社会化的生产便根本无法进行。在社会主义阶段，尽管还存在三大差别，存在旧分工残余，就生产力的发展已经达到的水平来说，这不仅是不可避免的，也是发展生产所必要的，我们只能经过长期的努力，逐步地缩小它以至最终消除它。但是，由于所有制变更了，这种分工的社会性质也已经发生了根本变化：社会分工的阶级对立消灭了，分工虽不同，都是主人翁，人们的社会地位是平等的。国家采取一切措施保证劳动者广泛参加管理国家、管理经济和管理企业，创造一切条件提高全体人民的思想政治水平和文化技术水平。在这里，劳动者做好本职工作同他们行使当家做主的权力，完全是一致的。做好本职工作是劳动者当家做主的一项应尽义务，是他们关心国家大事的起码要求；而他们关心国家大事的觉悟越高，对自己的岗位同整个阶级的事业之间的联系认识得越深刻，他们做好本职工作的责任感就越强。社会主义的责

---

① 《资本论》第一卷，人民出版社1975年版，第535页。

任制，是建立在广泛地发动群众的基础上的。它不仅要确定每个职工的职责，而且要规定他们必要的职权，这不但不会限制职工的积极性，恰恰是在集中领导下充分发挥职工积极性的一种重要形式。"四人帮"硬把责任制同旧分工混在一起，歪曲社会主义分工的社会性质，散布做好本职工作同关心国家大事的"对立论"，其罪恶目的，就是要用"维护旧分工""走资派"的帽子，把大批坚持毛主席革命路线的干部打下去；同时把许多坚守岗位，认真工作的好同志搞臭，而给他们那些专门搞打砸抢，唯利是图，唯权是夺的亲信、党羽、爪牙，戴上"关心国家大事"的"左派"的桂冠，篡夺各级领导权。我们一定要揭穿他们的伎俩，彻底肃清他们的流毒，把他们搞乱的理论是非和思想是非纠正过来。

二

我们说，搞好工业生产，必须全面地建立和健全各项责任制度，这里说的"全面"，有两个含义。一是指不仅在企业内部，而且在企业外部，在组织和指挥工业生产的各级机构和各个环节上，都应当建立严格的责任制度。我们的工业生产，是包括几十个部门、几十万个企业和几千万职工的巨大的社会化生产体系，在这个体系中，上下左右的各个环节都是密切联系、相互影响的。只有所有的环节都有责任制，严格地完成自己的职责，才能在国家统一计划下把工业生产组织好。二是指不仅要有政治上行政上的责任，而且要有经济上的责任。建立责任制，明确政治上和行政上的责任是重要的，但只做到这一点还不够，还要有经济上的责任，就是说，要把完成工作职责的好坏同一定的经济利益联系起来。只有这样，我们才能更好地利用社会主义社会的客观经济规律，把用行政办法加强责任制同用经济方法加强责任制结合起来，真正确立严格的责任制度。

先说企业内部的责任制。企业是工业生产的基层单位。搞好企业内部的责任制，是建立全面责任制的基础。在企业里，我们要建立党政领导的岗位责任制，建立各个职能部门和技术人员、专业管理人员的岗位责任制，建立各级政治机关和政工人员的岗位责任制、建立工人的岗位责任制，真正做到人人有专责、事事有人管。在这些责任制度中，各级领导的岗位责任制最重要，它的核心，是党委领导下的厂长分工负责制。

实行党委领导下的厂长分工负责制，就是说，企业的一切重大问题，都必须经过党委集体讨论决定。企业的生产、技术、财务、生活等重大问题，党委作出决定后，由厂长负责组织执行。企业党委要积极支持以厂长为首的全厂统一的生产行政指挥系统行使职权，并且监督和检查他们的工作。这样既可以使党委摆脱日常事务的牵绊，集中精力抓好事关执行党的路线、方针、政策和国家计划的重大问题，抓好党的建设和思想政治工作，真正加强党对企业的领导；又可以使企业的日常生产行政工作得到及时有效的统一指挥，避免职责不清和无人负责现象。这个制度，继承了我们党在长期革命斗争中形成的集体领导和个人分工负责相结合的领导制度的优良传统，又适合管理现代工业企业需要在高度民主的基础上实行高度集中统一指挥的特点，从原则上把我们的企业管理制度同资本主义企业区别开来了。

应当指出，党委领导下的厂长分工负责制，是毛泽东同志一贯肯定和提倡的制度。在著名的《鞍钢宪法》的批示中，毛泽东同志又把它作为社会主义企业管理的一项基本原则确定下来。无产阶级"文化大革命"过程中，由于许多企业党委一度停止了工作，各企业普遍建立了革命委员会，作为临时的权力机构领导企业的革命和生产。在企业党委重新建立起来，并且更加朝气蓬勃地领导企业的各项工作以后，在工业企业中，革命委员会已经胜利地完成了自己的历史使命。现在，五届人大通过的宪法明确规定，只有政权机关才设立革命委员会。因此，除了政企合一的单位，生产行政工作在党委领导下由革委会主任分工负责外，其他企业都需要把党委领导下的厂长分工负责制这个适合企业工作特点的制度，尽快地建立和健全起来。

在企业里，以党委领导下的厂长分工负责制为核心，建立各个方面的责任制度，需要正确地解决以下一些问题。

第一，依靠群众，总结实践经验，根据生产的特点和要求，合理地规定各级、各个部门和各个岗位的工作职责，并赋予他们相应的职权，使他们能够各司其职、各尽其能、各负其责，充分发挥自己的积极性。在规定工作职责时，要尽可能明确、具体。既要注意各个岗位有科学的分工，又要考虑它们相互间的密切联系；既要提出工作数量上的要求，又要规定工作质量上的要求；既要明确应当完成的工作职责，也要确定相应的工作制度，提出工作方法和工作作风上的要求，使责任制真正成为政治与经济、政治与技术相统一的制度。

第二，大力加强技术业务的培训工作，广泛开展岗位练兵活动，不断提高广大职工的技术业务水平和操作水平，使他们能够胜任本职工作，而且精益求精，把工作做得更好。要建立必要的技术考试制度，经过考试合格，才能上岗位操作。

第三，搞好各项定额、统计、计量等基础工作，为检查和考核各种岗位完成职责的情况创造条件。

第四，建立定期的严格的考核检查制度，并且把这种考核同比学赶帮超的劳动竞赛结合起来，同职工的晋级和奖励结合起来，同执行严格的纪律结合起来。工作出色的要给予表扬和奖励，差的要帮助，不称职的应当调整。对于玩忽职守、造成事故、给国家带来严重损失的人，要严肃处理，直至给予必要的刑事处分。真正做到职责分清，赏罚分明。

第五，加强思想政治工作，不断提高广大职工的社会主义觉悟和主人翁责任感。这是我们贯彻执行责任制的根本保证。

只有把上述各项工作做好了，企业的责任制才能真正建立、健全起来，发挥它应有的作用。

三

关于企业外部的责任制,涉及的方面很多,这里只就几个问题进行一些讨论。

(一)在企业和国家的关系中建立责任制的问题

社会主义企业在国家统一领导和计划下进行生产,国家规定企业的生产任务和提供必要的生产条件;企业具体地运用这些生产条件进行生产,全面完成国家计划。这是国家和企业在经济活动中的基本关系。为了建立企业的责任制,必须把这种关系通过一定的制度和办法具体地确定下来。在这里,国家对企业实行"五定"(即定产品方向和生产规模;定人员机构;定原料、材料、燃料、动力、工具的消耗定额和供应来源;定固定资产和流动资金;定协作关系)和企业保证完成国家计划规定的八项经济技术指标(即产量、品种、质量、消耗、劳动生产率、成本、利润和流动资金占用),是一个重要的制度。通过这个制度,一方面国家明确规定了企业生产经营活动的方向和职责;另一方面国家又把相应的劳动力和生产资料分配给企业,并给予企业按照国家计划和有关规定,相对固定地使用这些生产条件的权力。这就使企业有职、有权、有责,把企业责任制真正建立起来。

要做到这一点,必须进行大量的艰苦细致的工作。从确立企业责任制的角度看,有几个问题需要很好地解决。

第一,应当明确,在政治统率下搞好生产,全面完成和超额完成国家计划,是企业的中心任务,也是企业是否尽到了自己职责的主要标准。对于每个企业的生产任务,不仅要提出数量方面的要求,更重要的要有质量、品种、消耗、效率等方面的要求,而且反映这些要求的计划指标应当相互衔接。不仅要提出要求,而且要有一套全面考核企业完成这些要求的办法和制度,以促进企业主动地革新技术、提高效率,使自己的生产经营活动在国家统一计划下,真正做到多快好省，取得最大的经济效果。在这个方面，有不少问题值得我们进一步研究。比如，用什么指标来计算生产发展速度，可以促进企业既讲求数量又讲求质量和消耗，注重全面的经济效果？用什么办法促使企业既注意节约生产中的劳动和物资的消耗，又注意减少占用国家的流动资金和固定资金，充分有效地利用各种生产设备？等等。

第二，合理确定企业的职权。企业的"五定"定了以后，应当基本不变，每年按国家计划作适当调整，保证企业有比较稳定的生产条件。凡是不经国家主管机关的批准给企业增加任务的，企业可以拒绝；凡是违反国家规定抽调企业的物资、劳力、资金或给企业摊派费用的，企业有权抵制。同时，在"五定"范围内，对于企业运用国家分配给它的生产条件的具体权限，要有适当的规定。这方面也有一些问题值得很好研究。比如，企业在合理运用固定资产方面应当有些什么权力？企业运用更新改造资金的数量、范围怎么确定，在物资上如何给予切实保证？要实现四个现代化，从解决长远速度和布局看，必须建设一批新企业，但是我们的立足点是现有企业。如何使现有的企业不断革新技术，提高现代化水平，为国家生产更多更好的产品，提供更多的建设资金，输送更多的技术力量，这是我们实现十年规划的基础。因此，如何在国家的统一计划下，赋予企业必要的职权和条件，充分发挥它们挖潜、革新、改造的积极性和主动性，是一个非常重要的问题。

第三，建立对企业工作严格的考核制度，并且把企业完成国家计划的好坏，同一定的经济利益联系起来。在这里，建立企业基金的制度是十分必要的。实行这个制度以后，凡是全面完成和超额完成国家计划的企业，可以按照一定比例从利润中提取企业基金，主要用于举办集体福利事业。由于主观原因完不成计划的企业，不仅不能提取企业基金，而且应当追究企业领导的责任。这样做，可以促使职工从物质利益上关心整个企业完成国家计划，可以使企业在很好地完成自己的职责时，有更多的机动权力。对于因外部条件的影响完不成计划的企业，要查明原因，是谁的问题就要追究谁的责任，并且加以认真处理。只有这样，我们才能真正加强计划的科学性和严肃性。

（二）在企业管理体制上，建立责任制的问题

要尽量避免领导多头、职责不清的现象。一个企业的生产经营活动，应当只有一个主管机关。实行中央部门和地方双重领导的企业，不仅需要明确以谁为主，而且中央部门管什么、负什么责，地方管什么、负什么责，中央和地方如何分工协作、密切配合、共同把事情办好，都需要有具体合理的规定，还要在工作制度、工作方法和工作作风上加以保证，真正做到在巩固中央集中统一领导的前提下，充分发挥中央和地方两个积极性。中央和地方的各级工业主管机关，都要有严格的责任制。物资、劳动、财政、银行、商业等部门在同企业的关系中，也要明确双方的职责，建立责任制度。

（三）在企业与企业之间建立责任制的问题

这里最主要的是，建立严格的经济合同制度。企业之间的协作关系，应当签订合同；比较稳定的协作关系，还要签订长期合同。经济合同是组织企业协作的重要手段，也是执行和检查计划的重要工具。通过合同，可以把供需双方具体地联结起来，使国家计划进一步精确化、具体化，落实到企业的日常生产活动中。企业是不是全面完成国家计划，一个重要标志，是有没有按质、按量、按时地完成供货合同。合同一经签订，双方都必须严格执行，不执行合同的单位，不仅要负道义上的责任，而且要负经济上的责任。凡是不能及时供货或供应的产品不符合合同规定的要求，供货单位要包修、包换、包退，并且要负责赔偿对方因此造成的损失。国家要有一定的主管机关来仲裁、处理执行合同中的纠纷，严格合同纪律。

综上所述，在工业生产中建立和健全全面的责任制，是一个极为重要而又十分复杂的问题。做好这件工作，需要我们不断总结经验，正确处理各方面的相互关系，寻找各种体现社会主义原则、符合生产发展要求的适当形式和办法。本文只是想把问题提出来，不当之处请批评指正。

（原载《经济研究》1978 年第 6 期）

搞好调整、更加稳妥、更加迅速地推进四个现代化

在全党、全国的工作着重点转移到社会主义现代化建设上来之后，党和政府确定今后三年经济工作要着重进行调整、改革、整顿、提高，把国民经济纳入持久的、按比例的、高速度发展的轨道。这是一个从实际出发作出的重要决策，必将推动四个现代化更加稳妥和迅速地向前发展。

这里，着重就调整比例关系的问题，作些探讨。

一

说到调整，人们会自然地联想到20世纪60年代初期进行的经济调整，联想到当时不断恶化的经济形势。现在我们进行调整，是不是说当前的经济形势也不好呢？

回答是否定的。粉碎"四人帮"两年多来，经济形势的发展是很快、很好的。我们很快扭转了生产停滞、倒退的严重局面，促进了国民经济的迅速恢复和发展。1978年，农业在大旱之年仍然获得丰收。粮食产量大幅度增加，达到了一个新的水平；棉花、油料、糖料和其他经济作物全面增产；农村副业也有较快发展。工业生产的发展速度，连续两年都保持在13％以上。煤炭、石油、电力、钢等主要工业产品的产量和铁路货运量，都有很大的突破，创造了新的纪录。许多产品质量有所提高，物资消耗和产品成本有所降低。引进先进技术和进口设备的工作迅速展开，对外贸易有了较

大发展。财政收入大幅度增长，做到了收支平衡，略有节余。在工农业生产发展的基础上，城乡人民的生活也有了改善。所有这些充分说明，两年多来，我们党执行的路线是正确的，采取的方针、政策和措施是有力的，各行各业和各条战线的工作是很有成效的。

既然这样，为什么还要进行调整呢？这是因为，国民经济中还确实存在比例失调的状况，并且这种状况正在阻碍着我们更好更快地前进。从工业同农业的关系来看，农业严重落后，主要农副产品的增长不能适应人口增长、人民生活改善和工业生产建设发展的需要。在轻重工业之间，轻工业发展缓慢，一些主要轻工业产品供应紧张，也不能满足出口的需要。燃料动力严重不足，许多企业由于缺煤、缺电不能发挥生产能力。国民收入的分配，积累占的比例偏高，在积累内部生产性积累和非生产性积累的关系也不协调，人民生活方面积欠了不少亟待解决的问题。这些重大比例的失调，从根本上说，是林彪、"四人帮"长期干扰破坏所造成的。他们推行的极"左"路线给国民经济带来的深重灾难，不仅表现在搅乱了正常的生产秩序和工作秩序，导致生产急剧下降，而且表现在破坏了国民经济的比例关系，使一些主要比例处于严重失调的状态。在前两年经济的整顿和恢复过程中，党和政府对调整比例关系采取了不少措施，如注意加快农业的发展，加强燃料、动力工业的生产建设，以及提高了相当大一部分职工的工资等，从而使某些比例失调的状况有所缓和。但是，在两年的时间内，要把严重失调的比例从根本上改变过来，是不可能的。同时，在许多企业停工停产，生产还没有恢复的时候，比例失调的程度不可能充分表现出来，人们对它的认识和采取的措施，也不可能那么深刻和全面，工作中也难免有缺点。随着国民经济的迅速恢复和发展，一些原来被掩盖的比例失调的情况暴露出来了，同时，在前进过程中也出现了一些新的情况和问题。现在已经可以看得很清楚，如果不下决心集中相当的时间和精力，把比例关系大体调整好，国民经济要持续地、高速度地发展是困难的，弄得不好，还会加剧比例失调，阻碍经济发展。按比例才有高速度，调整好比例，才能争得持久的高速度。因此，调整是经济进一步发展的客观需要，是前两年大治经济的方针、政策合乎逻辑的发展。

从上面的分析可以看出，这次调整，是在经济迅速恢复和发展的大好形势下，针对国民经济中还存在的问题，自觉地进行的。同20世纪60年代的调整不同，它是在前进中调整，边调整边前进。1961年开始的调整，比例失调的矛盾已经发展到极其尖锐的地步，很大程度上是被迫进行的。在当时条件下，调整的办法，是先退够再前进，整个工业生产和基本建设规模，都大幅度压缩下来，有相当大的损失。除了具体工作中发生的个别缺点以外，这在当时是完全必要的。它的正确性，已经被后来国民经济的迅速恢复和发展所证实。现在，农业的情况比那时要好得多，工业基础也比那时雄厚，我们在国民经济节节上升的过程中进行调整，因此不存在统统要退的问题。为了调整比例关系，尽管就局部说，有上有下，有进有退，但下是为了上，退是为了进，整个国民经济不是踏步，更不是倒退，而是要保持一定速度稳步前进的。所以调整决不是现代化进程的间歇、中断，而是脚踏实地推进四个现代化的必要步骤。那种认为调整就一概要退，连薄弱环节和短线产品的生产也要减下来，认为调整就是现代化建设的停顿的观点，是受历史框框的束缚，机械地理解调整的表现，是片面的因而也是不正确的。

如实地认识和认真地对待比例失调的问题，及时地采取措施去进行调整，这是经济工作按照客观规律办事，提高预见性和科学性的表现。马克思主义的理论和社会主义建设的实践都告诉我们，在社会主义条件下，各种调整比例关系的工作，是经常要做的。国民经济的发展要求保持一定的比例，而由于种种原因，国民经济发展过程中又必然会出现这样或者那样不合比例也就是不平衡的现象。于是计划工作就要从不断发生的不平衡中，进行合乎客观规律要求的调整工作，组织新的平衡，促进经济协调地发展。列宁说过：经常地、自觉地保持的平衡，实际上就是计划性。毛泽东同志也说过，我国每年作一次经济计划，就是要求生产和需要之间的平衡，而事实上，每月每季都在局部地打破这种平衡，需要作出局部的调整。毛泽东同志这里说的，是一般情况下经常要作的局部调整，其范围比较小，所需的时间也短。在社会主义制度下，大的比例失调应当努力避免，工作做得好也能够避免。但是一旦由于某种原因出现了这种失调时，就必须善于及时地发现它、正视它，并且迅速采取相应的措施把它调整好。不然，既没有价值规律的自发调节，计划调节又不作出及时反映，造成的损失将更为严重。所以符合实际需要的调整，不是坏事，而是好事，它是经济工作避免盲目性、提高自觉性的一个标志。

二

调整的任务，是要把失调的比例关系大体上改变过来，使国民经济能够按比例地发展。当前，从经济的全局来看，需要调整好的主要比例关系，第一个是农轻重的关系及与此密切相关的消费与积累的比例关系；第二个是燃料动力工业与其他部门的关系。说得更明确一点，就是要着重解决好加快农业和轻工业发展的问题，解决好有效的增产和节约能源的问题。下面，着重谈谈农轻重关系的调整问题。

农轻重关系，在很大程度上具体地反映着社会生产最基本的比例——第一部类与第二部类的比例关系。在我国，正确地处理这三者的关系，具有特殊重要的意义。我们是一个人口多、底子薄的大国，经过三十年的努力，工农业生产和各项事业有了很大发展，但总的来说，现时的经济水平还很落后，人民的生活水平还比较低。从这种情况出发，我们必须大力发展重工业，以便用越来越多和越来越好的技术装备武装包括农业在内的国民经济其他部门，不然，就不可能使整个国民经济在20世纪末逐步地转到现代技术的基础上来。但是，也正是从我国的基本国情出发，我们又必须把发展农业放在首位，同时加快轻工业的发展，否则，我们就不可能很好地解决就业问题，改善人民生活问题、资金问题以及重工业的市场问题等这样一些国民经济的重大问题，重工业的发展也就会失去牢固的基础。

一方面要优先发展重工业，另一方面又要把发展农业放在首位，加快轻工业的发展。对于从我国现实经济条件中产生的对立统一的这两个方面，必须有辩证的认识和正确的处理。这是一个关系经济全局和政权巩固的根本问题。二十多年以前，毛泽东同志曾经把这个问题提到中国工业化道路的高度加以阐发，提出了用多发展一些农业和轻工业的办法来加快重工业发展的著名论点，其意义极为深刻。现在，我们要从自己的实际情况出发，加快四个现代化的进程，仍然必须正确地处理农轻重的关系。

核心的问题，是加快农业的发展。二十多年来，尽管我们在发展农业方面取得很大成绩，但是由于种种原因，在一个长时期内，农业生产的增长没有能够大大地超过人口的增长，因此按人口平均的农副产品的产量增加不多，有的没有增加，有的甚至还下降了。而这样的农业基础，却承担了比过去多得多的城镇人口，比过去大好几倍的工业建设规模，这就不能不使粮食、农业原料和副食品等的供应同保证人民生活和工业发展需要之间存在很大的矛盾。农业的落后，不仅表现在它的承担能力薄弱，而且表现在它的吸收能力不足。由于农业的积累水平比较低，不少社队购买不起化肥、农药和农业机械，有的即使买来用了，也增产不增收，不能给社队和农民从经济上带来好处。尽管造成这种情况有种种原因，但是它却从另一个角度，即农业是工业特别是重工业的市场这个角度，说明农业的发展也落后于工业发展的要求。农业的这种状况，既影响城乡人民生活的改善，又使工业的发展有后顾之忧。应当说，这是现在经济生活中许多问题的症结所在。因此这次调整的首要内容，就是要集中精力把农业搞上去，务必在今后几年使农业有一个全面的、迅速的发展，使粮食和其他农副产品的生产不仅在总量上而且在按人口平均的产量方面，都有一个显著的增长，从而比较适应改善人民生活和工业发展的要求。

要加快农业的发展，首先和最根本的，是要按照党的十一届三中全会通过的关于农业问题两个文件的精神，继续稳定地贯彻落实党在农村的各项正确政策。没有这一条，就不可能发挥社会主义集体经济的优越性，把广大农民的积极性日益充分地调动起来，其他的一切措施就没有基础，也收不到应有的效果。我们现在的农业生产大部分还是手工劳动。从这种现状出发，一面要加快农业技术改造的进程，另一面又要充分发挥人力资源丰富的有利条件，扩大劳动积累。按照客观经济规律的要求，改善农业的经营管理，精心组织劳动力，更有成效地开展农田基本建设，实行科学种田，发展多种经营，在一个长时期内，是我们发展农业生产所不可丝毫忽视的重要因素。

加快农业发展，还要十分重视合理利用自然条件。农业生产的一个显著特点，是生产过程和自然过程不可分割地结合在一起。我们要发挥人的主观能动作用，在遵循和运用自然规律的前提下改造自然，使之适合我们的要求；同时也要善于适应自然的要求，合理利用各种自然条件，充分发挥自然力的作用，以便使同样的资金和劳动取得更大的经济效果。这就要坚持以粮为纲、全面发展、因地制宜、适当集中的方针，合理区划和配置农业，扩大社会分工，发展商品生产，以大大提高农业的社会生产力。

为了加快农业发展，要增加用于农业的资金和物资，加强工业对农业的支援。党和政府决定，较大幅度地提高农副产品的收购价格和减免农村税收，同时适当增加农业投资的比例。这是发展农业的一项战略性措施。这样做，可以使农民增产增收，从物质利益上提高他们发展生产的积极性；可以在增加国家投资的同时，提高社队的积累水平，并且使这种积累的多少同他们的经营好坏联系起来，从而加强社队的经济责任，扩大社队所有权和自主权的物质基础。在我国条件下，在一定时期内，工业的发展还需要农业提供一部分资金积累（包括农业税和通过价格再分配在工业部门实现的利润和税收），但是这种积累的多少必须有一定的限度：一是要保证在生产发展的基础上农民的消费水平逐步有所提高；二是要使农业保持必要的积累水平，从而使农业的增长能够适应工业发展的需要。超过这个限度，就会侵犯农民的正当的经济利益，削弱农业扩大再生产的能力，不但不利于发展农业，最终也不利于工业的发展。随着工业的增长，工业的扩大再生产应当越来越多，以至完全可以依靠本身的积累来进行，而且要尽可能地腾出一部分资金来支援农业，帮助农业实现现代化。这是我们必须以最大的努力尽快加以实现的目标。同时，在农业的积累中，有一部分资金需要由国家集中起来，统筹规划，全面安排，有计划地兴办一些大的水利工程和其他必要的重点建设项目，不这样做，就不可能实现农业的现代化。但是，这部分资金的多少，应当以保证社队有必要的积累为前提。否则，就不能很好地保护和尊重农业的集体所有制，不利于充分调动广大农民的积极性，因地制宜地发展农业。这次大幅度地提高农副产品收购价格和减免农村税收，增加农业投资，就是对上述这些经济关系的一次极为重要的调整，它已经并且必将继续对发展农业和整个国民经济产生巨大的促进作用。

农业的发展，可以提供更多的原料，为加快轻工业发展创造条件，同时，也要求有更多更好的轻工业产品去和不断增加的农副产品相交换。轻工业的有机构成比重工业低，因而同样数量的资金用于轻工业，可以吸收更多的劳动者就业。轻工业的建设周期短，生产周转快，资金利润率比较高，因此发展轻工业对迅速积累资金有重要作用。在我国人口多、底子薄的情况下，发展轻工业，是我们正确处理人民生活和生产建设的关系所必须紧紧抓住的环节。这次调整的一个重要内容，就是要努力把轻工业的发展搞得快一些。在一个时期内，轻工业的发展速度要赶上或者略高于重工业的发展速度，使主要轻工产品的增长同国内购买力的增长相适应，并大量增加出口。

为了做到这一点，首先要充分挖掘现有企业的生产潜力，努力增加适销产品的产量，改进花色品种，提高质量，并大力降低物资消耗。对于轻工业生产所需要的燃料动力和原材料，要优先给以保证，按照合理的消耗定额及时供应。在燃料动力不足的情况下，宁肯挤一点其他行业，也要把轻工生产保上去。与此同时，要适当提高轻工业的投资比例，有计划地扩大轻工业产品的生产能力。重工业部门，也要利用自己富余的生产能力，利用边角余料和库存物资，尽可能地多生产一些工艺相近、品种对路的日用工业品供应市场。

加快农业、轻工业的发展，要求增加用于农业、轻工业的财力、物力，这样，用于重工业的财力、物力就要相对地减少；而农业、轻工业的发展，又离不开重工业的支援，要求重工业不断发展。这是一个矛盾。处理这个矛盾，就重工业的发展来说，要解决好三个问题。

第一，要紧密地围绕农业、轻工业发展的现实需要（当然还有加强国防和其他需要），根据国家财力、物力的可能，来安排重工业发展的方向和规模。重工业内部的结构要适应加快农业、轻工业发展的需要，逐步提高那些适合我国情况的、能够切实提高农业生产的农业生产资料生产部门的比重，提高为轻工业服务的生产的比重，提高直接满足人民生活需要的日用品生产的比重。

第二，要在提高投资效果上狠下功夫。把建设的重点放到现有企业的挖潜、革新、改造上来，引进国外先进技术，也要尽可能地同改造现有企业结合起来。要缩减项目，真正做到集中兵力打歼灭战，缩短建设周期，降低工程造价，以便用同样的投资或者较少的投资，尽快形成更多、更好的综合生产能力。

第三，要把降低消耗、增加品种、提高质量放在第一位，彻底改变那种不计消耗、不讲质量，片面追求产量、产值的状况，坚决走从"好省"中求"多快"的低消耗、高质量的发展路子。这样，一方面可以提高重工业本身的积累能力,另一方面又可以相对地减少重工业和整个社会对生产资料的消耗量,因而更有利于重工业和整个国民经济协调地、高速度地向前发展。

重工业主要是生产生产资料的部门。生产资料的生产,归根到底,是为生产消费资料服务的。离开了这个目的,生产资料的生产就失去了它的社会意义。而为了生产生产资料,又需要一定的生产资料。这就产生了一个重工业部门为农业和轻工业服务同发展自己的关系问题。加之重工业的建设周期比较长,生产能力的建设要提前好几年安排,更增加了问题的复杂性。如果离开了发展农业和轻工业的要求,或者根据一个经济上不现实的要求,来确定重工业的发展目标,而达到这个目标又采用一种低效率、高消耗、低质量的方法,那么,重工业的发展不仅会侵占本来应当用于农业和轻工业的生产资料,而且会造成一种重工业越发展,重工业的产品供应越紧张,从而又要求重工业扩大建设规模的恶性循环。这对于农轻重协调地向前发展,无疑是很不利的。

从上面的分析可以看出,调整农轻重的关系,对于农业和轻工业来说,要千方百计地加快发展,固然是积极的要求;对于重工业来说,尽管有些加工部门生产的数量指标有所控制,但是对产品的品种和质量要求更高,对物资消耗的要求更严,任务也不是减轻,而是更艰巨。

调整农轻重的关系,同调整消费和积累的比例是密切相关的。生产决定分配,农、轻、重这个社会生产的基本比例,从物质上制约着国民收入中消费和积累的分配比例。但分配又反作用于生产,一定的消费与积累的比例对改变以后的生产构成又起着重大的作用。积累率过高,建设规模过大,一方面会挤占应当用于农业、轻工业的燃料动力和原料材料,影响它们的发展;另一方面又会加大对生产资料的需要量,使重工业过重。因此,不把过高的积累率逐步降下来,就不可能调整好农轻重的比例关系。但是,消费和积累比例的调整,又必须考虑到农轻重生产结构的客观状况。如果不把农业、轻工业搞上去，生产出更多的消费资料，那么提高人民消费水平就没有必要的物质基础。在这种情况下，即使增加了消费基金也不可能实现，而减少了积累基金又会造成大量生产资料的积压。这样，不仅不利于调整比例关系，反而会造成经济生活的混乱和损失。正因为这样，这两个比例的调整要很好地结合起来进行，既要决心大，又要步子稳，才能收到良好的效果。

三

搞好比例关系的调整，除了做好调整工作以外，还必须把调整同改革经济体制、整顿企业和提高管理水平与科学技术水平结合起来。调整、改革、整顿、提高这四个方面的任务，是互相促进、互相渗透的。从全局来说，调整是关键。在一些重大比例失调的情况下，国民经济七长八短，企业的产供销不能很好地衔接，严格的经济责任制就难以建立，严明赏罚也难以实行，这样，要进行全面的经济体制改革是困难的，整顿企业和提高管理水平，也会受到一定限制。但是，反过来，如果不按客观经济规律的要求，对经济体制实行必要和可能的改革，不搞好企业的整顿，要搞好调整工作，也是不可能的。

这首先是因为：安排好比例关系，需要在中央集中统一的领导下，充分发挥中央部门、地方和企业各方面的积极性。过去有一种传统的看法，认为要实现有计划按比例地发展，就非要有一个一统到底、包罗万象的计划不可。现在看来，这种看法是不符合实际的。把全国29个省市、2000多个县和几十万个企业错综复杂、瞬息万变的经济活动，都集中到中央一级来搞综合平衡，安排比例，事实上是不可能的，勉强去做，也会脱离实际，即使主观上想按比例，实际上反而不能按比例。要真正做到按比例，就必须从中央到地方、到企业，各级都搞好综合平衡，而且要以企业的平衡为基础。因为任何比例关系，全国的也好，地区的也好，行业的也好，最终都要落实到企业产供销的衔接上来。没有这种衔接，安排好的比例就实现不了。而要各级能够真正地负起综合平衡的责任，就必须赋予它们相应的协调经济的职权。这就要改革目前过于集中的经济管理体制，扩大地方特别是扩大企业的权力，使它们能够在国家统一计划下，根据自己的条件，合理地、有效地组织生产经营活动。

从实现这次调整的具体任务来看，改革对调整的作用，也是非常明显的。比如，这次调整要加快农业的发展，加快轻工业的发展，而农业、轻工业主要是地方管的，为了使地方能够因地制宜地把农业和轻工业搞上去，就要适当扩大它们的权力。又比如，这次调整，要使燃料动力工业和其他部门的关系逐步协调起来，这也涉及一系列体制上的问题。现在，国家统一分配的燃料、动力，基本上是"吃大锅饭"的办法。部门、地方建设工厂，很少认真考虑燃料、动力的平衡。工厂建设起来了，向国家要煤、要油、要电。这种体制，助长加工工业盲目发展，加剧燃料动力供应的紧张状态，不改是不行的。在燃料动力不足的情况下，要实行择优供应，使那些先进的企业尽可能吃饱，开足马力生产，这是缓和燃料动力供应紧张，使有限的燃料动力发挥更大作用的一项重要措施。但是，要保证这项措施合理地执行，也要解决工业管理体制和物资分配体制上存在的问题。再比如，正确处理建设新企业和改造老企业的关系，把重点真正放到现有企业的挖潜、革新、改造上来，就必须改变目前企业权力很小，不可能按照技术进步的要求进行设备更新和技术改造的状况。这些情况说明，要搞好调整，就必须同时对经济体制中那些必须改革而又有条件改革的部分，实行必要的改革。

调整必须同改革结合，还在于国民经济的比例关系同生产建设的经济效果是密不可分的。马克思曾经把劳动时间的节约和劳动时间在各部门之间的有计划地分配结合在一起，称为社会主义生产的首要规律。事实上，这两个方面的确是密切联系着的。比例关系不协调，势必造成大量浪费。而经济效果差，花费了大量的劳动收不到预期的效果，也必然会造成比例关系紧张甚至产生失调。现在，我们的燃料动力的供应十分紧张，这固然有生产跟不上需要的问题，但是，很重要的原因是消耗高、浪费大。这个问题不解决，单是靠增产，那么生产再多的燃料动力也供不起这样高的消耗。又比如，现在许多重工业产品品种不对路、质量差，生产出来以后不少进了仓库积压起来，或者两个不顶一个用。加上流通过程中环节多，周转慢，很多东西货到地头死，在流通中沉积下来不能发挥作用，所有这些，都加大社会对生产资料的需要量，不能不影响农轻重协调地发展。再如，基本建设项目多，周期长，效果差，占用了大量财力、物力却不能及时提供新的生产能力，这就影响生产的发展，影响消费和积累比例的合理安排。所以，要搞好比例关系的调整，必须在提高经济效果上狠下功夫，把高消耗、高库存减下来，并且把基本建设投资运用好，使它们发挥最大的经济效益。这样，用现有的财力、物力就可以生产出更多更好的产品，创造更多的财富，我们调整比例的活动余地就更大，物质力量更雄厚，取得的成效也就会更快、更大。而要做到这一点，要在经济生活的一切领域都认真地讲求经济效果，就必须改革现行的偏重用行政办法、行政层次、行政命令管理经济的体制，正确地运用经济规律来组织和管理经济。

在这里，整顿企业同样具有重要意义。经济效果差，同现在生产、流通、分配等方面还存在的混乱现象也是不可分的。企业工作中存在的问题，许多方面和现行体制的缺陷有关，但也有不少事情即使在现在的体制下也可以做得更好些。例如建立一个强有力的生产指挥系统，加强队伍建设，健全以岗位责任制为中心的规章制度，实行民主管理，搞好定员定额、统计、计量、原始记录和经济活动分析等基础工作，改善生产秩序和环境卫生，等等。这些事情做好了，就可以大大改进企业生产经营的经济技术指标，提高经济效果，把现在蕴藏着的增产和节约两个方面的潜力发挥出来。这不仅对调整比例关系有重要作用，而且对改革现行经济管理体制也是一个基础条件。因此，在调整经济的过程中，我们必须下大力气，继续整顿现有企业，广泛开展增产节约活动，而不能有丝毫的放松。

(原载《经济研究》1979年第7期)

提高经济效果的几个问题

党的十一届三中全会以来，随着全国工作重点的战略转移，经济工作开始了一系列重要的转变。其中核心的一条，就是从过去不顾经济效果转到讲求经济效果的轨道上来。这是经济工作指导思想的大转变，其重要意义将越来越充分显示出来。

对于以公有制为基础的社会主义经济来说，讲求经济效果，首先要在全局性的经济决策和经济计划中加以贯彻，在这方面，我觉得有几个比较突出的问题需要很好地研究、探讨。

消费与积累的比例关系问题。这个问题反映着生产建设和人民生活的关系，处理得是否恰当，对于国民经济能否健康发展，取得良好的效果，关系极大。我国人口多，底子薄，城乡人民的生活水平比较低。从这个实际出发，积累率不能太高，要着重在提高积累的效果上做文章。当然，这不是说积累率越低越好。积累是扩大再生产的重要源泉，要不断发展经济，没有必要的积累是不行的。我们处在创业阶段，在可能范围内，应当多积累一些资金用于生产建设。但是，在一个时期，积累在国民收入中能够占多大比例，要受现实经济条件的制约，并不是人们想要多高就可以定多高的。这里，有两个基本界限必须考虑：一是在发展生产和提高劳动生产率的基础上保证人民生活有必要的改善，二是积累的规模要同保证简单再生产需要之后剩余的生产资料相适应。超越这两个基本界限，把积累率定得过高，不仅不能促进生产建设的发展，反而会引起一系列比例关系失调，损害国民经济的发展。

什么是"必要"的生活改善？这是一个需要根据具体的历史

条件作定量研究的问题。马克思曾经说过,在建立了公有制的社会以后,劳动者的必要产品将突破劳动力价值的局限,扩大到一方面为人的全面发展所需要另一方面为生产的发展所可能的范围。显然,这是以生产力达到了较高水平为条件的。我们现在的生产水平还比较低,还不可能以人的全面发展或者其他过高的标准来要求改善生活,否则就会脱离实际,损害人民的事业。但我国是社会主义国家,按照社会主义基本经济规律的要求,在正常情况下,随着生产的增长使人民生活逐年有所改善,是完全必要的。某些时候,为了调整比例关系的需要,消费增长的幅度可以大一些或者小一些,但一般地说,应当保证人民的生活水平不断有所提高,同时使这种提高的幅度低于生产增长的幅度,使职工平均工资提高的速度低于劳动生产率提高的速度,以兼顾人民的当前利益和长远利益。在安排消费与积累的比例关系时,如果不考虑适当改善人民生活这个基本界限,把劳动者的一部分必要产品也用于积累,而且年复一年的这样做,那就势必造成生产建设同人民的物质福利相脱节,挫伤群众的生产积极性,阻碍经济的发展,甚至影响劳动力的再生产。积累的规模超过生产资料供应的可能,也会降低生产建设的经济效果。因为这一方面会使基本建设挤占本应用于当前生产维修的物资,影响对现有生产能力的充分利用;另一方面又会造成建设物资供应上的缺口,拖长建设周期,降低投资效果。长期的实践证明,不从我国的基本国情出发,在经济建设上急于求成,脱离实际地搞高积累和大规模建设,其结果不是提高而是降低了经济效果。这个教训是极其深刻的。最近,中央领导同志指出要逐步把积累率降低到25%左右,这是在总结经验的基础上提出的一个符合我国实际的要求,我们应当首先做到这一步,然后使积累率经常保持在上述两条基本界限以内的一个恰当水平。

调整产业结构的问题。现在国民经济中重工业过重,农业、轻工业偏轻。这种结构,使大量的资金和物资用在中间产品的生产和扩大再生产上,供人民直接消费的最终产品不多。这是经济效果不高的一个重要表现。为了使我们的经济活动取得更好的合目的的效果，需要把产业结构调整得轻一些。就是说，要加快农业、轻工业的发展，并且使重工业进一步为农业、轻工业和市场服务。我们必须用极大的精力多发展一些消费资料的生产，以满足人民不断增长的需要。在现时，大部分消费资料是由农业、轻工业生产的；发展农业、轻工业还可以提供更多的就业机会和资金积累，增加国家的财政收入和外汇收入。这对于更好地发展重工业，对于妥善地处理生产和生活、生产和建设的关系，使整个经济进入良性循环和健康发展，都是十分重要的。本来，我们很早就提出了以农业为基础、以工业为主导和按农轻重为序安排计划的方针。可惜在多数年份并没有贯彻执行，而往往是孤立地确定一个过高的重工业特别是钢铁工业的发展目标，并且以此为中心来安排国民经济。结果大量的财力物力卷入重工业生产和建设的自我循环之中，挤了农业、轻工业，降低了经济效果。这种做法，同我们的国情是完全相悖的。提出把产业结构调整得轻一点的方针，绝不是说不要发展重工业。农业、轻工业和重工业是密切联系、互相促进的。发展农业、轻工业需要有重工业的支援，而且越是向前发展，这种支援越重要。问题的关键是，要紧密地围绕农业、轻工业的现实需要（当然还有国防和其他方面的需要）来安排重工业的发展方向、速度和规模，使重工业真正为促进农业、轻工业服务。同时，随着生产技术的发展和人民消费水平的提高，重工业部门还应当越来越多地生产一些工艺相近的消费品，供应市场的需要。

产业结构是一个很复杂的问题。农轻重的划分还不能确切地反映消费资料生产与生产资料生产两大部类的关系，把能源、交通、建筑业简单地划入重工业也不够科学，而且商业、服务业、城市公用事业等一些日益重要的部门又没有包括在这种划分之内。因此，用农轻重的关系来概括国民经济中全部产业结构问题，显然是不妥当的。如何更加科学地划分产业，以便能按照各种产业的内在联系合理地计划和组织经济，取得更好的经济效果，很需要认真研究。

速度与效果的关系问题。速度是效果的一种表现，但不能把两者等同起来。在现实生活中，如何处理速度与效果的关系，是全局性经济决策的一个关键所在。

我认为，应当把经济效果放在首位，使速度从属于效果。在计划工作中，必须在全面讲求经济效果的前提下考虑速度，而不是相反。为此，有两条原则必须坚持。

一是要在按比例发展的前提下求得稳定增长的速度。国民经济是一个有机整体，只有按比例，才能有合理的持续的增长速度。实践证明，违反这一条，大上一两个部门去追求高速度，结果是造成比例失调，欲速不达。这种破坏比例去追求速度的做法，还表现在许多方面：在基本建设中重主体工程轻配套工程，重"骨"轻"肉"；在生产中重主机轻配件；等等。经验告诉我们，所有这些做法都不利于提高经济效果。即便一时看来速度高一点，但却挤了别的方面，积下大量欠账，到头来还得付出更大的代价去偿还。所以，要讲求经济效果，就必须搞好综合平衡，正确处理重点与一般、长线与短线的关系，在按比例发展的前提下去求速度。

二是要在讲求品种、提高质量、降低消耗的条件下求得扎扎实实的速度。现在的发展速度是按总产值计算的。片面地追求产值、产量，是妨碍提高经济效果的一种顽症，必须下决心加以根治。这种做法，图虚名招实祸，看起来产值上去了，财政收入增加了，实际上并无相应的物质内容，有很大的水分。有些场合，生产出来的东西还没有它所消耗的东西多，经济效果是负数。三十年来，从统计数字上看，我们的发展速度不算低，但国家的经济实力没有得到相应的加强，人民生活没有得到相应的改善，产生这种"一快两慢"现象的一个重要原因，就是由于不顾品种、质量，不计消耗地去追求产值。因此，要讲求经济效果，就必须坚持多快好省相结合、从"好省"中求"多快"的原则。

此外，我们还要在兼顾全局利益和局部利益、长远利益和目前利益的条件下，寻求最合理的速度。既不能只讲局部或目前的经济效果，也不能不照顾局部或目前的利益。

不按比例、不讲效果，超越实际可能去追求"高速度"，其根源是一个"急"字。我们国家"一穷二白"，人们渴望迅速改变面貌是很自然的。但是也正因为"一穷二白"、国力有限，决定了社会主义建设必须经过长期的艰苦的努力才能成功。我们应当从经济的现实条件而不是从主观愿望——即使是一种良好的愿望出发，来规划自己的行动。不怕慢，只怕弯。符合实际的稳定增长的速度，其实不是慢，而是快，而且是一种能够带来好效果的扎扎实实的速度。

扩大再生产的方式问题。多年来，一讲发展生产就要上新项目，铺新摊子，固然也说要把老企业的挖潜、革新、改造放在首位，实际上并没有落实。我们的固定资产折旧率不高，企业提取的折旧费又七折八扣，通过多种渠道拿去搞新建。这种做法，一方面使老企业日渐偏枯，技术状况多年停滞甚至越来越差；另一方面使基本建设战线越拉越长，新建企业长期不能建成投产。投资少，收效快的事情不干或者不肯多干，却用大量财力物力去打消耗战，这怎么能够提高经济效果呢？现在看得很清楚，要讲求经济效果，必须把重点转到老企业的设备更新和技术改造上来。因为：（1）我们已经建成了独立的比较完整的工业体系，门类比较齐全，布局已经展开。一方面这个工业基础的潜力还远未充分发挥；另一方面许多20世纪50年代建设的骨干企业又迫切需要更新改造。（2）能源问题已成为经济发展中的突出问题，解决能源问题必须开发与节约并重，而在近期要把节约放在优先地位，这也要求有步骤地对现有企业进行技术改造。（3）现时我们是在工业已有相当基础而资金又较短缺的条件下进行现代化建设的，只有把重点放在老企业的技术改造上，才能使广大干部、技术人员和工人有用武之地，才能用较少的资金迅速取得较大的效果。（4）现在机械工业的任务不足，不少生产能力和技术力量闲置着。钢材和机电设备的库存也很多。这就有条件分期分批地对老企业进行设备更新和技术改造。

马克思说过，扩大再生产有"外延"与"内涵"两种方式。从一些国家的情况看，经济发展由粗放转向集约，往往是从劳动力紧张开始的。我国劳动力资源很丰富，但这不能成为继续粗放经营的理由。必须看到，我们的资金不多，原料、材料特别是燃料动力也不富余，如果不及时对大批消耗高、质量差的老企业进行技术改造，使它们的生产技术面貌发生一个显著的变化，那么工业的发展以至整个现代化事业的前进必将遇到极大的困难。当然，因为劳动力多，我们的企业技术改造也会有自己的特点，即重点应当放在降低消耗、增加品种、提高质量和增产短线产品方面，当前和今后一个时期应当以节能为中心。在改造老企业的同时，还要积极发展劳动密集型的产品和产业，并且广开各种就业门路。

老企业的技术改造应当同企业的改组结合起来进行。要采取上下结合的方法，制订出切实的规划，并且在资金分配、物资供应、经济政策等方面给予保证。为此需要采取以下一些办法：（1）下决心控制基本建设规模，随着生产成本的降低，分行业分阶段地提高固定资产折旧率，增加用于更新改造方面的资金。（2）严格控制新建项目。随着在建项目的陆续竣工投产，腾出的基建投资大部分要用于老企业的改建和改造。利用外资、引进技术，也应当尽可能地同在建项目的建设和老企业的改造结合起来。（3）在统一计划指导下，扩大企业进行更新改造的权力。折旧费要全部留给企业，并且可以同企业的生产发展基金、大修理折旧和银行的技措贷款结合起来使用。（4）充分发挥银行调剂和监督使用资金的作用，对不同行业、不同内容的改造工程，规定不同的贷款期限和利率。（5）在企业自愿参加、合理照顾各自经济利益的基础上，组织技术改造投资股份公司，以利于集中资金，有计划地推进设备更新和技术改造。（6）国家开征投资税，区分不同情况规定不同税率，以控制企业的投资方向，建设规模和缩短建设周期。（7）统配物资的分配，必须严格遵守"先生产后基建、先改造后新建"的原则，实行发票到户、凭票采购的办法。

发挥优势的问题。简要地说,这就是要在经济工作的一切方面实行"优选法"。没有这一条,就不可能尽快地提高经济效果。就发展地区和企业的经济来说,这个问题的实质,就是要扩展社会主义的商品生产和商品流通。我们国家没有经过发达的商品经济阶段,生产的社会化程度很低。发展商品经济,促进社会分工,提高整个经济的社会化水平,这是我们在社会主义阶段发展生产力、提高经济效果的必由之路。可是长期以来,我们犯了一种"恐商病",总怕发展商品经济会导致资本主义,因而尽量加以限制。在自然经济思想影响下,不少的口号和政策提倡地方、部门自成体系、自给自足,鼓励和迫使大家搞"大而全""小而全"。结果限制了各地优势的发挥,甚至弃长攻短,劳民伤财,严重阻碍了生产力的发展。要讲求经济效果,非在这个方面有一个坚决的转变不可。

现在,发挥优势的方针已经受到大家热烈拥护,各地都在认真研究如何扬长避短,发挥自己的优势。这给经济发展带来了新的活力。当然,要真正执行好这个方针,在思想认识和经济政策上还需要解决不少问题。比如,什么是真正的优势,应当根据什么标准、考虑哪些因素来确定一个地区、一个部门的优势;如何合理调整价格和税收,使各种优势的发挥都能得到应有的经济利益;如何增加流通渠道,减少中间环节,使各地能够互通有无,采长补短;如何保护竞争,推动联合,使各地方、各企业能够较量长短,互助合作,更好地发挥优势;等等。这些问题,都需要解放思想,实事求是地加以探索和研究。

经济形式和经济管理体制问题。这个问题的实质,就是要使生产关系适合生产力的性质,上层建筑适合经济基础的要求,从而调动各方面的积极性来提高经济效果,我们的国家幅员辽阔,各地的情况千差万别,经济发展极不平衡。从这种情况出发,在所有制上不能搞"一刀切",而要在保持社会主义公有制占绝对优势的条件下,采取多种经济形式和经营方式发展生产力。经济管理体制也不能过于集中，而要在统一领导下充分发挥部门、地方、企业和劳动者个人的积极性、主动性，把计划调节和市场调节很好地结合起来，发展多种形式的经济联合。只有这样做，我们才能如实地承认和正确地处理社会主义阶段中客观存在的各种不同经济利益的关系，在经济生活中造成一种既有集中又有民主的局面，才能比较容易避免官僚主义和防止无政府主义，比较能够按照客观经济规律办事，促使国民经济既统一协调又生动活泼地向前发展。党的十一届三中全会以来，我们在调整经济形式和改革经济体制方面做了不少工作，取得了明显的效果，但这是一个十分复杂的问题，现在的工作还刚刚开始。我们要不断地研究新情况，解决新问题，在理论和实践两个方面继续前进。

　　以上说的，当然远非提高经济效果的所有问题。其他如技术政策、能源政策、人才培养、劳动工资政策、商业政策、外贸政策，一直到各个企业内部的管理和核算等，都是讲求经济效果需要认真研究的课题。经济生活的一切领域和经济工作的一切方面，都应当认真地贯彻以最少的劳动消耗（包括劳动占用）取得最大的有用效果这个原则，并且以此作为衡量其工作好坏、成绩大小的标准。

（原载《经济研究》1980 年第 8 期）

论财政平衡与经济调整

对国民经济实行进一步调整，要求争取在今年（1981年，下同）基本上实现财政收支平衡和信贷收支平衡，同时把市场物价基本稳定下来。为什么在前两年经济调整过程中连续出现了较大的财政赤字？为什么进一步调整经济必须首先实现财政收支平衡？财政平衡与经济调整是什么关系？弄清楚这些问题，对于我们正确认识当前的经济形势、自觉地搞好经济调整和做好财金工作，很有必要。

在社会主义计划经济条件下，财政是分配和再分配国民收入的重要工具。坚持财政收支平衡，略有结余，是搞好国民经济综合平衡的一项重要原则。一般地说，财政收支和信贷收支平衡，表明社会购买力和物资供应之间就总体来说也是平衡的，它有利于稳定物价、稳定经济，有利于促进经济协调地向前发展；反过来，财政收支不平衡，出现了大的赤字，则表明社会购买力和商品供应量在总体上不平衡，物价就会波动，这对于经济的发展和人民生活的安定都是不利的。当然，社会现象是十分复杂的，财政和经济之间的联系与制约也呈现出许多复杂的情况，需要从实际出发，对具体情况进行具体的分析。

从财政与经济的联系来看，是不是只要财政收支平衡，国民经济的比例关系就一定协调，经济形势就一定是好的呢？回答是否定的。这里姑且不论那种虚假的财政平衡，例如1958年"大跃进"那个时候，经济比例严重失调，而财政收支表面上是平衡的，直到1961年才暴露出10多亿元的赤字。其实，这种平衡是虚假的，一是大量应由财政拨款的开支甩给了银行，挤了银行信贷，造成信贷膨胀；二是有许多产品不合格、不对路，照样计税交利，虚列了财政收入。现在实事求是地重新计算，那时的财政收支是不平衡的，从1958年到1961年有一百几十亿元赤字。即便财政收支是平衡的，也会有两种可能性。一种是建立在经济比例比较协调基础上的财政平衡，像第一个五年计划时期的多数年份那样；另一种是以经济比例不很协调甚至很不协调为前提的。对于这种财政平衡，我们应当加以分析，而不能笼统地认为凡是财政平衡就反映了良好的经济形势。

长期以来，由于经济工作中"左"的思想指导，急躁冒进，工业生产追求高指标，基本建设规模过大，加上林彪、"四人帮"十年破坏，因此，在粉碎"四人帮"以前的许多年份，财政平衡往往是以财政不合理地集中了过多的资金为前提的。首先是从农民那里拿多了，影响了农民生活的改善和社队积累的增加。从1965年到1976年的12年间，平均每个农民从集体分得的收入只增加十元零五分，每年增加还不到一元钱；1976年，平均每个生产队的公积金只有一千多元，还包括折旧费在内。这种状况严重地妨碍了农业生产的发展。其次，挤了职工的消费，使他们的生活长期没有得到应有的改善。从1966年到1976年，全民所有制单位职工的平均工资不仅没有增长，反而下降了4.8%。这不能不影响广大职工生产积极性的发挥。最后，对老企业竭泽而渔，不仅企业的全部纯收入要上交给国家，连一部分折旧费也由财政集中起来用于基本建设。这就势必影响老企业的设备更新和技术改造，使它们的技术状况陷于长期停滞不前，甚至越来越差的境地。正是在冻结人民消费和挤掉老企业必要的更新改造资金的条件下，集中了过大的财政收入，安排了过大的基本建设开支和其他财政开支，这样的财政平衡靠损害消费与积累、农轻重、简单再生产与扩大再生产之间的合理比例来维持，它反过来又加剧这些比例关系的失调，影响整个经济的稳定增长。这种财政平衡不仅不能说明经济形势好，相反，它本身就建立在一种不合理的脆弱的基础上，难以持久，终究要被经济比例的严重失调和经济发展的严重困难所打破。

粉碎"四人帮"以后，随着经济的迅速恢复和发展，财政收入也有较快的增长。本来应当抓住这个有利时机，立即着手调整严重失调的经济比例，使我们的经济和财政逐步建立在稳定的基础上向前发展。但是，由于对林彪、"四人帮"十年破坏所造成的严重后果估计不足，也由于经济工作中"左"的思想和做法没有得到清理，1977年特别是1978年又急于求成，提出了一些过高的生产指标，把本来已经过大的基本建设规模更加扩大了。这两年尽管财政收支基本上是平衡的，但经济比例失调的状况没有多少改变，而且发展下去还有加剧的趋势。针对这种情况，党的十一届三中全会以后，提出了"调整、改革、整顿、提高"的八字方针，并且指出调整是关键。这标志着我们的经济工作开始了一个根本性的转折。

在八字方针指导下，两年来我们采取了一系列调整经济的措施，在许多方面取得了显著的成效。但是与此同时却连续出现了较大的财政赤字，影响到市场物价的稳定。这是不是前两年经济调整的必然结果？是不是经过两年调整经济形势不是越来越好而是越来越坏了？当然不是。事实恰恰相反，经过两年的调整，国民经济的一些基本比例关系已在逐步得到改善。例如，在国民收入的分配方面，消费所占的比重已由1978年的63.5%提高到1980年的69%；积累的比重相应地由36.5%下降到31%。在产业结构方面，轻工业在工业总产值中所占的比重，1978年为42.7%，1980年提高到46.7%；重工业各部门包括军工部门，在调整产品方向、更好地为农业、轻工业和市场服务方面也取得了不少进步。分配结构和产业结构的这些变化，使经济发展与人民生活之间的联系比过去紧密了。社会购买力大幅度增加，市场商品供应量显著增多，即便扣除物价上升的因素，城乡绝大多数人民的生活还是得到了明显的改善。这种情况说明，我们的经济正在朝着协调发展的方向转变，正在出现一种新的局面。这种形势是多年来少有的好形势。问题是，我们在增加城乡人民消费的时候，有些措施的步子迈得大了一些，有的由于控制不严，开支突破了原定计划；更重要的是，在增加消费和财政收入有所减少的条件下，财政开支没有相应地压缩下来。基本建设投资减了一些，但减得很不够，各项行政经费还在继续增加，结果，消费和积累分配的总和超过了国民收入，国家安排的基本建设开支和各项消费性开支的总和超过了财政收入，出现了财政赤字。与此同时，由于各种客观条件的制约和工作上努力不够，尽管这两年消费品的生产和供应都大大增加了，但还跟不上社会购买力大幅度增长的需要，加上滥发奖金、议价商品范围偏宽等原因，致使许多商品的价格上涨。从上面的分析可以看出，发生财政赤字和物价波动，决不是经济调整所造成，恰恰相反，这主要是调整工作还进行得不够全面，在某些方面——主要是压缩基本建设投资和各项行政开支、改组工业、发展消费品生产的调整措施还很不得力造成的。这是经济转折过程中出现的问题，是大好形势下存在的困难。

这样来分析问题和认识问题，是不是说出现大量财政赤字是一个无足轻重的问题呢？不是。尽管当前财政赤字是在大好形势下发生的问题，但却是一个已经威胁整个经济稳定发展的严重问题，是经济中的潜在危险，对此决不能掉以轻心。应当看到，由于这两年整个生产和供应是增加的，人民生活也正在改善，居民储蓄和地方、企业的银行存款也逐年增加，因此银行增发货币的数量要比财政赤字少得多，市场物价上涨的幅度也要比通货增长的幅度小得多。虽然物价的上涨已经使城乡居民特别是一部分没有奖金收入的职工的生活受到影响，不过由于这两年居民的货币收入增加得更快，因此扣除物价因素以后，绝大多数人民的生活还是有所改善。但是，如果不采取断然的调整措施扭转这种状况，任其继续发展下去，那么今年以至今后几年财政仍将出现较大的赤字，银行还要增发大量票子，市场物价就将难以控制，城乡人民这几年在经济上得到的好处就会失掉，我们已经取得的经济调整的成果就将付之东流。如果出现这种情况,那就不仅经济不能稳定,也会影响政治形势的稳定。正因为这样,我们必须对国民经济进一步调整,而且在调整中,必须把财政收支平衡、稳定市场物价作为首要的任务加以实现。

财政是经济的综合反映,同时又反作用于经济。实现财政平衡需要以协调经济比例为基础,同时坚持财政平衡又有利于进行经济比例的调整。要把长期造成国民经济重大比例失调的状况调整过来,不是一件轻而易举的事情,需要有一个过程,花几年的时间。实践证明,为了使经济比例的调整能够顺利地进行,并且取得切实有效的成果,这种调整应当而且必须在财政收支平衡的范围内逐步展开。我们是社会主义国家,社会生产和社会需求在总体上的平衡,应当也完全可以有计划地加以实现,而不需要也不可能去靠市场的自发调节。这正是社会主义制度优越于资本主义制度的重要表现。还要看到,我们国家人口多、底子薄,一些基本消费资料和生产资料的供求将长期处于紧张平衡的状态,而这些物资的生产又受到各种条件特别是自然资源和技术水平的限制,不是短期内可以随心所欲地增加的,我们也不能设想主要地依靠国际市场来解决这类物资的国内供应。在这种条件下,用打财政赤字来扩大基本建设或者增加消费,不仅不能刺激生产的发展,协调经济比例,而且发展下去,势必会造成通货膨胀,物价恶性上涨,使整个经济发生混乱。这是我们必须加以避免的,也完全可以避免。

实现财政平衡需要协调经济比例,而进一步调整经济比例又只能在财政平衡的范围内进行,这是一个矛盾。解决这个矛盾的根本途径,是克服浪费,努力提高经济效果。为了做到这一点,在继续大力发展消费品生产、进一步调整经济结构的同时,我们必须在经济建设的方针上有一个大的转变,即从过去重基建、轻生产、轻经营转到主要靠发挥现有企业的作用,进行合理的技术改造,提高效率,降低消耗,改进质量,来扩大社会生产。同时,必须把经济调整和经济体制改革很好地结合起来,在服从于调整的条件下积极进行有利于调整的体制改革,把加强对宏观经济的计划控制同在微观经济方面把应该搞活的事情继续搞活密切结合起来。只要我们坚持不懈地、扎扎实实地做好这些工作,我们就一定能够实现财政收支平衡,促进经济稳步发展,把四个现代化的事业在更加稳固的基础上推向前进。

(原载《财贸经济》1981 年第 2 期)

论进一步调整的特点与意义

对国民经济实行进一步调整，是当前经济工作的中心任务。在进行了两年的调整工作以后，为什么还要提出进一步调整经济的任务？这种调整的特点和意义是什么？分析和探讨这些问题，对于我们统一认识、坚决地贯彻执行党的方针政策和各项调整措施，是十分必要的。

一 这次调整是在很好的形势下，为了消除潜在的危险而进行的一次清醒的、健康的调整

对国民经济实行进一步调整，是在经济形势总的来说很好而又潜在着危险的条件下提出的。这是当前经济调整的一个显著特点。

为什么说当前经济形势很好而又潜伏着危险，这种估计是不是自相矛盾？我们说，这种估计恰恰是全面地、实事求是地分析形势的结果，它反映了我国经济正处于一个重大转折时期的特点。形势很好，最突出、最重要的表现，是有8亿人口的农村形势越来越好。党的十一届三中全会以来，由于贯彻落实党的各项正确的农村政策，调动了广大社员和干部的积极性，使得农业生产稳步增长，农民收入不断增加，农村经济日趋活跃。1979年农业获得大丰收，粮食产量比1978年增加了540多亿斤，是中华人民共和国成立以来粮食产量最高的一年。油料、糖料等经济作物也增产很多。1980年尽管遇到几十年少有的南涝北旱，农业的收成仍然不错。粮食产量虽然比1979年减少了300亿斤，但仍比丰收的1978年增加200

多亿斤。棉花大幅度增产，总产量达到5200多万担，比1979年增长近20%，创造了历史最高水平。其他各种经济作物，除黄红麻、烟叶有所减产以外，其他作物都有不同程度的增产。农村多种经营和社员家庭副业也比过去显著发展。由于农业增产和农副产品收购价格提高，1980年平均每个农民的全部收入达到170元，比1977年增加53元，这比1956—1976年20年间增加的总和还多13元。许多地方包括一些长期贫困的地区，农民生活都有了显著改善。广大农民心情舒畅，干群关系大为改善。农村的这种好形势是中华人民共和国成立以来少有的。这两年工业生产也是稳步增长的，而且产业结构和产品结构都有了改进。经济体制的初步改革，给经济带来了新的活力，经济效果也有所提高。在生产发展的基础上，广大职工的生活有了不同程度的改善。1979年和1980年两年，城镇安排了1600多万人就业。自1977年以来，有近80%的职工提升了工资；企事业单位普遍实行了奖金制度，加上国家发给职工的提高8种副食品销售价格的补贴，全民所有制单位职工的平均工资，1980年要比1977年增加200元左右，增长30%以上，即使扣除这几年物价上涨的因素，增长幅度也超过15%。市场供应情况也是好的，在城乡人民收入增加的基础上，社会购买力大幅度增长，社会商品零售总额增长的速度也很快，一般商品的供应比过去有较多改善，中高档商品的供应量显著增加。所有这些事实说明，党的十一届三中全会以来的一系列方针政策是正确的，"调整、改革、整顿、提高"的八字方针是正确的。在这个方针指引下，我国经济正在朝着适合我国情况的、比例协调的方向转变，正在出现一种新的格局。这种发展的势头是很好的。

但是，我们也应当如实地看到这个转折中存在的矛盾和困难，足够地估计这种矛盾和困难所潜藏着的危险，并采取正确的对策。当前经济中所存在问题的综合表现，是财政连续两年出现了大量赤字，银行增发货币过多，许多商品价格上涨。由于这两年社会生产和商品供应都是增长的，银行储蓄也逐年增加，因此银行增发货币的数额比财政赤字要少得多,物价上涨的幅度比通货增长的幅度也要小得多。对于城乡大多数居民来说,尽管物价上涨对生活有所影响,但由于货币收入增加得更多,实际生活水平还有不同程度地提高。正因为这样,我们说经济中的危险还是潜伏着的,还没有爆发出来。但是,如果不采取坚决的措施对经济实行进一步调整,让财政信贷收支不平衡的状况延续下去,那么,市场物价就会控制不住,工人、农民这两年在经济上得到的好处就会失掉。假使出现这种情况,则不仅经济不能稳定,也会影响安定团结的政治局面。现在的形势与1961年经济调整时有很大不同。那个时候危机已经爆发,工农业生产大幅度下降,市场商品奇缺,物价上涨,许多人吃不饱饭,大家对经济严重困难都有深切的感受。现在的困难是在经济向好的方向转折过程中发生的,一方面生产稳步增长,人民生活逐步改善,整个形势是好的;另一方面在财政和物价方面出现了一些严重的问题。这些问题,就一个单位、一个地区来说,可能还看不清楚,感受不那么直接和严重,但是从经济的整体和全局来看,确实存在不稳定的因素。与其让这些不稳定的因素继续加剧,危及整个经济的健康发展,不如现在就下决心自觉地采取调整措施,消除隐患,稳定经济,以便更好地前进。如果说1961年的经济调整是危机已经爆发,在很大程度上是被迫进行的,那么,这次调整却是在良好的形势下,清醒地看到了潜在的危险而主动进行的。这说明我们党是实事求是的,对人民高度负责的,也说明我们的经济工作在提高自觉性、避免盲目性方面有了可喜的进步。

二 这次调整是前两年调整工作合乎逻辑的发展,是三中全会以后提出的调整方针的进一步贯彻

为什么调整工作进行了两年反而发生了财政赤字和物价波动?是不是前两年的调整是错误的?单纯地从现象对比来观察形势,很容易产生这样的疑问。但是如果透过现象分析经济活动的内在联

系，我们就会得出相反的结论，即财政赤字和物价上涨是前两年经济调整工作进行得不全面、不坚决造成的，是调整工作在一些方面取得了显著的成效而在另一些方面又贯彻得很不得力的结果。

长期以来，由于经济建设中急于求成的"左"的错误，加上林彪、"四人帮"的十年破坏，造成了国民经济一些基本比例的严重失调。在国民收入的分配结构方面，积累率过高，积累效果不好，影响了人民消费的正常增长。在生产结构方面，重工业过重，农业轻工业偏轻，加工工业的发展超过了燃料动力和原材料供应的可能。1979年年初，以调整为中心的八字方针的提出，标志着实事求是地进行经济工作的一个新开端。两年来，在这个方针指引下，党和政府针对比例失调的现实情况，采取了一系列调整经济的措施，取得了很大成绩。首先，我们通过大幅度提高农副产品的收购价格、增加职工工资、实行奖励制度等途径，提高了城乡人民的消费水平。尽管有些措施的步子迈得大了一些，有的由于管理不严开支突破了计划，但是整体说来，这些措施对于改善人民生活、调动广大职工和社员的生产积极性，起了巨大的作用。经过这些调整，国民收入分配中积累所占的比重，1980年已由1978年的36.5%下降为31%左右；消费所占的比重则相应地由1978年的63.5%上升到69%左右。这为进一步协调消费与积累的比例关系创造了有利条件。其次，我们大力发展农业和轻工业，并使重工业各部门更好地为农业、轻工业和市场服务，从而促进了农轻重比例关系的改进。轻工业产值占工业总产值的比重1978年为42.7%，1980年上升到46.7%，在轻工业的产值中，轻工业部门以外的部门生产的产值已占到31%以上。产值结构的这种变化，使经济发展同改善人民生活之间的联系比过去紧密了。最后，由于产业结构的改进和节能工作的进展，我们在以较少的能源创造较多的社会财富方面取得了明显的效果。所有这些事实说明，国民经济正在朝着预定的调整目标前进，整个经济形势之所以好，恰恰是由于这两年进行了一系列调整的结果。如果不进行这些调整，不仅不可能有今天的好局面，而且经济比例失调的状况会更趋严重，困难会更大。

既然前两年调整工作的方向是正确的，收效也是显著的，为什么又会发生财政赤字和物价波动呢？主要的原因在于，在消费大幅度增加、财政收入有所减少的情况下，基本建设投资虽然减少了一些，但减得很不够，各项行政经费还在继续增加。这样，在消费增加得比较快的同时，积累没有相应地降下来，因而消费和积累分配的总和超过了国民收入，国家安排的基本建设开支和各项消费开支的总和超过了财政收入。另外，农业、轻工业和其他部门日用消费品生产的发展虽然加快了，但是还不能适应社会购买力迅速增长的需要。这一方面是因为生产资料生产与消费品生产比例的改变，要受到已经形成的生产能力、自然资源和其他许多条件的制约，需要有一个过程；另一方面也因为我们对消费品生产的发展还抓得不够有力，工业的调整和改组进展迟缓。结果一方面由于出现大量财政赤字，银行增发票子过多，通货大量增加；另一方面市场商品供应量的增加又跟不上社会购买力的大幅度提高，因而尽管银行储蓄有较多的增加，仍然出现许多商品价格上涨的情况，威胁到经济的稳定和人民生活的安定。这种情况清楚地说明，这两年在财政和物价方面出现的问题，主要是对调整的方针还执行得不全面、不得力的结果。

从上述的实际情况出发，要解决当前的财政问题和物价问题，一方面要下决心把基本建设投资大幅度压缩下来，同时大力节减各项行政经费，适当控制消费增长，并且努力提高经济效果，以求得国民收入同用于生产与分配的总额相平衡，求得财政收支和信贷收支平衡；另一方面必须进一步调整产业结构，加快消费品生产的发展，以增加适销对路的市场商品供应，求得市场供需平衡。很明显，这些措施不是别的，正是前两年调整工作的继续和发展，是进一步地更加全面和更加坚决地贯彻执行调整方针的要求。

三 这次调整有进有退，局部的退是为了更好地进

现实的经济情况，要求这次调整首先把过大的基本建设投资和各项行政开支压缩下来，使之同国力可能承担的水平相适应；同时，超过燃料动力和原材料供应可能的加工工业要加以压缩和控制，某些过高的生产指标要降下来。就是说，在这些方面必须坚决地退，而且要退够。我们说前两年的调整工作进行得还不全面、不得力，主要是指在这些该退的方面退得不够或者没有退，现在应当把这些方面的调整工作补上去。这样做，当然会带来一些困难和损失，比如一些不急需的或者建设和生产条件不具备的建设项目要坚决停建、缓建，一些原来为基本建设服务的工厂特别是机械工厂，生产任务会减少，需要根据变化了的社会需要重新调整产品方向，等等。但这是协调经济比例的需要，是保证国民经济在稳定的基础上继续向前发展的需要，否则就不能保证经济稳定，将会造成更大的损失和困难。所以，这种退，是着眼于全局更好地前进而有秩序地退，它本身就包含着积极的意义。

但是，退并不是经济调整的唯一内容，经济调整还要求该进的方面在客观条件允许的范围内尽力发展。应当指出，过高的基本建设投资和各项行政经费的压缩，只是为经济的协调发展提供了一个重要条件，只是为全局的进提供了一种可能。要把这种可能变为现实，真正实现经济的协调发展，还必须努力创造其他条件，主要是大力发展生产，改进产业结构，提高经济效果。在这方面努力前进，不仅同样是经济调整的重要内容，而且从根本的和长远的观点看问题，它有着更为重要的意义。国民收入分配总额和分配比例的调整，对于国民经济的健康发展，无疑具有重大作用，尤其在社会主义计划经济条件下，这种作用更为直接和明显。但是生产决定分配，分配比例的调整归根到底要受到社会产品的总量及其构成的制约。如果我们把精力和行动局限在分配领域，而不在增加和改进生

产、提高经济效果上下工夫，那是不可能达到经济调整的目标的。道理很明显，如果不努力增加国民收入和财政收入，单纯地靠压缩支出来求得财政与信贷平衡，客观上总有一定的限度，而且难以持久；同样，如果不大力改进生产结构，那么消费与积累比例关系的调整也会缺乏物质基础，积累率的下降和消费率的上升，会造成一方面生产资料积压或大量生产能力闲置，而另一方面又出现消费品供不应求的状况。所有这些，对于经济的协调发展都是十分不利的。

具体来说，在经济调整中应该前进的方面是很多的，比如各项社会需要的生产要发展；能源、交通的建设，住宅和城市公用设施的建设，科学、教育、卫生、文化事业，要尽可能地加强；有利于调整的各项体制改革，要坚持进行；职工的业务技术培训要有计划地广泛展开，并使之正规化、制度化；等等。这些方面的工作都应当做好，然而当前最重要的是要抓紧、抓好以下几个方面的工作。

第一，进一步加快发展农业、轻工业和其他部门为人民生活需要的日用品和民用建筑材料的生产，务求在短期内使适销对路的消费品的生产在质量和数量这两个方面都有一个新的突破。这是解决当前经济中诸多矛盾的一个重要环节，也是保证今后经济长期稳定增长的一项战略性措施。从近期来说，轻工产品生产和民用建筑材料等生产尤其值得重视，因为无论是平衡财政、平衡市场，还是节约能源和扩大劳动就业，都要求加快消费品生产的发展。可以设想，在调查研究的基础上，选定一二十种城乡市场急需的、而又可能增产的产品，从原料供应、产品设计、生产组织到产品的销售进行统一规划，把企业整顿、工业改组、体制改革和技术改造结合起来，打破行业和地区界限，集中必要的财力、物力和技术力量，迅速地把它们的产量在保证质量的前提下成倍地搞上去。应当说，这是完全有可能的。比如上海生产的自行车、手表、缝纫机，只要打破行业和地区界限，搞好专业化协作，进行必要的技术改造，生产能力很快就可能大幅度地增加。即使像电视机、录音机等技术要求比较严格的产品，只要能集中技术力量进行攻关，困难也并不是不可克服的。问题在于要真正地加以重视，下定决心，并且做好细致的组织工作。这个方面的工作做好了，不仅可以使消费品的生产有一个大的发展，而且可以带动整个工业结构的改进，为工业改组和体制改革提供新的经验，对整个经济的发展将产生深远的影响。

第二，认真抓好节能工作。在当前和今后一段时间，能源的产量将不可能有多少增长，甚至还会有所减少，这是这次调整所面临的一个同20世纪60年代初那次调整显著不同的条件。在这种情况下，我们不但要十分重视加强能源的生产和建设，同时，更为重要的是要用极大的精力来抓好节能，特别是节油工作。这是经济调整能否达到预定目的的又一个重要环节，也是关系经济全局的一件大事。可以说，在今后一个时期里，社会生产能不能保持一定的速度向前发展，国民收入和财政收入能不能逐年得到稳定的增长，在很大程度上要取决于节能特别是节油工作取得成效的大小。应当看到，我们现在能源的使用存在很大的浪费，节能的潜力是非常大的。据粗略估算，目前我国消耗的能源总量大体与日本相当，但是国民生产总值却只有日本的四分之一。印度也是一个人口众多的发展中国家，现在的国民生产总值大体相当于我们的一半，但它只生产1亿吨煤炭，耗用2000多万吨石油，比我们生产6亿吨煤炭，耗用8000万吨石油的水平要少得多。一方面能源供应紧张，另一方面又在大量浪费，这种状况无论如何不能再继续下去了。在这个方面，我们应当有一种紧迫感，迅速地从加强管理和技术改造两个方面下手，采取行政手段、经济手段和立法手段开展工作。要建立和健全各项能源管理制度，制定和严格执行先进合理的能源消耗定额，抓紧对落后设备和工艺的改造，限制耗油机具的生产和进口，同时尽快制定各种节能的法令、法规，并且严格地加以贯彻执行。

第三，搞好现有企业的整顿、改组和技术改造。经济调整要求大幅度压缩基建投资，而且今后几年也不会有多少增加。因此，社会生产的发展主要靠充分发挥现有企业的作用。这是我们提高经济效果的必由之路，也是实现现代化的希望所在。现在我们已经拥有几十万个工业企业，其中大中型企业有几千个。由于结构不合理，专业化水平低，技术落后，许多企业是"壳郎猪"，潜力远远没有发挥出来。必须在进行改组和联合的基础上，有计划有步骤地开展设备更新和技术改造，加强职工培训，使他们的经营管理水平和生产技术水平有一个显著的提高。只有这样，我们才能在不增加大量投资的条件下保证生产稳定增长，并且取得较好的经济效益，使整个经济走上良性循环的轨道。

第四，合理分配和使用投资，提高投资效果。能不能用较少的投资在较短的时间内形成较多的社会急需的生产能力，这是在压缩基本建设投资以后保证社会生产长期稳定增长的一个重要条件。投资效果提高了，有利于腾出必要的资金用于现有企业的技术改造和加强薄弱环节的建设。所以，压缩基本建设投资决不意味着整个基本建设工作都要退；相反，它对基本建设的计划工作和管理工作提出了更高的要求。应当从投资分配、项目确定、工程设计到施工组织等各个环节采取措施，加强和改进基本建设工作，以缩短建设周期，确保工程质量，降低工程造价。

四　这次调整要求经济建设彻底摆脱"左"的思想和做法的束缚，走上符合中国国情的健康发展的轨道

1961年进行的调整，虽然纠正了当时实际工作中的"左"的错误，赢得了经济的迅速恢复和发展，但限于那时的历史条件，并没有从思想理论上得出应有的结论，因而经济形势一好转，"左"的一套方针政策便又重新执行起来。这次调整不同，它是在实事求是地总结经济建设的历史经验，明确提出要摆脱"左"的思想束缚的条件下进行的，各项调整措施都以端正经济工作的指导思想为前提。说这次调整是清醒的、健康的调整，这是一个最根本的标志。

回顾我国三十年来的经济建设，我们取得了巨大的成绩，但也走了不少弯路，几经曲折，付出了很大的代价。造成曲折的原因，从经济工作的指导上来说，最主要的是对我国的基本国情缺乏全面深刻的认识，急于求成，因而在许多时候犯了"左"的错误。

我们国家一穷二白，生产落后，人民生活水平低，革命胜利后想迅速地发展经济，使国家早日富强起来，这种愿望是合理的，也符合全国人民的要求。但是，正因为穷，国力有限，又不能要求过急，不能企求在短期内能够改变国家的面貌。然而在过去的经济工作中，我们往往考虑需要的一面多，考虑可能的一面少，常常追求那种不切实际的高速度、高指标，结果欲速不达，想要快反而慢。

我国经济比较落后，而人民又要求改善生活，在这种条件下，我们必须以极大的精力发展农业、轻工业，发展消费品的生产，重工业发展的速度和规模必须以国力负担的可能为前提，而且必须紧密地围绕着为农业、轻工业和其他方面发展的现实需要服务。在我们国家，不应当也不可能走那种先发展重工业，等重工业发展起来之后再回过头来支援农业、轻工业的路子。可是在过去的经济工作中，我们却往往把重工业强调到不适当的程度，常常孤立地以这种或那种重工业产品的过高生产指标作为经济发展的目标，因而严重地影响了农业和轻工业的发展，造成农轻重比例关系的失调和经济结构的畸形化。

我们国家人口多、底子薄，按人口平均的国民收入还很低，在这种情况下积累不可能太多，经济的发展必须在提高积累的效果上下功夫，特别是当我们已经建立了一定的工业基础之后，就必须主要地依靠发挥现有企业的作用，提高经济效果，来扩大社会生产。可是我们过去却往往重基本建设而轻生产经营，习惯于用大量的投资建设新企业，而对于已经建设起来的老企业则不去注意改善经营管理和进行必要的技术改造，致使它们的技术状况和管理水平长期处于落后状态。这种做法，必然要求保持过高的积累率，而且势必降低积累效果，其结果不能不影响到人民消费的正常增长，使经济发展和人民生活改善之间的联系疏远化，从而妨碍整个经济的健康发展。

经济建设中这些"左"的思想和做法，不仅影响经济发展的速度、结构和效果，也对经济体制发生作用。我们的经济体制基本上是第一个五年计划时期按照外国的模式建立起来的，它对经济的发展曾经起了积极作用，但也越来越暴露出许多弊病，主要是在计划和物资的管理上集中过多，"吃大锅饭"，影响企业和劳动者积极性主动性的发挥，使经济缺乏必要的弹性与活力。这些弊病之所以在相当长的时间内没有得到克服，除了思想理论上有些问题没有弄清楚以外，一个重要的原因，就在于这种体制客观上适应了经济建设中"左"的做法的需要。集中大量的财力物力片面地发展重工业，追求不切实际的高速度，必然要求实行过度集中型的经济体制，而这种体制又反过来助长经济工作中的主观主义和瞎指挥，妨碍经济结构完善和经济效果的提高。

从本质上说，我们这次调整所要解决的问题，也就是过去经济工作中"左"的错误所造成的问题，也就是从中国的国情出发，把社会主义现代化建设纳入健康发展的轨道所要解决的问题。在调整时期，我们要在一切经济工作中贯彻实事求是、量力而行、循序渐进的原则；要按照现实的经济条件，调整经济发展的速度与比例；要从主要依靠大量投资、大量增加能源和原材料消耗来发展经济，转到主要依靠充分发挥现有企业的作用，进行必要的设备更新和技术改造，提高效率，降低消耗；改进质量，讲求经济效果来发展经济；要在服从于调整的前提下，积极进行有利于调整的经济体制改革，以便在加强宏观经济方面高度集中统一的同时，在微观经济方面把该搞活的事情继续搞活。所有这些，都不仅是为了克服当前经济中的困难，消除潜在的危险，也是保证今后我国经济长期健康发展所必需的。当然，这些问题不可能在调整时期完全解决，今后还需要根据新的情况不断地做工作，但这次调整无疑是一个新的开端，一个具有深远意义的转折。正是从这个意义上说，我们这次调整不是退,而是进。经过这次调整,我们的社会主义现代化建设必将走上更加健康发展的轨道,取得稳步前进的新的胜利。

(原载《经济研究》1981年第4期)

实现国民经济良性循环若干问题的探讨

今年（1981年，下同）以来，全国人民贯彻执行进一步调整经济的方针，取得了很大成功。农业生产，在许多地区遭受了严重自然灾害的情况下，仍然获得了较好的收成。粮食和棉花、油料等经济作物全面增长，多种经营进一步发展。整个农村形势生机勃勃，令人鼓舞。工业的调整取得了新的进展。轻纺工业和其他日用消费品生产继续以较高的速度增长；重工业在改变产品结构、调整服务方向方面作出了新的成绩。各项财政开支基本上得到了控制，全年财政收支可以实现基本平衡。市场商品供应增加，物价基本平衡。国民经济的总的发展趋势是很好的，正在走上稳定发展的健康轨道。

经过一年来的努力，去年（1980年，下同）年底、今年年初中央所指出的经济中潜伏着严重危险，已经有所缓和。但是，应当清醒地看到，危险并没有完全消除，财政经济困难还没有从根本上得到解决。今年财政的基本平衡，是在收入下降、大幅度削减支出的条件下实现的，是不稳固的。市场商品供需之间还存在较大的差额，稳定市场物价仍然是一项艰巨的任务。今后几年，一次能源产量不可能有多少增加，在这种情况下，如何保证工业和整个经济以一定的速度向前发展，是一个很大的问题。现在，大家都在探索争取财政经济状况根本好转、实现经济良性循环的途径，提出了许多意见和办法。我们认为，总的来说，还是要继续贯彻执行调整、改革、整顿、提高的方针，坚持走以内涵为主的、以提高经济效益为标志的发展经济的新路子。

我们就如何处理当前国民经济中几个重要问题，促进经济逐步走向良性循环，谈一些看法，和大家一起讨论。

一 克服财政经济困难不能主要靠增加基建投资

减少基本建设投资，对于实现今年财政收支基本平衡，稳定经济，是十分重要的一招。但是，有的同志认为，基建投资大幅度压缩，导致了重工业生产的下降和财政收入的减少，并不是实现健全财政的必要措施。对这个问题究竟怎么认识，关系到今后的决策。

我们认为，重工业生产下降的原因是多方面的，要作具体分析，不能笼统地归因于基建投资的减少。1979年、1980年基建投资规模并没有压缩，反而增加了60亿元，但重工业的增长速度已经明显下降，1978年为15.6%，1979年下降为7.7%，1980年进一步下降为1.4%。那么，导致重工业增长速度减缓以至生产下降的因素是什么呢？（1）重工业生产中，一部分加工工业的生产原来就超过需求，钢材、机电产品库存年年增加，大量积压，强调按需生产后，产量减少是正常的；（2）重工业生产中，能源产量的下降，与这两年投资多少无关，而是由其他许多因素造成的，能源产量下降后，为了保证轻工业的发展，对重工业的能源供应减少了，对重工业生产的各种用油机具的需求也减少了，这就限制了重工业的生产；（3）由于推广各种形式的生产责任制，农村对农业生产资料的需求发生了变化，农机制造行业产量下降；（4）基本建设投资压缩，固然影响对重工业产品的需求，但投资构成的变化影响更大。1979年以来，利用国外资金搞的基本建设，平均每年有几十亿元，这些资金主要是向国外购置设备材料，基本上形不成对国内重工业的需求。非生产性建设投资由1978年的83亿元增加到1980年的182亿元，占总投资的比重由17.4%提高到33.7%，今年1—9月又进一步提高到40%，增加的非生产性投资几乎不需要多少机器设备。从以上的分析可以看出，在调整初期，重工业发展减缓甚至有所下降，总的来说是合理的、不可避免的。没有这两年重工业生产增长速度的减缓和下降，也就不可能有轻工业生产的大幅度上升。当然，也要看到，由于对调整方针理解不全面，工作做得不好，有些不该下的重工业生产也下降了，或者有些该下的下得过多，这是不合理的。

我们应当采取措施，扭转重工业生产下降的状况。但是，根本的途径不是靠加大基本建设规模，而是要调整重工业的服务方向，从为农业、轻工业服务、为市场服务、为技术改造服务等方面找出路。我们强调发展消费品生产，绝不是说可以忽视重工业。然而，重工业生产归根到底是要为发展消费品生产服务的，也只有在这种服务过程中才能求得自身的健康发展。我们不能为救活重工业去救活重工业，而是要在正确的轨道上促进重工业生产的尽快回升。决不能因为重工业生产有所下降，就动摇我们以发展消费品生产为目标，围绕着发展消费品生产来调整重工业的服务方向和产品结构的决心。

今后几年，根据财力、物力的可能，适当增加一些建设资金是必要的，但是它对于提高重工业的发展速度、增加财政收入的作用是有限的。如果每年增加投资20亿元，其中约有60%用于购买设备、材料，这样对重工业形成的追加需求，即使算上部门间产值的重复计算，根据估计，每年也不过30亿元。这对于总产值为2650亿元的重工业来说，数字是很小的，不可能提高多少重工业的发展速度。过去28年，平均每增加2.4元投资，可以增加1元国民收入。按此计算，增加20亿元投资可以增加近8亿元国民收入，按照财政收入占国民收入30%计算，则可增加财政收入2.4亿元。也就是说，投入20亿元的基建投资，只能产出2.4亿元财政收入。因此，要靠增加基本建设投资来解决当前的财政困难，很难收到预期的效果。

今后几年，就国内外条件来说，有没有可能大量增加基建投资？（1）现在，企业、地方的钱是比较多，通过筹集企业、地方的自有资金，可以增加一些基建投资。但是，地方和企业的自有资金大部分应当用于设备更新和技术改造,不能也不应当过多地用于基本建设。(2)今后几年国家的财政收入不可能增加很多,而有些开支又必须增加,财政收支平衡仍然是比较紧张的。在这种情况下,增加国家预算内的基建投资要十分谨慎。(3)现在人民手存现金比较多,可以通过银行吸收一些人民的储蓄存款,把一部分消费基金转化为积累基金,增加一些建设资金。但是,考虑到人民生活改善的需要以及其他有关措施已经吸收了一部分人民的收入,因此,扩大居民储蓄的潜力究竟有多大,要作冷静的、恰当的估计,要防止信贷膨胀。

上述情况表明,要从国内筹措大量资金来扩大基本建设,是困难的。那么,能不能用打赤字、发票子的办法来增加基建投资呢?1980年9月,五届人大三次会议通过的1981年国家财政概算有50亿元赤字。后来,国务院全面分析了当时经济情况,认为在前两年财政已有较大赤字的条件下,继续保留那么大赤字,对稳定经济不利,于是决定大幅度削减基建投资和其他开支,争取财政基本平衡。实践证明,国务院的决定是完全正确的,是符合我们国家情况的。我们是社会主义国家,从原则上来说财政不应该打赤字,因为这样做势必引起通货膨胀,损害人民群众的物质利益。我们当前的问题,是社会总需求超过了总供给,这同资本主义国家有效需求不足、生产过剩的情况根本不同。在资本主义国家,在过去一段时期,采用赤字预算刺激经济的发展,虽然起了一些缓和产需矛盾的作用,但也带来了通货膨胀、打击生产等问题。在我们国家,打赤字、发票子搞基建,只能进一步扩大产需矛盾,造成经济混乱,影响社会安定。现在一部分重工业特别是机械工业任务不足,生产能力确有富余,因此可以通过扩大银行储蓄等办法来调节需求结构,适当控制消费,增加建设。但是,这要以不增加社会总需求为前提,也就是说,不能搞赤字、发票子。因为这样做,总会有一部分钱要通过各种渠道转化为人民的消费,这就会扩大社会需求与供给的矛盾,影响市场物价的稳定。

我们认为，如果年年打较大的赤字，年年增发大量的货币，以致物价上涨幅度较大，而职工的工资又不增加或不能相应增加，就要引起群众的不满。弄得不好，就有可能再一次被迫压缩基建投资，这样损失就大了。因此，今后几年，比较稳妥的办法是，国家预算内投资尽量少加，甚至先不作增加的打算，在年中根据当时的财政状况再作考虑。我们应当坚持财政收支基本平衡的原则。只要我们在增加收入方面多想些办法，并严格控制基建投资和其他各项开支的增加，适当地控制消费，并且合理地调整分配政策，实现和保持财政收支平衡，是完全可以做到的。

为了弥补国内资金不足，要继续积极地利用外资。但是，能够以多大规模利用外资，不决定于我们的主观愿望，而受到以下一些条件的制约：（1）国内配套投资数量的多少。正因为资金不足，要利用外资，看不到这一点是不对的；而资金不足，又限制了大量地利用外资，看不到这一点也是不对的。（2）生产建设经济效果的好坏。现在许多工程的建设周期长，建成投产后资金利润率又很低。在这种情况下，利率很高的自由外汇，除了极少数周转快、盈利多的项目外，一般来说用不起。就是中等利率的国外贷款，对许多项目来说，偿付本息也难以承担。（3）外汇支付能力的大小。现在我们的外汇支付能力是有限的，今后几年也难以增加很多。鉴于这些考虑，吸收外资应当争取多利用政府间的优惠贷款和国际金融组织的长期低利优惠贷款；应当尽可能地同现在安排的在建项目和现有企业的改造密切结合；应当多采用合资经营、合作生产、补偿贸易等方式。利用外资，不能主要搞大项目，而应当多搞中小项目，引进关键的技术和设备，引进管理技术。这样做，见效快，不会有多大风险。

今后几年，基本建设投资虽然不能大量增加，但是在提高投资效果方面，潜力是很大的。现在，许多工程周期长，造价高，投资效果很差。据统计，从1950年到1979年，全国基本建设投资共6500多亿元，新增固定资产4500多亿元，交付费用率为70%。如果交付使用率保持在第一个五年计划时期84%的水平，则可多形成900多亿元固定资产，或者形成4500多亿元固定资产可少用1000多亿元投资。这种情况说明，如果我们在缩短周期和降低造价方面取得切实成效，同样的投资就可以多办许多事情，或者说，等于增加了投资。

过去我们走的路子是：靠大规模的基本建设来维持消耗高、效率低的工业的增长，结果挤了人民的消费，加重了农业的负担，妨碍了老企业的设备更新和技术改造，造成了国民经济比例关系的严重失调。正因为这样，1979年年初起不得不进行调整，1981年又实行进一步调整。1980年12月中央工作会议指出，不能再走高积累、大规模建设的老路子，要走出一条速度不那么高、经济效益比较好、社会财富增加得比较多、人民得到的实惠也比较多的新路子。我们必须坚持走这条路子，而不能从大量增加基建投资中去找出路。否则，不但不利于当前经济的调整和稳定，而且也无助于今后的经济走上良性循环的轨道。

二 正确认识和解决能源问题

解决好能源问题，是克服当前经济困难，把经济逐步引向良性循环的重要环节。中央指出，我们应当采取的方针是：开发与节约并重，在近期内要把节约放在优先的地位。这是完全正确的。我们必须深刻地理解这个方针，在实际工作中真正贯彻这个方针。从当前现实的经济条件出发，要保证国民经济按比例地向前发展，保证不断提高经济效果，只能把能源开发放在一个适当的位置，而用主要的力量来搞能源的节约。这是因为：

第一，现在用于能源开发的资金，在整个投资中所占的比重，已经很高。

对于能源的开发建设，总的来说我们一向是很重视的。"三五""四五""五五"期间，能源投资的绝对额大幅度增加，占全国总投资的比重节节上升。我国能源投资占总投资的比例，"一五"时期只有13%，"二五"时期为16.9%，"三五"时期为16.8%，"四五"时期为18.4%，"五五"时期已经增加到21.7%，大大超过了过去的水平，也比有的有完整工业体系、能源大量出口的大国的能源投资比重高。

我国能源投资的比重很高，而能源却很紧张，这不能认为是正常的。它既说明我国能源工业的投资效果不好，也反映了我国能源消耗浪费惊人。能源工业投资比重过高，这是其他一些部门投资比重下降的一个重要原因。例如，运输邮电部门的投资比重由"一五"的16.4%降为"五五"的13.5%，建筑业的投资比重由3.9%降为1.8%，科研文教卫生的投资比重由8.1%降为5.7%，地质勘探的投资比重由2.6%降为1.4%。今后几年，在总投资不可能有多少增加的条件下，如果要再大量增加能源的投资，就势必还要挤其他部门。这样的结果，运输、建筑、科研文教卫生、地质勘探这些需要加强的部门得不到加强，不但旧的不平衡会加剧，而且还会产生新的不平衡。

过去一个时期，我们曾经过分突出重点，把大量投资投入钢铁工业，以为钢上去了其他就可以带动起来，结果造成比例关系严重失调，钢铁工业也不得不退下来，这个教训应当记取。能源开发应当是我们投资的重点，而且事实上它早已成为重点。现在需要注意的是，在突出能源开发这个重点的时候，不能忽视各种生产建设条件的相互衔接、忽视各个部门的相互协调。我们已经遇到了下面的情况：要想多搞一些能源开发，但是石油的后备资源不足，许多大型水电和煤炭的建设项目因地质情况不清楚而不具备建设条件，有些地方生产的煤运不出来，这同过去过分强调能源开发，而忽视其他条件的配合，是有关系的。这种情况不能再继续发展。

第二，从克服当前财政经济的困难考虑，今后几年增加的投资也不能主要用于能源开发。

从为以后的发展做准备来看，最好能多搞能源开发；从解决当前的财政经济困难来说，应当多搞见效快、盈利多的项目。如果有大量的、足够的资金，使这两方面的需要都能得到满足，这当然是最理想的。问题是，如前面所说，今后几年的基本建设投资，不可能、不宜于大量增加，这样，我们就遇到了一个困难的选择：是侧重于前者，还是侧重于后者？

能源开发投资大、建设周期长，在一定时期内，只有投入，没有或很少产出，占用大量财力、物力，而不能较快地为国家提供收入。如果侧重于能源开发，把增加的一些建设资金主要用于能源工业的建设，则今后一个时期的积累效果将大幅度降低。这样，就势必加重财政困难，到头来会使能源建设所需要的投资难以为继。而且，不提高能源工业的投资效果，不提高能源的利用效率，即使投入大量的财力、物力来开发能源，今后一个时期内能源的增长速度也提高不了多少，也不能保证工业以更高的速度发展。由此而增加的财政收入，将远远抵不上用于能源开发的投资以及必须相应追加的交通建设的投资。

我们认为，当务之急是要有生财之道，广开生产门路，积极增加财源。增加的资金应当首先用于投资少、见效快、盈利多的项目。应当优先保证轻工业生产以较快速度发展所需要的建设资金。其他一些行业中，也有一批需要资金少、见效快的项目，特别是技术改造项目，也应当给予充分的安排。这样做，对于平衡市场供需、提高经济效益、增加财政收入，显然是有利的。财政收入增加了，国家财源富裕了，就可能在以后时期较多地增加对能源开发的投资。

第三，在 5 至 10 年内，主要依靠节约能源来保持经济的持续增长，是完全可能的。

根据上面的分析可以看出：就国民经济的全局来说，就当前的财政经济状况来说，不能增加很多开发能源的投资，即使不顾后果勉强增加大量投资，也解决不了多少问题。那么，解决能源问题，保证经济持续增长的出路何在？唯一正确的道路，是把主要力量放在节能上。

我国的能源产量居世界第四位,而我们的生产水平却比许多国家低得多。我国单位国民生产总产值所消耗的能源,不仅比美国、日本等发达国家要高得多,就是同发展中国家的平均水平相比,也高出两倍。从我国自己的历史来看,每万吨标准煤生产的国民收入,"一五"时期为1167万元,"三五"时期为707万元,"四五"时期为576万元,"五五"时期为529万元。"五五"时期每万吨标准煤生产的国民收入比"一五"时期下降了一半以上,比"三五"时期也下降了25％左右。当然,由于产业结构、地区布局等变化的复杂原因,短期内要恢复到"一五"时期的水平是困难的,但是要求达到"三五"时期的水平决不是过分的。如果能源的利用效率能够达到"三五"时期的水平,今后几年能源产量即使不增加,国民收入也可以增长25％左右。上述数字说明,就一个相当长的时期来说,我国的能源问题,与其说是严重缺乏能源,不如说是能源的消耗过大。我国能源紧张的本质,是能源的浪费。把能源紧张看成是能源的开发、供应不足,这是把现象当成了本质。过去我们用大量的财力开发能源,甚至不顾客观规律实行过量开采来维持高消耗的工业,这是导致经济难以周转的一个重要原因。如果继续这样做,不但能源问题不能从根本上得到解决,而且必然会加重经济的不良循环。不管认识还是不认识、愿意还是不愿意,这条路迟早是走不下去的。

这两年,我们在节约能源方面取得了一些成绩。但是应当看到,这两年能源的节省主要是靠调整工业结构。在通过改进经营管理、改组企业和改进技术来节约能源方面,我们还没有取得多大进展。今年上半年节省标准煤1400万吨,其中1300万吨是靠结构调整,只有100万吨是靠消耗降低。许多企业的能源消耗比历史的较高水平,还相差很远。许多产品的单位能耗不仅没有下降,还有所回升。现在有一种观点认为,今后节能越来越困难。如果就通过产业结构的调整节省能源来说,这是有限度的,节能的幅度会逐渐减小。如果就通过加强管理、改进技术节约能源来说，这方面还大有文章可做，还是方兴未艾。例如，1980年中小钢铁厂产钢近600万吨，它的综合能耗比重点钢厂高1.8倍。如果把中小钢铁厂的钢产量减少200万吨，就可以少用标准煤1000万吨。又如，我国现有中低压发电机组1300万千瓦，如果用高压机组代替，每年可节省标准煤1300万吨。对这些方面的节能，应当提出严格的要求和作出应有的安排。如果我们真正把重点放在节能上，采取有力的措施，那我们就完全有可能争取工业的发展速度比现在的设想的要快一些。

主要靠节约能源，能够在多长时期内保持工业的稳定增长呢？日本的情况很可以说明问题。日本的能源利用效率是比较高的。1974年世界石油供应紧张之后，从1974年到1978年5月间，据联合国的统计资料，日本的国民生产总值平均每年递增6.9%，而能源消费总量基本上没有增加，平均每年只递增0.3%。我国目前的能源利用率比日本当时低得多，节能的潜力大得多，只要做好工作，在一个相当长的时期内，基本上依靠节能来保证经济发展对能源的需要，应当说是可能的。

节约能源，就当前来说，首先要抓好能源的合理分配和管理，实行严格的能源定额供应制度，关停消耗高、质量差、长期亏损的企业；从长期来说，最主要的是要进行技术改造。通过技术改造节省能源比起开发能源来说，所需的资金少。据有关研究单位论证，在山西开发煤炭，在扣除了煤矿的自用煤、运输用煤和各种损耗以后，以有效产量计算，每开发一吨标准煤，需要的煤矿投资和相应的交通投资为350元左右。而据有关部门的估算，通过技术改造节省1吨标准煤，只要资金300元左右。

更重要的是，通过技术改造来节能，还有以下几个好处：（1）见效快。建设一个大型矿井，往往需六七年甚至更长的时间；而许多节能的改造措施，却在一两年之间就能取得效果。（2）可以降低工业生产成本。因此，节约能源可以从加快工业发展速度和降低工业生产成本来增加财政收入。（3）节能的改造措施，常常带来多方面的经济效益。有的可以同时增加产量和提高质量，有的可以减少用水，而所有的节能技术措施都可以减少环境污染。（4）有利于提高整个工业的技术水平。大力推行以节能为中心的技术改造，就会对机械工业、原材料工业提出一系列要求，就会促进工艺水平的提高和技术装备的改进，促进产品的更新换代。所有这些，将大大改变我国工业的面貌。

既然一般说来通过改造节能比开发的经济效益要好得多，那么，在当前资金、物质不足的情况下，在两者发生矛盾的时候，同样应当把资金、物资首先用于节能的技术改造。这样做，才能与国民经济实现良性循环的要求相吻合，才能促进经济持续的稳定的增长。

三　关键在于提高经济效果

现在，我们面临着两项基本任务：（1）争取财政经济状况根本好转；（2）为以后的发展做必要准备。前面的分析表明，如果我们仍然采用大量增加投资、扩大基本建设规模的办法，那既有碍于第一个任务的实现，也不可能对完成第二个任务带来多大好处。从现实的经济条件出发，要把上述这两项任务统一起来，尽最大可能地加以实现，唯一的办法是提高经济效果。经济效果太差，是当前财政经济问题的症结所在。由于产业结构、企业组织结构、技术结构的不合理和管理体制的弊端，我国工业消耗大，效率低，浪费惊人。这种落后的工业，过去是靠投入大量的物质、保持过高的积累率来维持的，它大大超过了农业的负担能力，超过了能源供应的可能，超过了国力所能承受的限度。调整农产品收购价格、增加职工工资奖励以后，财政就紧张，纠正石油过量开采以及煤炭产量有所减少后，工业生产的发展速度就下降，这种状况，从本质上来说，正是暴露了我国工业经济效果差的落后状态。我们要使国民经济从被动转向主动,从不良循环转向良性循环,归根到底,取决于我们在提高经济效果方面所做的努力和取得成效的大小。

关于怎样使经济效果有一个显著的提高,基本的途径和对策,中央和国务院已经提出来了。主要是:进一步调整产业结构和企业组织结构,认真搞好企业整顿,进行有利于调整的改革,有计划地推行以节能为中心的技术改造。现在的问题是,要把这些方针、原则具体化,真正体现到计划中去,并且制定具体政策和措施。这个问题不解决,方针、原则就落实不了,就不能成为广大群众的自觉行动。当然,这是一件精细的、艰苦的工作,并且必然会遇到各种各样的困难。走提高经济效果的新路子,我们缺乏经验,要研究新情况,解决新问题,突破和改变许多过时的老框框、旧习惯;要重新调整各方面的经济利益,会遇到各种阻力。但是,我们只有知难而进,才能在克服各种困难的过程中逐步把国民经济引上健康发展的新轨道,同时显著地提高广大干部和职工组织社会化大生产和进行现代化建设的本领。

在具体贯彻调整、改革、整顿、提高方针的实践中,我们有许多很难解决而又必须解决好的课题。例如:

第一,要从以外延为主的扩大再生产逐步转到以内含为主的扩大再生产,就必须把设备更新、技术改造放到战略的位置,并且相应地调整建设资金和物资的使用方向。由于现在在建的大中型基本建设项目中,很多是要保的能源、交通项目,因此,投资和物资的使用方向一时难以做大幅度的调整。这是一个困难。针对这种情况,我们对于在建项目还是应当进行认真的清理,把那些不具备建设条件,或者建成后不具备生产条件的项目坚决停下来,尽可能地腾出一些资金用于设备更新和技术改造。

由于财力、物力有限,同时,对于如何开展老企业的技术改造,我们还缺乏经验,因此,技术改造也应当有重点、有计划地进行,应当分行业、分步骤地实现。首先要用好现有更新改造资金,使它们发挥更大的作用。要抓住一批收益大的项目,抓住一批重点企业，抓住若干关键环节，一项一项地安排落实，力求干一项成一项，收到实效。要防止一哄而起、"一刀切"。

第二，要显著地提高经济效果，最现实有效的办法，是对那些消耗高、质量差、亏损大的企业坚决实行关停并转，并对保留的企业严格认真地进行整顿。60年代初的那次调整，正是由于实行了这两条，生产建设的经济效果提高得很快。拿1965年同1961年比较，全国工业企业的数目由21.7万个减少到15.8万个，能源生产总量由2.1亿吨下降到1.8亿吨，但工业总产值却增长了37%，平均每年递增8.1%。在这期间，全民所有制的利润税收总额增长了212%，平均每年递增8.1%。每百元资金实现的税利和每百元产值实现的利润，都几乎增加了一倍。现在这次调整，由于客观条件和那时不同，不能精减大量职工，关停企业的职工要照发基本工资。从这一方面看，改组企业对于减少消费基金、解决财政困难的作用，不会像60年代初的调整那样明显。但是，对产品不对路、消耗高、质量差的企业实行关停并转，可以把能源和原材料节省下来，可以使那些先进的工厂开足马力生产，整个工业生产的效率、效益都会明显得到提高。而且从长远来说，这也是实现企业组织结构合理化所必须做的。

现在的问题是，实行关停并转和进行企业整顿，都碰到了一个多余人员如何安排的难题。这个问题涉及职工的切身利益，处理不好会影响社会安定，必须慎重对待。然而如果我们不采取恰当的办法解决这个难题，让那些消耗高、亏损大的企业继续在那里打消耗战，在一个企业里人浮于事、松松垮垮，那么，工业的劳动生产率和经济效果难以提高，整个财政经济的状况就难以从根本上好转。因此，我们认为，在调整时期，必须稳步地然而又是坚决地把那些该关停的企业关停掉，同时，在保留的企业中严格按定员定额组织生产，把多余的人员划出来。关停企业的职工和企业多余人员怎么处理？（1）符合退休条件的干部和职工，坚决退休，腾出岗位来安排一批职工；（2）除了矿山、农场等特殊情况下，全民所有制、事业单位不再从社会上招工,进行内部调剂;(3)加强商业服务行业;(4)实行有计划轮训;(5)广开就业门路,改革劳动制度,从根本上改变现在劳动就业问题上的被动状态。

我们现在对城镇劳动力的就业,基本上采取的是包下来、包一辈子、包在一个岗位上的制度。这种制度,既不能鼓励劳动者自谋职业,促进集体经济和个人经济的发展,也不能鼓励劳动者努力工作,不断提高自己的业务技术水平。今后,必须坚决而又稳定地改变这种制度。改革的核心,是破除包的办法,实行按照经济和社会发展的需要择优招工。这样做,从短期来说,可能会增加一些社会问题,但是只要工作做得好,也不会出现什么大问题。而从长期来说,它有利于开辟多种就业渠道,有利于从根本上提高劳动者的素质和端正劳动态度,从而大大提高劳动效率和经济效果,为更好地解决社会问题创造越来越多的物质条件。

第三,充分调动广大干部和职工的积极性。这是发掘现有物质基础的潜力,提高经济效果的关键所在。现在相当一部分干部精神不振,劲头不足,许多技术人员和工人的积极性也没有很好发挥。这种状况不改变,再好的计划、政策和措施都会落空。解决这个问题,需要从多方面采取措施,但是最主要的是要抓好以下两个环节。

(1)坚决克服吃"大锅饭"、搞平均主义的弊端,认真贯彻按劳分配和物质利益原则。除了要整顿现在的奖金制度,使它们能真正体现多劳多得以外,还必须建立惩罚制度,做到有奖有罚、赏罚分明。社会主义按劳分配和物质利益原则,既要求对多劳者给予物质奖励,也要求对劳动不好的给予物质惩罚。把按劳分配只看成是多劳多得,而忘记了少劳少得、只奖不罚,这是片面的。不分劳动好坏,一味给奖,同样是破坏按劳分配,搞平均主义,也不能调动劳动者的积极性。

(2)加强思想政治工作。劳动群众积极性的提高,社会主义经济发展的内在动力,不仅在于劳动者个人的、局部的、一时的利益的满足，也在于他们为国家、民族的整体利益和长远利益而奋斗，要使劳动者的个人利益和整体利益、眼前利益和长远利益协调一致，除了要有正确的方针、政策、计划以外，还必须有强有力的思想政治工作，教育人们自觉地认识和正确地处理个人利益和整体利益、眼前利益和长远利益的关系，从而激发高度的主人翁责任感和高昂的生产积极性。我们必须克服目前思想政治工作软弱无力的状态。除了要根据新的情况和条件改进思想政治工作的方式方法以外，重要的是各级领导干部的作风要有一个大的改变，要带头发扬与群众同甘共苦、艰苦奋斗的优良传统。要是我们在这方面有明显的、广大群众从实际生活中看得到的进步，他们的积极性、主动性和首创性就会日益高涨起来。

上面说的，只是一部分需要我们在走新路的过程中加以妥善解决的问题，除此以外，当然还有许多难题要解决，诸如在工业中建立经济责任制问题、全面调整价格体系问题、正确处理计划与市场关系问题、减少财政补贴和外贸亏损问题等。我们只有逐一地、具体地解决这些问题，才能逐步地形成一整套体现经济发展新路子的政策、制度、办法、措施，我们的经营管理水平和经济活动效果才能大大提高，我们的国民经济才能真正走上良性循环的持续增长的轨道。

（原载《经济研究》1981年第12期，与王忍之合作。本文部分内容以"不能从大量增加基建投资中找出路"为题转载《人民日报》1982年1月5日）

深入研究经济效益问题

把提高经济效益作为核心问题，作为一切经济活动的根本出发点，这是我国经济工作指导思想的一个重大转变。这个转变，迫切要求我们更加广泛深入地研究经济问题，探讨提高经济效益的各种途径。

经济效益问题非常复杂，涉及许多方面。这里，仅就比较突出的几个综合性问题，说一点不成熟的看法。

一　关于速度与效益的关系

正确地认识和解决这个问题，是我们的经济工作能否真正转到以效益为中心的轨道的关键。我们提出要把经济效益放在首位，是针对过去长时期内把速度当作核心，不讲求经济效益，单纯地追求产值和产量的增长速度的偏向，要把精力转到提高经济效益上来，在这个基础上去求得实实在在的、使人民能够得到较多实惠的速度。

这个转变包含着两个方面的要求：（1）严格地按照社会的现实需要来计划和组织生产，在讲求产品的品种、质量的前提下增加产品的数量；（2）尽可能地节约劳动消耗和物质消耗，力求用现有的劳动资源和物质资源创造出更多的社会财富。把上面这两个方面的要求归结起来，可以说，强调经济效益也就是强调真正有效的、能够持续增长的速度。离开了经济效益，就失去了判断速度有效性的标准；离开了提高经济效益，就不可能为加快速度提供坚实的基础。在这里,效益和真正有效的速度是统一的,我们不应当把它们对立起来。

为了做到在讲求效益的基础上求速度,我们的经济工作,包括生产、建设和流通等各个方面,都有许多的问题需要研究解决。例如,如何准确地计算和预测社会需求及其变化,并且使我们的产业结构、产品结构能够不断地同变化着的需求结构相适应;如何改革经济体制,使我们的经济既有高度的计划性、统一性,又有必要的灵活性、多样性,从而能够较好地适应社会需求的变化,并取得良好的经济效益;如何从生产与流通相统一的角度来提高经济效益,充分发展商业与物资供应环节来促进和指导生产、衔接产需的作用;如何确定正确的价格水平和价格体制,以有效地发挥价格杠杆在调节供求、平衡产需中的作用;等等。

二 关于劳动消耗和资金占用的关系

在社会主义经济中,只讲求劳动消耗的经济效益是不够的,还必须讲求资金占用的经济效益。这一点,现在已经得到公认。问题是,劳动消耗与资金占用之间有着复杂的联系,它们既有统一的一面,又有矛盾的一面。一般地说,在生产技术进步的条件下,降低劳动消耗往往要提高劳动的技术装备水平,增加资金的占用;反之,技术装备水平比较低、占用资金比较少的生产活动,往往要增多劳动的消耗。我国是一个人口众多、经济落后的国家,劳力资源十分丰富,而资金比较缺乏。从这种情况出发,应当多发展一些占用资金比较少、吸收劳力比较多的行业和企业,以使用同样的资金创造更多的社会财富。但是,我们国家已经探明和开发的资源还不多,能源和原材料并不富裕。而加快这些方面的发展又因缺乏资金和技术难以在短期内获得很大的成效。基于这种情况,我们又应当多发展一些消耗低、效率高的行业和企业,以使用有限的能源和原材料生产出更多的产品。而这样的行业和企业,一般要求的技术水平比较高，需要占用的资金比较多，而用人相对较少。这是我国实现现代化进程中遇到的一个很大的矛盾，当前经济生活中许多困扰着我们的问题都或多或少地同这个矛盾相关。从我国的国情出发，正确地处理这个矛盾，需要我们进行多方面的研究和探索。

第一，从产业结构方面来说，如何合理地安排资金密集型产业、技术密集型产业和劳动密集型产业的关系，以充分发挥我国资源的优势，取得良好的经济效益，是一个重要问题。我们应当多发展一些劳动密集型的产业，同时，要力求把劳动密集同技术密集结合起来，使我们在发展吸收劳力较多的产业时能够获得产品质量好、物资消耗低和劳动生产率高的效果。在这里，发展教育、科学事业，提高劳动者的科学文化水平和操作技能，具有极为重要的意义。

第二，从企业结构方面来说，如何正确地实行大中小结合的方针，也需要在总结历史经验的基础上做深入的研究。从生产技术发展的规律来看，特别是从我国的国情出发，我们必须坚持大中小结合的方针，这是毫无疑问的。然而，历史的经验告诉我们，不能只看到小企业占用资金少、吸收劳力多这个方面，而忽视它们的物资消耗高、产品质量差的另一个方面，否则，不顾条件地大量发展这类企业，从表面上看似乎适应了我国劳力多、资金不足的情况，实际上反而会增加资金短缺的困难，因为这一方面增加工业生产成本，削弱工业积累资金的能力；另一方面又会扩大对能源和原材料的需求，要求增加能源和原材料工业的投资。这样，产出减少，投入增加，路子越走越窄，最终会使经济难以支撑下去。当然这绝不是说不要发展中小企业，而是说在发展中小企业时必须遵循一些原则和界限。比如，要区别不同行业和不同地区的情况，采取不同的做法，不能搞"一刀切"。一些产品单一、其生产效率与设备规模有密切联系的行业，应当根据条件多办消耗低、质量好的大中型企业；一些品种复杂、产品又能分解的加工工业，则应按照专业化协作的原则多办中小企业，力求小而专、小而精。小企业必须首先保证产品质量。它们用人可以多一些，但由此而多消耗的活劳动要尽可能同这些企业职工工资水平较低和折旧费较少相当，从而使生产成本不增高或者增高不多，以保证一定的盈利水平。小企业的能耗和其他物质消耗水平应当力求接近先进的大企业，一时达不到这个要求的企业，在先进企业的生产能力尚有富余时，不能同先进企业争燃料动力和原材料。

第三，从生产技术方面来说，这里有一个采用和创造适合我国情况的先进技术问题。先进的科学技术是没有国界的，但是它们的运用却必须适合各国自己的具体情况，只有这样，才能获得良好的经济效益。事实上，一个国家能否顺利地实现现代化，很重要的一条，就看这个国家的人民能否创造出适合自己条件的先进技术。从我国的情况出发，我们迫切需要那种既能提高产品质量、降低物资消耗又最好还能减少资金占用的技术。当然，各行各业的情况不尽相同，但是，都应当朝着这个方向努力，则是确定无疑的。

三 关于宏观经济效益与微观经济效益的关系

社会主义经济是建立在公有制基础上的计划经济，讲求经济效益也可以首先讲求宏观经济效益，这是社会主义制度优越性的表现。同时，社会主义经济是由各企业、部门、地方组成的，不讲求和提高企业、地方、部门的经济效益，要增进国民经济的效益是难以做到的。在社会主义经济中，宏观效益与微观效益从根本上说是一致的，但是在许多场合，它们之间也存在矛盾的一面。这是因为，社会主义经济是具有广泛的分工协作的社会化经济，国民经济的宏观效益并不是各个企业和局部的微观效益的简单相加，而是它们在复杂的社会联系中所取得的效益的有机综合。因此，某些对局部效益有利的事情可能对全社会的效益不利，而某些对社会效益有利的事情也可能对一些局部的效益不利，这种矛盾，由于全局与局部在了解和认识经济情况上存在差别，特别是由于各个局部在根本利益一致的前提下还存在自己不同的利益，而变得复杂起来。如何正确地解决这个矛盾，既能够充分地调动企业、地方、部门提高自己经济效益的积极性和主动性，又能够使它们服从和维护全局的利益，朝着有利于提高全社会经济效益的方向努力，是我们面临的一个十分重要的课题。这也是我们改革经济体制所要解决的一个核心问题。

多年的经验证明，中央管得过多过死，不给企业、地区、部门必要的权益，吃大锅饭，搞平均主义，就不利于调动各方面的积极性去提高经济效益。同时，给了企业、地方、部门一定的权益之后，如果缺乏有效的集中领导和统一计划，也不可能保证企业、地方和部门自觉地按照全社会的利益和社会化生产的客观要求规划自己的行动。关键在于要把这两个方面恰到好处地结合起来，这是一个难度很大的问题，但又是必须解决好的问题。我们已经提出了以计划经济为主、市场调节为辅的基本原则，提出了要适应不同的情况采取指令性计划、指导性计划和在国家计划规定的范围内由市场自发进行调节的不同的经济管理形式，这是解决经济体制问题的正确的原则。现在的问题，是要把这个原则具体化，逐步落实到各个方面去。这就要求我们对许多问题进行深入地研究。例如，怎样才能尽可能地保证宏观经济的决策既切合实际又富有远见，为此需要确立一些什么原则，建立一些什么制度、程度和办法；如何正确地划分指令性计划、指导性计划和市场调节的范围和界限，这种划分的客观依据和相应的标准是什么，实行这些多种形式的经济管理还会有什么新的情况和问题需要研究解决；怎样区别不同的企业确定它们应有的权益，采取什么形式把各级经济组织和责权利紧密地结合起来；从我国的实际情况出发，如何确定部门（条条）管理与地区（块块）管理的合理分工和相互协调的制度；如何改进计划工作，提高计划的科学性；如何有效地运用价格、税收、信贷等经济杠杆管理经济，加强经济立法和经济监督，搞好经济信息的收集、研究和交流工作；等等。显然，不对这些问题进行认真的细密的研究，得出切实可行的办法，我们就难以使经济体制的改革健康地发展，从而使各项经济活动不断地提高效益。

（原载《人民日报》1982 年 8 月 31 日）

论我国经济发展的战略目标、战略重点和战略步骤

党的第十二次全国代表大会,从我国的国情出发,实事求是,高瞻远瞩,明确地规定了到 20 世纪末我国经济发展的战略目标、战略重点和战略步骤。这对于指导我国经济沿着正确轨道持续稳定地发展,具有极其重要的意义。这里,就这个问题谈一些学习的初步体会。

一

党的十二大报告明确指出,从 1981 年到 20 世纪末的二十年,我国经济建设总的奋斗目标是:在不断提高经济效益的前提下,力争使全国工农业的年总产值比 1980 年翻两番。实现了这个目标,我国国民收入总额和主要工农业产品的产量将居于世界前列,整个国民经济的现代化将取得重大进展,人民的物质文化生活可以达到小康水平。这就为我国经济发展指出了明确的方向和宏伟的任务。

历史的经验告诉我们,确定一个富有远见而又切合实际的长远目标,对于保证经济稳定地、高效益地发展,是十分重要的。在过去三十多年经济建设中,我们工作上的很多失误,首先表现在长远发展目标定得不切实际,或者没有明确的发展目标。例如,从 1958 年开始的"大跃进",提出了一系列脱离实际的发展目标和指导方针,在生产关系上急于过渡,在生产建设上急于求成,结果高指标、瞎指挥、浮夸风、"共产风"严重泛滥起来,加上当时的自

然灾害和苏联政府背信弃义地撕毁合同，使国民经济发生严重困难，遭到很大损失。20世纪60年代初期，在国民经济经过调整刚刚恢复后，又提出了过急的内地建设目标，不顾经济的承受能力和内地建设条件的可能，一下子把大量资金转向内地，投入多，产出少，对经济的全局造成相当大的被动。在"文化大革命"时期，很多时候经济发展缺乏明确目标，又往往用一些政治原则和口号代替经济指标。第三、第四个五年计划都没有正式拟订，只有一个轮廓设想或者纲要。1970年以后，由于又提出了钢铁等过高的发展指标，再次引起经济比例严重失调，并且一直延续到1976年粉碎"四人帮"。从历史的简要回顾中可以清楚地看出，正确制定长远发展目标，对于经济的稳定增长具有多么重要的意义。

粉碎"四人帮"以后，同各条战线上的拨乱反正经历了曲折的过程一样，在正确规定经济发展目标这个问题上，也有一个过程。开初，我们重申了建设社会主义现代化强国的伟大任务，提出要在20世纪末实现四个现代化。这对于鼓舞全党和全国人民奋发推进被长期延误的经济建设，起了积极的作用。但是，由于对当时比例失调的严重状况估计不足，也由于长期以来的"左"倾错误没有得到清算，在经济发展上制订了一个生产指标过高、建设规模过大的十年规划纲要，致使本来已经过大的基本建设规模进一步加大，不仅没有缓和当时经济中的困难，反而加重了困难。直到党的十一届三中全会以后，随着经济工作指导思想的逐步端正，随着调整、改革、整顿、提高方针的贯彻执行，我们对长远发展目标的认识也逐步具体、逐步深化了。1979年3月，中央提出了中国式现代化的重要课题，提出现代化建设要从中国的特点出发，适合中国的情况，走出一条中国式的现代化道路。不久，中央又提出了到20世纪末达到小康水平的目标。1981年党的十一届六中全会通过的《关于建国以来党的若干历史问题的决议》，在系统总结了经济工作的历史经验后指出，社会主义经济建设必须从我国国情出发，量力而行，积极奋斗。有步骤分阶段地实现现代化的目标。接着，五届人大四次会议通过的《政府工作报告》，明确指出我国经济建设要走出一条速度比较实在、经济效益比较好、人民可以得到更多实惠的新路子，并且提出到20世纪末力争使工农业年总产值翻两番，使人民的消费达到小康水平。由此可见，党的十二大关于今后二十年发展目标的规定，是党的十一届三中全会以来党关于这个问题的方针的继续和发展，其基本精神同前一两年的提法是一致的，然而提得更加集中，概括得更加全面。这个目标，尽管形式上还沿用了总产值指标来计算速度，但是在内容上却同过去那种片面追求产值的做法有质的区别，它反映着三中全会以来经济工作指导思想的重大转变。这主要表现在以下几方面。

第一，这个发展目标，把生产的发展同人民生活的改善密切联系起来，体现了社会主义基本经济规律的要求。我们进行生产建设的目的，归根到底是为了满足人民物质和文化生活的需要。这是社会主义经济的本质决定的，也是社会主义经济能够获得广阔的发展容量和巨大的发展动力的根本原因。尤其在我们这样一个人口众多、经济落后的国家，一方面人民要改善生活，另一方面又面临着繁重的建设任务，在相当长时期内建设与民生将处于一种紧张的平衡之中。在这种情况下，统筹安排生产建设和人民生活，坚持发展生产满足人民需要的基本原则，更加复杂也更加重要。应当承认，在过去相当长时期内，对这样一个重大问题的处理并不都是妥善的、正确的。我们常常片面地强调生产建设而忽视人民生活，只讲生产发展的目标，不提改善人民生活的要求。结果，生产的发展速度虽然不低，人民生活却没有得到相应的改善，从而使生产建设和人民生活发生某种脱节的现象。这就势必挫伤广大群众的生产积极性，也是造成经济结构不合理、多次导致比例失调的一个根本原因。这次确定的发展目标，在提出生产增长指标的同时，明确规定人民生活要提高到小康水平。这就是说，这个目标不仅提出了生产总量增长的指标，而且规定了生产发展的总方向以及同这个方向相适应的生产结构的要求。这同过去提的一些发展目标相比，是一个重大的区别,它对于促进我国经济协调发展,具有深远的意义。

第二,这个发展目标,把生产发展建立在提高经济效益的基础上,要求从根本上摒弃和防止单纯追求产值的想法和做法。不顾经济效益片面地追求产值,是我们经济工作中存在的一种顽症。它造成产品积压,费用实支,财政虚收,给国民经济带来多方面的不良后果,必须从指导思想和经营管理制度上加以根治。但是,由于现行的计划和统计制度一时还难以作较大的改变,也由于总产值指标在综合反映生产总量增长方面具有一些目前还难以代替的用处,因此,这次提出的发展目标仍然使用了用总产值计算的生产增长指标。可是,它明确要求工农业总产值的增长,必须以不断提高经济效益为前提。这就是说:(1)产值的增长速度应当是实实在在的,不允许含有虚假成分。无论工业还是农业,其生产的产品必须是符合社会现实需要的,不仅品种花色要适销对路,生产数量也要同一定的购买力和投资水平下的社会需求相适应。(2)生产的增长要在尽可能地节约活劳动消耗和物资消耗的条件下实现,以便用尽可能少的劳动消耗取得较多的有用成果。在今后二十年要实现工农业年总产值翻两番,不仅要靠产品数量的增长,更重要的是要靠经济效益的提高。比如说,在这个时期中,一次能源总量的增长不可能翻两番,要用这些能源生产出比现在多三倍的产值,那么,单位工业产值的能耗就要比现在降低一半。这就要求我们改进产业结构和产品结构,大力降低单位产品的能源消耗。又比如说,在今后二十年中,许多原材料的产量也不可能翻两番,为了用较少的原材料生产出更多、更好的产品,创造出更多的产值,无论重工业还是轻工业,都要在改进产品的性能和质量、进行产品的升级换代和全面提高档次、提高加工的深度和精度,开展资源的综合利用等方面下功夫,并且要努力发展电子、核能、石油化工、新型材料等新兴工业部门。所有这些说明,如果不把提高经济效益放在首位,在这方面采取有力的措施,并且取得实实在在的效果,要使年工农业总产值在二十年内翻两番是困难的。当然,这并不是说单纯追求产值的倾向不会发生。对于这一点，必须有足够的估计，并且要从宣传教育考核制度、经济政策等方面采取措施，加以防止和克服。

第三，这个发展目标，把经济、科技和社会的发展统一起来，十分重视发挥科学技术对促进经济和社会发展的作用。可以说，这是全面讲求经济效益的必由之路。要以提高经济效益为前提使社会生产在有利于保护环境和自然生态的条件下持续增长，就必须在科学技术上进行突破。过去我们往往只注重经济的发展而忽视科学技术的发展，忽视环境的保护和生态的平衡，结果是付出了很大的代价却得不到应有的效益，而且随着经济特别是工业的发展，环境污染加重，生态平衡日益遭到破坏。在今后的经济建设中，我们必须把经济、科技、社会三者结合起来，把人口、环境、资源三者结合起来。为了做到这一点，中心是要把发展生产建立在技术进步的基础上。发展目标中明确提出，到20世纪末国民经济的现代化进程将取得重大进展。这就意味着经过二十年的努力，工业、交通等主要领域的技术水平要有一个大的提高。原有的工业部门经过技术改造，要广泛地采用适合我国情况的新工艺、新技术、新设备、新材料，使生产技术面貌发生根本性的变化；新兴工业部门要进一步加快发展，使之在国民经济中发挥越来越大的作用。在技术进步的基础上，产品的性能、质量要显著提高，能源和原材料消耗要大大降低，资源的综合利用、环境污染的防治和生态系统的保护都要有明显的进步，整个社会生产将达到一个新的水平。

第四，这个发展目标，既考虑了今后发展的有利条件，又如实地估计到现有的和将来可能遇到的困难，体现了量力而行、积极奋斗的思想。应当说，现在提出的发展目标，是在总结历史经验的基础上确定的，它既符合我国的实际，又充满了雄心壮志。当然，毫无疑问，在今后二十年中，我们要在提高经济效益的前提下使年工农业总产值翻两番，使现在十亿人口初步温饱的生活水平，到20世纪末提高到十二亿人口过上小康生活的水平，这个任务决非轻而易举，而是极为艰巨的。在实现这个任务的过程中，我们必然会遇到许多困难。无视这些困难，盲目乐观，这不是实事求是的科学态度，无助于我们事业的发展。但是，我们也要看到客观存在的许多有利条件。比如，我们已经结束了国家的多年动乱而实现了全国安定团结，这种有利于经济建设的政治局面，今后必将长期地巩固和发展下去。在过去二十多年中，由于我们始终没有把工作重点转移到社会主义建设上来，真正集中精力搞经济建设的时间并不多。而凡是全党认真抓经济工作的时候，我们的经济发展是比较好的，像恢复时期，第一个五年计划时期以及20世纪60年代初经济调整时期，情形都是这样。现在，全党和全国的工作重点已经转移到社会主义现代化建设上来，并且下定决心长期地坚持下去。各级领导和广大干部、群众聚精会神、专心致志、坚持不懈地从事建设，这本身就是推动经济发展的一种巨大力量。党的十一届三中全会以来党对经济工作的指导思想已经端正过来，并且逐步制定了一系列受到群众拥护的正确政策，可以肯定，它们在今后的实践中必将继续发挥其威力。经过三十多年的努力，我们已经建立了相当规模的物质基础，由于种种原因这个基础的潜力还远远没有发挥出来，可以预期，在今后的建设中它将起越来越大的作用。现在的国际条件，总的来说对我们也是有利的。所有这些说明，我们具有许多带根本性的、长期起作用的有利条件，存在巨大的发展潜力。看不到这些有利条件和发展潜力，或者对此估计不足，因而缺乏信心，畏缩不前，显然是不对的。只要我们团结一致，继续艰苦奋斗，树雄心，鼓干劲，扎扎实实地做好工作，进一步发挥社会主义制度的优越性，就一定能排除万难，推动国民经济稳定地、持续地向前发展，实现我们的宏伟目标。

第五，这个发展目标，是同切合实际的战略重点和战略步骤相联系的，它既体现了量力而行、循序渐进的要求，又遵循经济要按比例发展的原则。关于这个问题，下面将作较详细的论述。

二

为了实现今后二十年的发展目标,十二大明确规定要牢牢抓住农业、能源交通和科学教育三个根本环节,把它们作为经济发展的战略重点,以带动消费品生产的发展,带动整个经济的发展。同时,特别强调了解决好人口问题,对于经济和社会发展的重大意义。这个决策要求我们处理好以下三个方面的关系:(1)正确处理农轻重之间的关系,使国民经济协调地向前发展;(2)正确处理经济建设和文化建设的关系,使物质文明的建设同精神文明的建设互为条件、互相促进;(3)正确处理物质资料生产与人口生产的关系,使之相互适应。提出这些要求,既是对历史经验的深刻总结,又是对我国经济和社会发展趋势进行科学分析的结果。

我国有十亿人口,八亿人在农村。在这种条件下进行社会主义现代化建设,正确认识和处理农业、轻工业和重工业之间的关系,始终是一个核心问题。我国经济建设中几次比例失调,现实生活中存在的许多矛盾,以及今后我国经济和社会发展中可能遇到的种种问题,可以说都同农轻重的关系密切相关。农业是国民经济的基础。农业上去了,其他的问题就比较好解决了。这是一条千真万确的真理。这几年我国农业蓬勃发展,农村形势越来越好,这是全国形势迅速好转的根本原因和标志。但是应当看到,我国农业的抗灾能力还十分薄弱,劳动生产率和商品率还很低,而且由于人口增长快和耕地有限,人多耕地少的矛盾将越来越突出。因此,进一步发展农业仍然是必须首先关注的一项艰巨任务。这项任务完成得好坏,将在很大程度上左右着整个经济和社会发展的进程。对此,我们丝毫不能掉以轻心。农业的发展,除了其他条件之外,还需要工业的支援。而工业能不能以更大的力量支援农业,除了农业这个基础的发展之外,除了工业服务方向的调整和技术水平的提高之外,今后相当长时期内还要取决于能源、交通能不能有较快的发展。能源紧张是我国经济发展的一个严重制约因素。由于我国能源资源的分布状况，能源的开发和供应又同交通运输密切相关。如果能源、交通上不去，节能工作不能取得显著进展，工业的增长和农业的发展就会受到严重限制。而能源和交通的建设，需要的资金多，花费的时间长，必须预为之谋，进行长期的坚持不懈的努力。这就是说，从国民经济的内在联系和发展进程来看，把农业搞上去了，把能源交通搞上去了，就可以比较有把握地带动消费品生产有较快的增长，推动整个经济稳定地向前发展。

怎样才能在全面安排的基础上，把农业和能源交通方面的问题解决得比较好，从而带动整个经济有较快的发展呢？这里最关键的，是要充分发挥科学技术对促进经济发展的作用。我国人口多、耕地少，建设资金有限。在今后的发展中，要在有限的耕地上生产出日益增多的粮食、经济作物和其他农产品，要用尽可能少的资金使能源开发和交通运输有较快的发展，要利用有限的能源、原材料和其他各种物质资源创造出尽可能多的社会财富，就非要靠科学技术的力量不可。四个现代化的关键是科学技术的现代化。但是，发展科学技术的关键在人才。只有有了掌握科学技术知识的人才，才能广种博收，创造出适合我国情况的先进技术，并且使它发挥充分的作用。科学技术是没有国界的，然而它的运用必须适应各个国家的具体条件，才能取得良好的效果。任何一个国家实现现代化，都需要有适合本国情况的先进技术。在我们这样一个劳动力资源十分丰富而物质资源相对缺乏的大国，如何在各个领域探索、创造能够扬我之长、避我所短的先进技术，乃是现代化事业成败的一个关键。而这个问题的解决，离开了大批又红又专的科技人才是不可能设想的。同样，一提起科学技术，人们往往只想到自然科学的作用。自然科学的发展和应用，对经济发展的作用越来越大。这是毫无疑问的。但是，在看到这一点的同时，还必须同样充分估计到社会科学特别是经济科学、管理科学对促进经济发展的巨大作用。可以说，现在经济中的许多潜力之所以没有发挥出来，在很大程度上是由于管理落后造成的。而这方面的进展，更加直接地取决于人才的培养和使用。同样的企业，是否有具有事业心的"明白人"在进行管理，生产面貌就大不一样。这种事例在实践中是屡见不鲜的。无论是自然科学还是社会科学，要培养和造就大批又红又专的人才，基础在教育。而这恰恰是当前十分薄弱的环节。我们必须从能否推进社会主义物质文明和精神文明建设的高度深刻认识教育的重要性，大力发展包括职工教育、农民教育在内的城乡各级各类教育事业，努力提高全民族的科学文化水平。

在我们国家，经济、文化乃至整个社会的发展，同能否正确处理人口问题息息相关。我国已经有十亿人口。人口众多固然有它的长处，但对经济和社会是一个很大的压力。在同样的生产水平下，人口越多国民收入中用于消费的部分越大，用于积累的部分相对减少。同样的积累基金，劳动力越多，劳动者平均技术装备水平提高的难度越大，从而影响技术进步和劳动生产率的提高。在国力有限的情况下，人口越多，平均每个人口分到的教育经费就越少，人口素质和劳动力素质的提高势必受到影响。当然，人是生产者，人口众多，劳动力资源丰富，可以创造出更多的物质财富。但是，这是有条件的。一是人在成为劳动力之前需要社会供养和培训；二是劳动力要成为现实的生产力必须有一定的生产资料与之相结合。在一定时期内，社会能够拥有多少生活资料和生产资料，不仅取决于劳动力的多少，还受制于耕地、矿藏等自然资源的多寡和已经形成的物质资料的状况。我国耕地有限，而且今后也不可能有较多的增加。矿产资源和其他资源虽然比较丰富，但对它们的勘探、开发和利用都需要有长期的过程。现在我们的经济、文化都还比较落后。在这种情况下，如果不坚决控制已经过多的人口的增长，使之同整个经济的发展相适应，就势必要严影响到生产建设的扩大和人民生活的改善，并且给教育、就业、住宅、城市公用设施乃至环境保护和生态平衡等方面造成巨大的负担，弄得不好还会影响社会安定。相反，如果我们一方面在经济结构、技术结构、社会政策等方面采取有效的措施，充分利用丰富的劳动力资源，千方百计广开生产门路；一方面抓紧计划生育，严格控制人口增长，那就可以使经济得到较快的发展，使人民得到较多的实惠。显然，我们应当避免前一种可能，争取后一种可能。我们一切经济的、社会的政策，都必须有利于而不能有碍于实现这后一种可能。

从上面的分析中可以看出，在今后的发展中，我们必须以极大的精力抓好农业、能源交通和科学教育这三个战略重点，同时十分重视控制人口增长。但是，突出重点也不能挤掉一般，妨碍其他部门必要的发展。否则，重点的发展就不可能带动一般，不可能促进整个经济协调发展，这样，到头来重点部门也不可能得到持续增长。在这个问题上，过去是吃过大亏的。我们应当认真吸取历史的教训，在新形势下妥善地处理重点与一般的关系，保证国民经济真正按比例前进。

三

为了实现到20世纪末的战略目标，今后二十年要分两步走：前十年主要是打好基础，积蓄力量，创造条件；后十年要进入一个新的经济振兴时期。这个战略步骤，是党在全面分析了我国经济现状和发展趋势之后作出的重要决策。

为什么我国经济振兴必须有一个准备阶段，而且这个准备阶段要用十年的时间？概括地说，这是由经济发展的现实条件和客观形势决定的。应当看到，我们是在这样一种情况下起步的：一方面，经过三十多年建设，我们已经有了相当规模的物质基础，有了可以依托的继续前进的阵地；另一方面，由于长期"左"倾错误特别是"文化大革命"的破坏，国民经济中又遗留下来许多严重问题，阻碍着经济稳定地、高效益地向前发展。归纳起来，这些问题主要有以下几个方面。

第一，产业结构和企业组织结构不合理，企业管理不健全。这是长期形成的妨碍经济健康发展的一大障碍。经过这几年调整，农业、轻工业有了比较快的发展，重工业的服务方向也开始转向正确的轨道，但是产业结构和产品结构方面的调整任务并没有完成。农业内部粮食生产和经济作物生产的比例、种植业和林、牧、渔业的比例，轻工业和重工业内部各行各业的比例，以及它们的产品结构，都还有一系列的问题需要解决。企业的全面整顿才刚刚开始，要取得显著成效，真正使企业管理走上正轨，更需要付出艰巨的努力。尤其是企业组织结构的不合理，这几年改进很少。从1970年到1980年，我国工业企业（不包括农村队办企业）由19.5万个猛增到37.7万个，增加到了一倍。企业数目增加得如此之快，固然对生产的增长起了一定的作用，但这当中有相当大的盲目性。许多企业开工不足，甚至开不了工；许多企业生产工艺流程不合理，物资消耗高，产品质量差；许多企业缺乏基本的经济核算，长期亏损。这种状况，是造成我国经济效益长期很不理想的一个重要原因。但是，要改变这种状况，真正按照专业化协作和经济合理的原则调整和改组企业，却不是一件轻而易举的事情。这里有思想认识问题，也有劳动就业、职工培训等许多复杂的实际问题需要妥善地解决。因此，企业的调整和改组要在制订好长期规划、行业规划和地区规划的情况下，有步骤地进行，需要有一定的时间。

第二，经济体制不合理。这也是我们经济发展中许多问题长期不能解决的症结所在。如果不对经济体制进行改革，消除目前体制中存在的种种重大缺陷，使之更好地体现社会主义原则和真正符合我国的实际情况，要使经济效率和效益有一个显著提高是困难的。但是，体制改革是一件十分复杂的工作，它要正确地处理以计划经济为主同市场调节为辅的关系，要在稳定物价的前提下改革价格体系和价格管理办法，要建立合理的劳动制度和工资制度，等等。这些改革，既不能受过去某些传统的不合理的做法和习惯所束缚，又不能照抄照搬某种现成的模式。正如邓小平同志在十二大开幕词中所指出的："我们的现代化建设，必须从中国的实际出发"，"照抄照搬别国经验、别国模式，从来不能得到成功。"因此，需要我们运用马克思主义、毛泽东思想的基本观点，认真总结自己的经验，进行创造性的工作来解决。而且，为了使改革健康地进行，还必须首先拟定改革的总体方案，然后训练干部，分阶段地施行，工作量是相当大的。显然，没有足够的时间，是难以取得成功的。

第三，能源、交通落后。这几年由于种种原因，能源生产的发展速度有所放慢，而能源消耗高、浪费严重的现象却没有多少改变。能源、交通方面的供需矛盾不仅没有缓和，还日益加剧。这种状况如不加以改变，国民经济就不可能以一定的速度持续增长。而要改变这种状况，需要从加强能源、交通的建设和大力节约能源两个方面进行艰苦的努力。能源、交通的建设需要大量资金和较长的周期，由于目前财力物力的限制，以及资源勘探和各种建设前期工作跟不上，短期内难以在这些方面取得很大的成效。我国能源节约的潜力是很大的，然而越往后越要依靠对耗能大的设备、工艺进行改造，这件事也需要时间。

第四，许多现有企业的设备陈旧、技术落后。这是我国工业生产消耗大、产品质量差、经济效益低的一个根本原因。这样的工业，我们的农业承受不起，我们的能源、交通和原材料的发展也承受不起，如不加以改造，使它们的生产技术面貌发生一个根本性的，变化整个经济振兴是难以实现的。但是，由于重大的科学技术攻关和科技成果的推广、应用有一个过程，由于技术力量和资金不足，现有企业的设备更新和技术改造近期内只能有重点地进行，逐步推开，需要有较长的时间才能在大范围内取得成效。

第五，科技人才和管理人才缺乏。我国科学文化落后，科技和管理人才原来就不足，"文化大革命"严重摧残了科学教育事业，打击了广大知识分子钻研技术、业务的积极性，使这个矛盾更加突出。现在，各方面的科技人员和管理人员青黄不接，许多原有的技术业务人员面临着知识老化问题。这就不能不严重地影响技术进步和管理水平的提高。而人才的造就和培养，是必须有较长的时间才能见效的。

所有上述这些情况说明，用十年的时间打基础，做准备是必要的。作出这样的部署，正是我们党在领导经济建设上实事求是的表现。十年准备，十年振兴，关键在于前十年的准备。真正在前十年把各项准备工作做好了，就可以水到渠成地迎接后十年经济振兴的到来。

前十年要做的工作很多，归纳起来，主要有三个方面：一是进一步做好调整、整顿、改革的工作，使经济结构和经济体制趋于合理；二是适当集中资金加强以能源、交通为中心的重点建设，包括改进农业生产条件所必需进行的建设，同时积极推进现有企业的设备更新和技术改造，使国民经济的薄弱环节得到应有的加强，使现有企业的技术水平有明显的提高；三是大力加强智力开发，充分发挥科学教育促进经济和社会发展的作用。由于这十年必须致力于进行这些工作，经济发展的速度不可能很快。但是，只要把这些工作一项一项地、扎扎实实地做好了，就可以使经济效益得到越来越显著的提高，在这个基础上，不仅可以保证前十年经济以一定的速度增长，而且可以为后十年经济的更快发展打下比较坚实的基础，创造比较充分的条件。这样，实现到 20 世纪末使年工农业总产值翻两番的战略目标，就比较有把握了。1982 年即将过去，十年准备已经过去了近两个年头。我们当前的任务，是要为完成和超额完成从 1981 年开始实行的第六个五年计划而奋斗，并且用更多一点时间，即从现在起用五年时间，争取实现国家财政经济状况的根本好转。这个任务完成了，十年准备也就有了基础。千里之行，始于足下。让我们振奋精神，鼓起干劲，埋头苦干，在党的十二大精神指引下，为全面开创社会主义现代化建设的新局面而努力奋斗。

（原载《经济研究》1982 年第 10 期）

论指令性计划制度

要不要指令性计划，实行社会主义计划经济是不是可以容许取消指令性计划，这是近年来经济体制改革讨论中的一个焦点。这个问题，涉及对社会主义基本经济制度及其特征的理解，关系到我国经济体制改革应当遵循的方向，必须从理论与实践的结合上探讨清楚。

过去我国实行指令性计划的范围过宽，指标过多，把经济管死了，产生许多弊病。鉴于这种情况，我们要对经济体制进行改革，在如何进行改革的讨论中，有些同志主张完全取消指令性计划，并且把这一点作为衡量体制改革的决心是不是大、改革的方案是不是彻底的一个主要标志。党的十一届六中全会通过的《关于建国以来党的若干历史问题的决议》指出，必须在公有制基础上实行计划经济，同时发挥市场调节的辅助作用。五届人大四次会议通过的政府工作报告，根据计划经济为主、市场调节为辅的原则指出，关系国家经济命脉的骨干企业或关系国计民生的主要产品，要按照国家指令性计划进行生产。在这之后有些主张取消指令性计划的同志对自己的观点做了某些修正。他们认为，在特殊必要场合可以采取指令性计划，但是作为原则一般应当取消指令性计划制度。有的同志提出，在近期和中期可以在一定范围保留指令性计划，但是作为长远的改革目标，作为我国经济体制的理想模式，还是应当取消指令性计划制度。这就说明，在要不要指令性计划这个重大问题上仍然存在原则的分歧。

党的十二大报告，对指令性计划问题，从理论上做了深刻的分析。报告指出：对于国民经济中关系经济全局的产品的生产、分配和骨干企业实行指令性计划，是我国社会主义全民所有制在生产的组织和管理上的重要体现。报告还指出，实行指令性计划，要力求符合客观实际，经常研究市场供需状况的变化，自觉利用价值规律，给企业以不同程度的机动权。这就进一步指明了必须坚持指令性计划制度，改进现行的指令性计划制度。

指令性计划，决不是同社会主义经济制度相矛盾或至少是无关的、只是暂时保留的一种过渡办法，而是社会主义经济制度本身所要求的必须采取的一种计划管理形式。现在的指令性计划制度需要改进，但是决不能取消。下面我们拟就这些问题谈一些看法。

一

在社会主义经济中，把指令性计划作为计划管理的一种重要形式，从本质上来说，是由生产资料公有制决定的。社会主义公有制的确立，为消除在资本主义私有制条件下不可避免的社会生产无政府状态，为由社会直接支配生产资料和劳动力有计划地进行生产提供了可能，这方面的道理过去已经讲得很多。但是，过去着重论述的是确立生产资料公有制以后国家能够实行指令性计划，而对于在生产资料公有制的条件下必须在一定范围内实行指令性计划制度，则论述得不够。现在有些同志提出的问题，其实质恰恰是认为公有制经济包括全民所有制经济可以不实行指令性计划。我们认为，这种观点是不正确的。

在社会主义全民所有制经济中，取消指令性计划，各个企业的生产经营活动只是在国家计划的指导下由企业自己独立地、自主地决定，这就意味着生产资料所有权和使用权的完全分离，或者说，就意味着生产资料所有者的社会主义国家不能作为全体人民的代表，直接支配和使用生产资料。生产资料的所有权和使用权是既有区别又有联系的，而且这种区别和联系在不同的所有制中具有不同的形式。在资本主义私有制经济中，生产资料的所有权既可以同使用权完全不分离，也可以同使用权完全相分离。当资本的所有者自己经营产业的时候，就属于前一种情况；当资本的所有者把资本贷给产业资本家经营，只收取借贷利息的时候，就属于后一种情况。由于资本主义私有制的实现最根本的是攫取利润，因此无论是前者还是后者，都不改变所有制的资本主义性质。在社会主义全民所有制经济中，情形就不同了。这里的所有权既不能同使用权完全不分离，也不能同使用权完全相分离。既然是全民所有制，由国家代表全体人民占有关系国计民生的大量生产资料，这些生产资料就不可能由一个单位来使用，而必须按照合理的社会分工由成千上万个企业来使用。为了使企业能够根据具体情况用好属于全民所有的生产资料，取得最好的经济效益，就必须赋予它们必要的权利。这就是说，在全民所有制经济中所有权与使用权一定程度的分离是客观要求的、必不可少的。但是，社会主义全民所有制之所以必然取代资本主义的私有制，就在于只有这样才能使社会能够按照社会化生产的本性和全体人民的利益来支配生产资料。而国家如果不能直接组织和管理社会生产，不能直接指挥一部分必须直接指挥的企业的生产经营活动，那就无法保证社会生产按照全体人民的利益和社会化生产的要求来进行，全民所有制就不可能在经济上得到实现。这就是说，在这里，从总体上看，所有权与使用权的完全分离是不允许的。

有些同志主张，国家计划以宏观经济为对象，让所有企业在国家计划指导下，在政策和法令允许的范围内自主地进行生产、交换等经济活动，做到独立核算、自负盈亏。按照这种主张，国家不给企业下达指令性计划，只通过制定经济政策和运用经济手段间接地引导企业的活动，也就是说，每个企业都根据自己的局部利益从事生产经营，国家的指导性计划对于它们来说可以执行也可以不执行。问题在于，经济政策的推行和经济手段的运用，都要以经济力量为后盾和保障。如果各种物资都由企业自行生产和支配，国家不直接掌握必要的物质力量,那就难以用经济杠杆来左右企业的活动。这样,怎么能够保证企业按照全体人民的利益和社会化生产的要求规划自己的行动呢?这样的企业同集体所有制企业又有什么本质的不同呢?这样,生产资料的全民所有制岂不是要遭到极大削弱甚至名存实亡吗?而在没有全民所有制的国营经济作为整个经济的主导力量的情况下,集体所有制哪怕是劳动群众的集体所有制经济,又怎么能够保证其社会主义方向呢?应当说,这些问题既不是危言耸听,也不是逻辑推论,而是已经被实践所证明了的。中华人民共和国成立初期,虽然还存在包括私人资本主义经济在内的多种经济成分,但是由于国家掌握了经济命脉,掌握了骨干的工业企业、基本的生活资料和重要的工业原料,因此,国家就有了强大的物质力量在市场上同资本主义作斗争,并进而使资本主义工商业接受社会主义改造。陈云同志曾经指出:当时国家掌握足够数量的粮食和纱布,是稳定市场、控制物价的主要手段;掌握粮食以稳住城市,掌握纱布以稳住农村,从而遏制投机资本家兴风作浪。这个历史经验告诉我们,如果国家不直接掌握强大的物质力量,要在短短的时间里结束延续多年的通货膨胀、稳定市场物价是根本不可能的;要确立无产阶级对整个国家经济的领导权,也是根本不可能的。现在的情况与中华人民共和国成立初期已经有很大的不同,我们已经消灭了资本主义私有制,确立了社会主义公有制的统治地位,但是如果国家不实行必要的指令性计划制度,不直接掌握应有的物质力量,让企业根据自己的利益各行其是,那么国家的政策、计划就很难贯彻下去,物价以及许多重要经济活动就会失去控制,出现严重的无政府状态。这样,我们就不能保障经济发展的社会主义方向,不能保障国民经济的协调发展。

这样说来,是不是对所有全民所有制企业的一切经济活动都要实行指令性计划呢?也不是。这是因为社会的需求十分复杂,而且经常发生变化,各个企业所处的具体条件和生产能力又千差万别,也在不断发生变化,国家难以对一切社会需求及其变化都作出精确的计算，难以对一切企业的生产潜力都了如指掌。在这种情况下，如果对所有企业的经济活动都实行指令性计划，就会造成产需脱节和浪费，不利于国民经济按比例地向前发展。同时，各种企业和产品，在生产社会化的程度上，在与全局利益关系密切的程度上，是不同的。因此，除了对关系国计民生的主要产品和骨干企业必须根据需要实行指令性计划以外，许多产品和企业也应当实行指导性计划，着重通过经济办法引导企业能动地实现国家计划的要求。即使是实行指令性计划的企业，在企业完成了国家规定的任务以后，如果生产能力有富余，也要允许企业根据市场的需要主动地安排生产。

就一个个企业来说，实行指导性计划的企业其生产资料所有权同使用权的分离程度，要比实行指令性计划的企业大得多，这是不是会改变这些企业的全民所有制性质呢？不会。这里的决定性因素是，国家通过指令性计划直接掌握了国民经济的命脉，国家还直接任命或者批准这些企业的领导人员。这样，国家就能够通过经济的和组织的力量有效地控制实行指导性计划的企业，使它们按照全社会的利益办事，保持这些企业的全民所有制性质。这就是说，在社会主义全民所有制经济中，如果统统实行指导性计划，国家就势必会丧失直接支配生产资料的权力，全民所有制就会受到损害和破坏；如果在保持对主要企业实行指令性计划的前提下对一些次要的企业实行指导性计划，那么，从形式上看国家放弃了对一些企业活动的直接支配权，实际上是采取了另外的方式更加有效地实现着国家的支配权，这不仅不是削弱全民所有制，而是有助于更好地巩固和发展全民所有制。

对于集体所有制企业，由于这些企业的生产资料是归劳动群众集体所有的，因此，从原则上来说，这些企业的经营活动应当在国家计划指导下由它们自主地决定，国家对它们不应当实行指令性计划。但是，对这些企业中关系国民经济全局的重要活动，在必要的时候，国家也可以下达带有指令性的指标。这样做，是集体所有制企业应当也能够接受的。这是因为：（1）集体所有制经济包括集体的农业、工业、商业等，都是国民经济有机的组成部分，它们的产供销活动既受制于又影响国民经济的其他部分。因此它们的发展必须同整个国民经济保持协调，这既是全社会利益的要求，也是这些企业本身的要求。（2）在社会主义制度下，集体所有制企业中的农民、职工，不但是本企业生产资料的所有者，而且是全民所有制主体的一部分，因此，在他们的经营活动中尽可能地体现全社会的利益，也是他们本身的要求。正是基于这些情况，我们对于集体所有制经济总的来说要实行指导性计划，主要通过价格、税收、信贷、奖励和合同的办法，把它们的活动纳入国家统一计划的轨道。但是，对于粮食、棉花等一些重要的农副产品实行征购统购和派购制度；对于某些生产重要产品的集体所有制工业企业，也下达生产和调拨的指令性计划。实践证明，这样做不仅对保证国民经济的健康发展是必要的，而且从根本上说也是有利于集体经济本身的发展的。

除了实行指令性计划和指导性计划的形式之外，对于有些经济活动，主要是一部分小商品的生产和流通，可以在国家计划规定的范围内由生产单位或者个体劳动者根据市场需求的变化灵活地自行组织生产，即发挥市场调节的作用。这些产品的产值总量不大，但是品种很多，生产和供应的地域性和时间性很强。它们的生产和交换都由国家来计划是难以设想的，硬要这样做，就会造成人民需要的消费品数量减少，品种单调，质量下降，浪费严重，给人民生活带来很大的不方便。这类小商品的生产，国家不作计划，由市场自发地进行调节，反而更能适应人民多种多样的需要，取得较好的经济效益。因此这个部分虽然是从属的、次要的，但又是必需的，是计划经济的有益的补充。

综上所述，在我国社会主义经济中，同生产力发展水平不平衡相适应，同存在全民所有制、集体所有制和个体所有制等多种经济形式相适应，经济管理应当采取指令性计划、指导性计划和市场调节等不同的形式。按照这种设想，需要对我们过去的经济体制包括计划管理体制，进行重大的改革。这种改革涉及的范围是很广泛的，需要解决的问题也是很多的，决不能把它看作一种枝枝节节的修改，看成是一件轻而易举的事情。

有一种理论认为，对于统一的国民经济实行不同形式的管理办法，就会使各种经济活动按照不同的原则运行，是会发生冲突的。如我们在前面所分析的，实行指令性计划、指导性计划和市场调节等不同的管理形式，是由统一的社会主义经济中各种复杂的情况所决定的，其目的都是保证国民经济生动地、按比例地发展。因此，办法、形式虽然不一样，它们的方向是一致的，这里不存在对抗性的冲突。有没有矛盾呢？有的。在这种情况下，同种产品有的部分是计划分配，有的部分是自由交换，甚至会有不同的价格；自由交换的产品可能需要以计划分配的产品作原料，而计划分配产品的生产也可能需要采用自由交换的产品作材料。这样，弄得不好，或者市场调节的部分冲击计划，或者由于计划管得过死而不能发挥市场调节的应有作用。我们应当如实地看到所有这些可能性，正确地划分指令性计划、指导性计划和市场调节各自的范围和界限，并且在实际工作中妥善地处理它们之间的矛盾，协调它们之间的关系。当然，这是一件困难的工作。但是，这个困难是不能回避的，不能设想用简单的办法来对待复杂的社会经济现实。过去的经验已经证明，统统实行指令性计划是不行的，那样就会使经济失去活力，但是，如果统统实行指导性计划和市场调节，那就会在实际上削弱计划经济，助长社会生产的无政府状态。如同不坚持社会主义国营经济的主导作用就不可能保证其他经济形式的社会主义方向一样，不坚持指令性计划的主导作用，也就不可能保证指导性计划的有效执行，不可能保证市场调节为社会主义经济服务的性质。

当然，指令性计划、指导性计划、市场调节这三个部分的范围不是一成不变的。那么，今后它们发展变化的趋势会是怎样的呢？一般地说，由于过去我们实行指令性计划的范围过宽，脱离了现实的可能，因此，今后一段时期，要适当缩小指令性计划的施行范围，相应地扩大指导性计划的领域，同时更好地发挥市场调节的辅助作用。但是，经过一个相当长的时期以后，随着社会生产力的发展、人们经营管理能力的增强和计划工作水平的提高，我们就应当也能够按照经济发展的需要，逐步地、适当地扩大指令性计划的范围。到了那个时候，我们的社会主义计划经济将发展到更高的阶段，达到更高的水平。

二

对要不要实行指令性计划制度这个问题的回答，同怎样认识和理解社会主义制度下的商品生产和商品交换，存在密切的关系。有些同志认为，既然社会主义社会还广泛地存在着商品生产和商品交换，社会主义的计划经济还必须利用商品货币关系，因此，国家统一计划的贯彻只能通过价格、信贷等市场机制来实现，如果实行指令性计划制度，就会违反以至于破坏客观要求的商品货币关系。有的同志说得更加明白，社会主义企业包括全民所有制企业都是独立的商品生产者，应当具有商品生产者的一切权利，不仅它们相互之间的经济联系是一种商品货币关系，就是国家同企业之间也应当确立一种买者与卖者之间的合同关系，一切要通过合同办事，而不能由国家下达指令性计划。

持这种意见的同志，正确地肯定了社会主义条件下需要大力发展商品生产和商品交换，正确地提出了社会主义的计划经济应当如实地承认和有效地利用商品货币关系，但是，他们对于社会主义商品生产和商品交换的特色缺乏具体的分析，因而得出了不能实行指令性计划的不恰当的结论。我们认为，一定范围的指令性计划不仅不同社会主义的商品生产相排斥，而且正是同建立在公有制基础上的社会主义商品货币关系相适应的。

在资本主义制度下，生产资料是属于资本家所有的，各个企业都是独立的商品生产者,它们所追求的只是自身的经济利益。因此,各个企业的生产经营活动只能在市场的自发调节下,通过激烈的竞争来进行,没有也不可能有某个社会中心来规定它们的活动计划。社会主义经济的情形与此根本不同。在这里,生产资料是公有的,由于还存在全民所有制和集体所有制这两种不同形式的公有制,由于全民所有制的各个经济单位也还存在不同的经济利益,因此它们之间还广泛地存在商品货币关系,但是,这种商品货币关系所反映的已经不是利益根本对立的私有者之间的关系,而是在根本利益一致基础上的具有不同的局部利益的公有者之间的关系。正因为根本利益是一致的,各个企业需要也能够接受国家计划的统一领导,保证国民经济得到符合全社会利益的、有计划按比例的发展。

就全民所有制经济来说,由于还实行按劳分配,各个企业职工的劳动好坏和经营好坏还应当同他们的物质利益联系起来。因此企业之间的交换活动还必须遵循等价交换的原则,它们的交换关系还具有商品货币关系的性质。同时,我们也要看到,全民所有制企业之间的商品交换关系具有自己的特点:(1)各个企业占用的生产资料的使用方向,也就是企业生产什么、生产多少,不能仅仅根据企业自己的利益来决定,而必须服从于全社会的利益和社会化生产的要求。(2)企业生产的产品出售给谁、按什么价格出售也不能仅仅从企业的利益出发,而要服从于全社会的利益与要求。(3)企业之间的交换不发生所有权的转移。(4)企业占用的生产资料的好坏,不应当造成职工物质利益上的差别。所有这些,都不仅和以私有制为基础的商品货币关系根本不同,而且和不同公有制之间的商品交换也有性质的区别。所有这些,都说明全民所有制企业不是独立的商品生产者,它们同社会主义国家的关系不是商品买卖关系,它们的经营活动首先要服从全社会的利益和要求,因而有义务、有责任接受国家根据全局利益制定的指令性计划;同时,由于生产资料的多寡、优劣及其使用的方向同企业职工的物质利益不应有直接的联系,因此企业也有可能接受国家下达的指令性计划。

正如我们在上面所分析的,社会主义全民所有制企业之间存在的商品货币关系,只是意味着体现和确认它们由于经营和劳动好坏所应当具有的物质利益上的差别,而不是也不应当是那种典型意义的自由生产、自由交换的关系,因此,只要不抹杀和损害全民所有制企业应有的物质利益,对它们实行指令性计划制度就不会违反更谈不上破坏它们之间的商品货币关系。

集体所有制企业的情形和全民所有制企业不同,它们的生产资料是归劳动群众集体所有的,它们之间以及它们同全民所有制单位之间的交换发生所有权的转移。在这里,不仅它们的经营好坏而且它们占有生产资料的状况都同它们的物质利益密切相关。因此,和全民所有制企业不同,集体所有制企业是独立的商品生产者,从原则上来说,国家对它们不能实行指令性计划。但是,正如我们在第一部分中所分析的,集体所有制企业是受社会主义国家领导的、同占主导地位的全民所有制经济紧密联系的,它们的生产经营活动也应当力求体现全社会利益的要求,而不能不顾甚至损害全社会的利益,去谋求自己的利益。因此,集体所有制企业的经济活动也应当接受国家计划的指导,在特殊情况下国家也可以对它们下达某些指令性指标。当然,这种指令性指标不能太多,而且要尽可能地照顾集体企业应有的经济利益,否则就会在实际上取消它们作为独立商品生产者的地位,损害它们同其他经济单位之间经济关系的商品性,从而不利于经济的发展。

同认为实行指令性计划会损害商品货币关系相联系,有些同志认为,实行指令性计划制度就是忽视甚至否定价值规律对生产的调节作用。这是一种误解。无论实行哪一种计划管理的形式,都要考虑价值规律的要求。在国家计划限定范围内的市场调节部分,价值规律自发地起着调节作用,基本上决定着生产什么、生产多少,决定着市场价格的升降。当然,从总体上说,它也受到国家的政策、计划、法令的制约,同资本主义条件下的那种完全的自由市场是不同的。指导性计划主要是通过运用与价值范畴相联系的各种经济杠杆来贯彻的,它是国家自觉地利用价值规律来调节一部分产品的生产和流通的一种形式。指令性计划也要尽量反映价值规律的要求,无论确定产品的品种和数量,还是规定产品的价格,都应当考虑市场供需的状况,考虑产品的价值。它同指导性计划不同的地方是,指令性计划不仅要采用经济手段而且要采取直接的行政手段来贯彻执行。由此可见,在上述这三种场合,价值规律都在起作用,只是作用的方式和程度有所不同。认为市场调节和指导性计划是运用价值规律,而实行指令性计划就是忽视价值规律,是不正确的。

既然都要利用价值规律,那么为什么还要采取不同形式呢?这是由社会主义经济运动的复杂性决定的。在社会主义条件下发生作用的经济规律,不仅是一个价值规律,还有社会主义基本经济规律、有计划发展规律等。这些规律的作用方向,在许多场合是一致的,正因为这样,我们应当也可以在一定范围内实行指导性计划和市场调节,主要借助于价值规律的作用来实现其他经济规律的要求。但是,也要看到,在某些场合,在一定的时期内,各种经济规律的作用结果也会有相互不一致甚至冲突的地方。例如,现在有一些基本生活资料的生产和供应满足不了社会需求,而它们的价格又长期较大幅度地低于价值。按照价值规律的要求,我们应当大幅度地提高这些人民生活必需品的价格,但是为了安定人民生活,稳定经济,更好地体现社会主义基本经济规律和有计划发展规律的要求,我们又不能立即急剧地提高这些商品的价格。在这种场合下,我们就不能指望单纯地用经济手段、用指导性计划来保证这些产品的生产,而必须实行指令性计划。这里的关键问题,说到底,就是企业的局部利益、眼前利益有时会同国家和人民的整体利益、长远利益发生矛盾,而且不能用使两者得到适当兼顾的办法来处理。遇到这种情况,就不能只靠运用经济手段使企业从关心自己的利益出发来适应国家和人民的要求,而必须采用指令性计划,以保证这种矛盾朝着有利于国家和人民的整体利益、长远利益的方向得到解决。在这种情况下,某种程度上违反价值规律的要求,正是贯彻社会主义基本经济规律和有计划发展规律的要求，暂时地、局部地违反价值规律，正是为了将来长期地、全面地遵循价值规律。也就是说，从最后的经济结果看来，这种做法，小的方面不合理，但是大的方面还是按经济规律办事的；表面看似乎不合乎经济规律，实际上恰巧是合乎经济规律的。

有的同志认为，现在之所以还需要对某些产品保留指令性计划，仅仅是因为这些产品供不应求，又不能用提高价格的办法来刺激生产、限制消费；将来生产发展了，整个生产资料和消费资料都能做到供过于求，那就无须再实行指令性计划了。我们认为，这种观点也是值得商榷的。（1）现在许多产品供不应求，固然不好，但是，像一些资本主义国家那样供应大量地超过需求，也是社会劳动的极大浪费。社会主义经济应当做到供需平衡，并留有适当的后备。这样，才能实现对社会各种资源的合理利用，取得良好的经济效益。为了要利用经济手段来调节生产，而使社会生产普遍地显著地超过社会需求，那势必会浪费宝贵的人力物力财力，这是以公有制为基础的社会主义经济所不可取也不应当取的办法。（2）实现各种产品的供需平衡并留有适当后备，这当中有一个后备多少为合理的问题，还有一个由哪些企业来生产和供应是最经济的问题。解决这些问题，在社会能够精确地计算和合理地安排生产和供应的条件下，采取指令性计划是最简明的、最少损失的途径。相反，靠价格调节，经过反复地波动和盲目地竞争去确定合理的供应量和供应点，就不可避免地要伴随着许多浪费。例如，现在有些耐用消费品，各地竞相设厂生产，而许多企业生产批量小，质量差，成本高，产品销不出去。与其让它们在竞争中被淘汰，不如开始就全面规划，定点生产，或者现在有计划地实行关停并转。所以，除了对国家一时难以精确计算其需求量的产品，需要着重采取经济杠杆来调节它们的生产和流通以外，对于能够看准的产品的生产和流通，为什么不采取直接的指令性计划（当然也要规定合理的价格）而一定要去用那种迂回曲折的价格调节的办法呢？（3）对于我们国家来说，用最经济的办法去求得社会供需平衡，具有特别重要的意义。我国人口众多，经济文化落后，国力有限而又面临着改善人民生活和推进现代化建设的繁重任务。因此，在一个很长的时期内，我们的社会供给与社会需求之间将处于一种相当紧张的平衡之中，期望各种产品的供应很富余是不现实的。某些产品一时的供过于求，往往意味着对它们的生产投入了过多的财力物力，而挤掉了另一些社会需要的产品的生产。基于这种情况，我们应当尽可能地在节约使用资源的条件下实现社会供求的平衡，而不能采取那种保存大量富余生产能力或者过多的储备的办法来保证社会需求。这也要求我们尽可能地精确计算需求，在条件许可的范围内，采用直接的指令性计划去组织生产和供应。

三

有的同志所以主张取消指令性计划制度，一个重要的理由，是实行指令性计划会限制企业的积极性，助长经济建设中的瞎指挥和官僚主义。不能否认，在我们过去的经济和计划工作中，确实产生过严重的官僚主义和瞎指挥现象，确实存在对企业统得过多、管得过死的问题。指出这种弊病，探索克服它们的途径，无疑是必要的。但是，把这些弊病笼统地归咎于指令性计划制度，认为只有取消指令性计划才能消除这些弊病，则是值是商榷的。

实行指令性计划，是不是必然会束缚企业的积极性呢？对于这个问题应当进行具体的分析。企业是进行生产经营活动的基层单位，不发挥企业的主动性、积极性，要保证国民经济按比例地向前发展，并取得良好的经济效益，是不可能的。过去我们企业的积极性之所以没有得到应有的发挥，就计划管理来说，主要是由于指令性计划的范围过宽，管得过死，而且否定了企业必要的经济利益，没有把企业的经营成果同它们的物质利益挂起钩来。就是说，过去的指令性计划制度不承认企业应有的权益，因而严重影响了它们的主动性和积极性，这是需要加以改进的。今后实行指令性计划，应当遵循以下的原则：（1）范围只能限于必要而又可能实行指令性计划的经济活动，不能不顾客观条件统统搞指令性计划。（2）即使实行指令性计划的企业，也要赋予它们必要的生产经营的机动权利，使它们能够按照实际情况能动地执行和补充国家计划，使它们拥有一定的财力来采取改进生产经营的措施。（3）要在企业的经营成果和它们的物质利益之间确定必要的联系，包括合理地规定产品价格和税率，实行利润留成制度和奖励制度等。（4）指令性计划的制订要自上而下和自下而上相结合，认真地听取企业和地方的意见，力求符合实际。在这种情况下，实行指令性计划就不仅不会妨碍，而且有利于企业正当积极性的发挥。

对于实行指令性计划的企业来说，国家不仅给它们下达必须完成的任务，同时也要提供完成任务所必需的生产条件，如主要原材料、燃料的供应，产品的销售，等等。因此，决不能把指令性计划仅仅看作对企业活动的一种限制，也要看到它为企业提供了比较稳定的外部条件，从而使企业能够更好地发挥自己的积极性。当然，就企业必须完成国家规定的计划任务来说，指令性计划确实约束着企业的活动，这种约束在计划科学地反映社会化生产的客观要求的条件下，是必不可少的。从国民经济的全局来说，没有对关系国计民生的重要企业的直接计划，就不能保证整个经济协调地发展。就企业来说，按照科学的指令性计划行事，从表面上看企业的活动似乎受到限制，不能想干什么就干什么，实际上这恰恰能使企业摆脱盲目性，按照全社会的利益和社会化生产的规律更好地发挥主动性和积极性。

是不是限制企业的积极性，关键还在于指令性计划是不是科学、是不是切合实际。科学的指令性计划，就不会限制企业的积极性，而只会限制破坏国民经济协调发展的盲目性；不科学的指令性计划，本身就是违反客观规律的盲目性的一种表现，执行这种指令性计划就会造成瞎指挥，影响企业积极性的发挥。对所有的企业都实行指令性计划，对错综复杂、经常变化的经济活动统统由国家来直接指挥和管理，那必然会使计划脱离实际，发生这样或者那样的瞎指挥。但是同社会生活的其他领域一样，国民经济的发展及其规律是可以被认识的，而不是不可知的。公有制的实现，使人们开始成为自己社会关系的主人。人们可以自觉地规划自己的经济活动，而不再像资本主义制度下那样只能被"看不见的手"所操纵。因此，在社会主义条件下，对于整个经济的发展方向、主要的比例关系、大宗产品的供求、重大项目的建设等，国家应当也能够进行科学的预测和精确的计算，作出比较符合实际的安排，避免经济危机所造成的巨大破坏。当然，可能不等于现实，要把这种可能变成现实，还取决于我们计划工作的质量。过去由于经济指导工作上存在"左"的错误，由于综合平衡搞得不好，许多指令性计划订得不切合实际，给国民经济造成了严重的损失和浪费。党的十一届三中全会以来，我们的经济指导方针已经有了根本的转变，计划工作也有了不少改进，但是，总的来说，我们计划工作的水平还是比较低的，拟订的计划还难以完全避免这样那样的差错。不断改进计划工作，努力提高计划的科学性，是一项长期的艰巨的任务。对于这一点认识不足，是不对的。但是，决不能认为实行指令性计划就注定要出官僚主义，造成瞎指挥，绝不能因为计划可能订得不准确就取消指令性计划，如果这样，就是因噎废食，更是错误的。

　　进一步地说，关于要不要实行指令性计划的讨论，实质上关系到如何认识和对待社会主义国家的经济职能问题。主张取消指令性计划的同志，实际上是认为社会主义国家不应当直接计划和管理企业的经营活动，认为如果这样做，就是一种超经济的行政干预，就容易助长官僚主义和瞎指挥。这种看法是不符合实际的。社会主义国家不仅是政权组织，而且是生产资料的所有者（代表全体人民）。它对国营企业的管理，包括下达指令性计划，尽管具有行政的形式，但决不是超越经济关系之外的、强加于经济的一种"行政干预"，而是社会主义全民所有制经济关系的内在要求和体现。

社会主义国家同各个全民所有制企业之间，不管采取何种形式，总存在领导与被领导的关系，这种关系是生产资料所有者同具体使用者之间关系的反映。在社会主义条件下，不可能设想统统切断国家与一切全民所有制企业之间的直接联系。

至于说国家对企业的直接管理是否会助长官僚主义，这也不能一概而论。这里存在两种可能性，管理的制度合理，工作得法，就可以实行正确的指挥，否则就会产生官僚主义。实行指令性计划的直接管理是这样，采取指导性计划的间接管理也是这样。我们多年来的实践证明，采取指令性计划，用行政手段来管理经济，既有失误的教训，也有成功的经验；同样，通过指导性计划，用价格等经济手段来管理经济，也有成功的经验和失误的教训。因此，问题的关键不在于是否实行直接管理，而在于管理的具体制度和工作是否切合实际。要使国家对经济的管理尽可能的正确和有效，适当分权是必要的。国家管得过多过死，不但会束缚企业的主动性、积极性，而且使国家的经济管理部门精力分散，忙于事务，不可能把应当管理的事情管好。但是，分权并不能完全解决国家经济管理科学化的问题。因为在社会主义条件下，国家不仅必须对宏观经济实行直接管理，而且必须对和宏观经济密切相关的重要的微观经济实行直接管理，否则就不能保证整个经济协调地、健康地向前发展。正因为这样，为了使国家对经济的管理符合实际，就必须在适当分权的同时，大力改进国家直接管理经济的工作，推进国家经济决策的民主化。确定重大的经济决策，制定、审批、修改计划，选择重要的经济措施，等等，都应当明确规定充分发扬民主的程序、方法和制度，并建立全面的严格的责任制，以避免随心所欲和少数人说了算的弊病。这是一项十分重要而又非常复杂的任务，需要我们进行长期的努力和做大量艰苦的工作。我们必须把这项任务承担起来，尽可能地把它解决好。忽视这项任务的重要性，指望仅仅用分权的办法来解决经济管理的科学化问题，不但不可保障企业各项经济决策的正确，而且势必导致完全取消国家直接管理经济的职能，这显然是不对的。

要不要实行指令性计划制度，怎样实行这种制度，是一个很复杂的问题。上面讲到的只是我们的一些不成熟的想法，提出来和大家研究、讨论。我们觉得，这个问题要得到正确的解决，应当遵循两条基本的准则，一条是要坚持马克思主义关于社会主义经济的基本原理，另一条是要密切结合我国经济建设的实践。外国学者的理论，别的国家的经验，我们都要研究，好的东西都要吸取。但是我们的基点必须放在用马克思列宁主义、毛泽东思想的观点认真地总结自己的经验上。在这个过程中，我们不能受过去某些传统观点以及具体制度和做法的束缚，而要解放思想，实事求是，善于研究新的情况，作出新的结论；我们也不能不作具体分析就笼统地讨论问题，而要把具体制度、工作上的毛病同社会主义的基本制度、基本原则区别开来。我们相信，只要这样来讨论和研究问题，在关于指令性计划问题上的不同认识，是会逐渐趋于一致的。

（原载《中国社会科学》1982年第6期，与王忍之合作）

坚定地走中国式的现代化道路

党的十一届三中全会以后不久，邓小平同志在党的理论工作务虚会议上的讲话中指出："过去搞民主革命，要适合中国情况，走毛泽东同志开辟的农村包围城市的道路。现在搞建设，也要适合中国情况，走出一条中国式的现代化道路。"邓小平同志这一科学论断，概括了中华人民共和国以来社会主义建设的历史经验，为我们继续前进指明了正确方向。走中国式的现代化道路，是一个内容极为丰富的总题目。这里，只就经济建设如何贯彻这一战略思想，谈一点学习体会。

三十多年来，我国经济建设取得了伟大成绩，但是经历的道路并不平坦，既有顺利发展的时候，也遭受过严重的挫折。正因为这样，同付出的代价相比，我们所取得的成绩还很不相称。为什么过去的经济建设几经曲折而不能取得本来应该取得的成绩？今后我们能不能避免这样的曲折，从而以较少的代价获得更大的成效呢？这是全国人民普遍关注的问题，也是我们在推进现代化建设的历史新时期中必须解决好的一个带根本性的问题。

解决这个问题的关键，就是邓小平同志所指出的，在于把马克思主义的基本原理同中国实际相结合，在经济建设中坚持实事求是的原则，按照中国的国情办事。过去的经济建设之所以一再发生曲折，除了政治方面的原因之外，最根本的就是我们没有始终一贯地坚持这样做，以致在许多时候经济建设的指导思想和指导方针偏离了中国的实际，犯了急于求成的"左"的错误。今后我们要推动经济建设健康地向前发展，就必须认真汲取历史的教训，把各项工作转到符合中国国情的轨道上来,坚定地走中国式的现代化道路。

就经济建设来说,坚持从中国实际出发,走自己的道路,需要解决好哪些主要问题呢?

一 首先和最根本的,是必须牢固地确立长期奋斗、稳步前进的指导思想

邓小平同志说:"我们国家大,人口多,底子薄,只有长期奋斗才能赶上发达国家的水平。"必须长期奋斗,既不能消极等待,更不能急于求成,这是在全面地、辩证地分析我国国情的基础上,得出的指导我国现代化建设的最重要的思想。

我国是一个社会主义大国,又是一个穷国。一方面,幅员辽阔,有资源;人民勤劳勇敢,迫切要求改变祖国的落后面貌;社会主义制度的建立和逐步完善又为合理利用和充分发挥这些因素的作用开辟了广阔的道路,所有这些都说明,我们有着加快经济建设的客观需要和许多基本的有利条件。看不到或者没有充分看到这些有利条件,对现代化建设缺乏信心,持消极悲观的态度,是没有根据的、完全错误的。另一方面,还应当看到,我国的国情和现实的物质技术条件,又客观地决定着现代化建设的艰巨性和复杂性,必须经过长期努力才能取得成功。在我国,许多影响乃至左右生产力提高的因素还处于相当落后的状态,要显著地改善它们的状况或者摆脱它们的制约,不经过长时期的艰苦奋斗是不行的。

(1) 从总量上看,我国的自然资源是丰富多样的,但是,相对于庞大的人口来说,我们很多资源并不充裕。特别是许多资源没有勘探清楚,没有开发利用,还是潜在的生产资料。要把它们开发利用起来,需要大量资金和技术。

(2) 人口多、耕地少。人口多,劳动力丰富,这是有利的方面。但在生产还不够发展的条件下,它给吃饭、教育、就业等许多方面造成很大压力,对经济发展又有不利的影响。特别是我国耕地

少，按人口平均的耕地面积只有 0.1 公顷。随着人口的增加和建设用地的增多，人口多、耕地少的矛盾还会更加突出，这不能不从多方面制约着经济建设的进程。

（3）经济落后，国力有限。我国现在按人口平均的国民收入还很低，每年新增加的国民收入，扣除了用于满足新增人口的需要之后，能够用来扩大生产建设和改善人民生活的资金不多。这样，建设规模就要受到限制，劳动者的技术装备水平也要受到限制，这不能不影响扩大再生产的速度和规模。

（4）缺乏组织和管理社会化大生产的知识和经验。一方面人才不足，现有人才的知识水平和结构也比较落后；另一方面管理体制和经营制度还不完善，存在许多缺陷。要在培养出大批各类、各级专门人才的同时，确立起高效率的科学的经营管理体系，没有长期的努力是难以奏效的。

凡此种种都说明，在我们这样一个十亿人口、八亿农民的国家中实现现代化，是一项非常艰巨的任务，需要解决一系列前人没有遇到过的复杂问题，必须有长期建设的打算。企求速胜，想走"捷径"，期望苦战几年就改变面貌，是不现实的。过去，恰恰在这样一个根本指导思想上出了毛病。我们不是全面地而是片面地认识我国的国情，只看有利条件，忽视不利因素，甚至认为经济文化越落后，现代化建设的进程会越快。我们对支配我国建设发展的特殊规律缺乏研究，而是被革命的巨大胜利所鼓舞，自觉和不自觉地搬用指导战争和革命的办法来指导建设，总想靠掀起几个高潮就使生产力发生奇迹般的变化。我们夸大人的主观能动性，忽视物质技术条件对生产力发展的重大作用，与此相联系，夸大上层建筑、生产关系对促进生产力的作用，忽视生产力本身发展的规律，忽视基本生产条件的改变和重大科学技术的进步需要有长期的积累。所有这些，使我们在指导经济建设中存在严重的主观主义和唯意志论，表现在生产关系方面，脱离生产力的性质和水平盲目追求一"大"二"公"，急于过渡；表现在生产建设方面，搞超越实际可能的高指标、"大跃进",急于求成。这种背离我国国情和违反客观规律的想法和做法,一次又一次地使经济发展陷入困境,造成巨大浪费,欲速不达。直到党的十一届三中全会以后,我们才纠正了这种"左"的错误,实现了经济指导思想的根本转变。从那时以来,由于坚定地实行"调整、改革、整顿、提高"的方针,我们迅速扭转了重大比例关系严重失调所造成的不稳定状态,把国民经济逐步引上了健康发展的轨道。今后要把这种好形势持续地发展下去,就必须更加自觉地巩固这个转变,在经济建设中毫不动摇地坚持长期奋斗、稳步前进的指导思想和指导方针。

二 必须把提高经济效益放在首位,在这个前提下求得经济的持续增长,实现效益与速度的统一

我们国家,一方面面临着发展生产建设和改善人民生活的繁重任务;另一方面国力有限,资金和物资不足。这是一个很大的矛盾。解决这个矛盾,要求我们必须极端重视提高经济效益,合理利用一切物质资源和劳动资源。我们的农业将长期面临人多耕地少的困难,增加生产主要靠提高单位面积产量。如果不在提高经济效益上狠下功夫,农业生产的商品率将难以有较快的提高,农产品的成本将会逐步上升,这对整个经济发展是不利的。同时,我们的能源和原材料十分紧张,而且这将是一个长期趋势。在这样的农业基础和能源条件下,如果我们不十分讲求效率和效益,消耗大量的能源、原材料和农产品去生产许多不合格的或者是超过社会需要的产品,那么国民经济势必处于比例紧张、难以周转的境地,整个现代化事业就会遇到极大的困难。

由于我国人口多、底子薄,许多社会问题亟待解决,因此经济增长的速度是一个十分重要的问题。我们必须争取经过努力可以达到的速度,但是必须是扎扎实实的、能够持续增长的速度。这种速度,只能在提高经济效益的基础上才能实现。靠大量投入取得的速

度，既不能相应地增加社会有效财富，也难以持久。过去三十多年里，我们经济的增长速度不算低，但由于经济效益很差，因此社会财富增加并不多，人民没有得到本来应该得到的实惠。发展经济的这种格局同我们的国情是相悖的，决不能再延续下去。我们要走中国式的现代化道路，就必须坚定不移地把全部经济工作转到以提高经济效益为中心的轨道上来，真正做到速度与效益的统一。

三　必须坚持"一要吃饭、二要建设"的方针，统筹兼顾建设与民生

这既是社会主义基本经济规律的要求，也是保证经济协调发展的关键。我国按人口平均的国民收入还很低，短期内也难以有较大的提高，因此，建设和生活将长期处于一种比较紧张的平衡之中，回旋的余地不大。这就使兼顾建设与民生成为一个很难解决又必须解决好的重大问题。

在处理建设与民生的关系上，我们不能用冻结人民生活的办法来扩大建设，企望等建设发展到一定水平再来改善人民生活；也不能用长期冻结积累甚至减少积累的办法来过多地增加消费，企图等人民生活宽裕之后再加快建设。邓小平同志说："我们只能在发展生产的基础上逐步改善生活。发展生产，而不改善生活，是不对的；同样，不发展生产，要改善生活，也是不对的，而且是不可能的。"邓小平同志的论述，给我们处理生产建设和人民生活的关系指出了正确原则。这几年我们为了解决长期遗留下来的人民生活方面的问题，较多地增加了农民和职工的收入，使消费基金的增长速度超过了国民收入的增长速度，这是必要的。但这只能是调整时期采取的特殊措施，不应当也不可能长期延续下去。现在，积累与消费的比例已基本趋于协调，今后无论是积累基金还是消费基金都应当纳入正常增长的轨道，同生产的发展和国家财力物力的可能相适应。

四 必须正确处理农业、轻工业和重工业的关系,使两大部类的生产相互协调、相互促进地向前发展

我国有十亿人口、八亿农民,农业的状况如何对整个经济关系极大。邓小平同志在论述我们建设经验时强调指出,要"重视发展农业。不管天下发生什么事,只要人民吃饱肚子,一切就好办了"。这几年由于实行了家庭联产承包责任制和一系列正确的农村政策,农业生产有了很大发展,但是,我国的农业劳动生产率和商品率还很低,农业这个基础还是比较脆弱的。发展农业应当是我们的一个长期战略重点,任何时候都不能放松。在重视发展农业的同时,要坚持把发展消费品工业放在重要位置,使消费品生产在数量上和质量上同人民生活不断改善的要求相适应。重工业要进一步端正服务方向,大力加强能源、交通和原材料等基础工业的建设,以便更好地为发展农业、轻工业服务,为加强重点建设和推进技术改造服务,为国防现代化和增加出口服务。

在我们国家,同建设与民生的关系一样,农业和工业也将长期处于一种比较紧张的平衡之中。由于农业生产水平比较低,其承受能力有限,脱离农业的负担可能和现实需要,去规划工业特别是重工业的发展规模和速度,就会破坏两大部类生产的比例关系,妨碍经济协调发展。同时,从总体上说,我国传统农业的发展已经达到了较高水平,它的进一步全面高涨将越来越有赖于工业的支援。脱离工业的发展和不断增强的支援,要保持农业长期的持续增长是困难的。这就需要我们根据各个时期经济发展的需要和具体条件,很好地处理工业与农业的关系,使它们相互协调、相互促进地向前发展。在这个问题上,我们不能对农民搞竭泽而渔,从农业转移过多的资金来发展工业。因为这样做,一方面会影响农民生活的改善和农业自身必需的积累,从而削弱农业生产;另一方面又会使工业特别是重工业的发展规模超过农业提供商品粮和其他农副产品的可

能，造成比例失调。在这种情况下，工业是发展不上去的，即便一时上去了，由于缺乏巩固的基础最终还得退下来。这在过去已经有过多次教训。同样，我们也不能设想等农民生活有了较大改善和农业有了较大发展之后，再来注重发展工业。因为如果这样做，农业就会由于得不到工业的及时支援而难以持续增长，不仅对发展工业不利，对发展农业也不利。为了在一定的农业基础上更快地发展工业，工业的素质必须有一个大的改善，就是说，它的经济效益要有显著的提高，以便越来越多地依靠自身的积累取得发展，并进而用资金去支援农业的发展。这是我们必须解决的问题，但需要有个过程。在这个过程中，在确保农民生活得到逐步改善和农业自身保有必要积累的条件下，从农业转移适当的资金来发展工业，乃是包括农业在内的整个经济发展的客观需要。我们在处理工业与农业的关系时，必须遵循这个原则并掌握好适度的量的界限。

五　集中资金加强重点建设，同时积极推进现有企业的技术改造

在我们这样一个经济发展水平比较低而又很不平衡的大国里，要把现代化建设推向前进，不给地方、部门、企业一定的自主权，充分发挥它们的积极性和主动精神，是根本不行的。同时，我们也要清醒地认识到，正因为我们国家又穷又大，只有把一切可以和应当集中的财力物力集中起来有重点地进行建设，才能办成那些关系国家发展前途和命运的大事，才能从根本上提高国民经济的技术水平和管理水平，改善生产布局，发展新兴部门，使国民经济的发展具有坚强的支柱和强大的后备力量。相反，如果把有限的资金过于分散地用在许多零碎的事情上，搞一批"麻雀"，那就会贻误时机，延缓以致断送四化建设的前程。20世纪50年代我们集中力量建设的156项工程，至今还在我国经济生活中起着重要作用。中华人民共和国成立以来的经济建设尽管发生了多次曲折，但毕竟建成

了以大批骨干工程为支柱的独立的比较完整的工业体系，为进一步开展现代化建设打下了初步基础，这也是集中力量进行建设的结果。应当看到，我们能够把全国的力量集中起来解决国民经济全局中亟须解决的问题，这正是社会主义计划经济优越性的重要体现。

当前，我国经济生活中一个突出问题就是财力物力过于分散，国家掌握的资金和物资太少，不能适应加强以能源、交通为中心的重点建设的要求。这种状况如不及时加以改变，一方面，能源、交通等重点建设上不去，全局活不了；另一方面，地方、部门、企业又用自己掌握的资金和银行贷款大上一般加工工业的建设和非生产性建设，滥发奖金和补贴，整个基本建设规模和消费基金的增长都控制不住。这样，不仅不能为今后的经济振兴打好基础，而且目前经济的好形势也难以长期保持下去，甚至会造成新的折腾。正是针对这种情况，中央根据"十二大"确定的方针，决定采取恰当的办法集中财力物力加强重点建设。这是从经济全局和长远发展需要的观点作出的重要决策，我们必须认真贯彻执行。

强调集中资金加强重点建设，决不意味着可以忽视现有企业的技术改造。我们的工业已经有了相当的基础，问题是许多企业技术落后，设备陈旧。这种状况如不改变，消耗高、产品质量差、经济效益低的问题就不可能得到根本解决。在这种情况下，即使通过重点建设生产出更多的能源和原材料，也不能促进工业有更快更好的发展，到20世纪末工农业年总产值翻两番的战略目标也不可能实现。因此，积极开展现有企业技术改造，同加强重点建设一样，是我们推进现代化建设的一个重要途径。我们必须在统一规划的基础上抓紧这项工作，地方、部门和企业的自有资金也要重点用于这个方面，以便从根本上提高现有企业首先是其中骨干企业的技术水平和管理水平。

无论是重点建设还是技术改造，都要采用适合我国情况的先进技术，发挥科学技术促进生产发展的作用。如何根据我国的国情，正确确定技术发展的方向和结构，是一个十分重要的问题。邓小平同志说:"中国式的现代化,必须从中国的特点出发。比方说,现代化的生产只需要较少的人就够了,而我们人口这样多,怎样两方面兼顾?不统筹兼顾,我们就会长期面对着一个就业不充分的社会问题。"我们不能盲目地去追求单纯节约劳动力的先进技术,而应当着力于节约物资消耗,提高产品的性能和质量。要区别不同行业和企业的情况,采取不同水平的技术。有的要采用先进技术,有的可采用一般技术,也有的生产则在相当长的时期内要保留必要的手工劳动。总之,我们应当多采用那些把劳动密集型同知识密集型结合起来的技术,以适应我国的情况,从而取得最好的经济效益。

六 必须坚持计划经济为主、市场调节为辅的原则,改革经济管理体制

我们是一个社会主义大国,经济文化落后,正处在艰苦创业的时期。这种情况,决定了我们必须按照计划经济为主、市场调节为辅的原则来改革经济管理体制,以便把计划性同灵活性恰当地结合起来,促进国民经济既集中统一又灵活多样地向前发展。邓小平同志最近在一次重要讲话中指出:"看过去看过来,我们有这么几点经验要再次肯定。计划经济为主,市场调节为辅,这个原则要坚持,相应地要解决集中统一和适当分散的关系问题。常说该集中的集中,该分散的分散。更明确地说,应该是,凡是重大问题、重大项目、重大方面,或者某个问题中最大的方面,要解决这些矛盾时都要靠集中统一。"就是说,我们经济的主体必须是有计划的,只有这样,才能把全国的财力物力适当集中起来加以合理使用,保证国民经济沿着正确的方向协调地发展。如果不是这样,社会主义经济就会被各种局部利益所分割,造成经济生活的混乱。在有计划地生产和流通为主的前提下,对一部分生产和供应时间性和地域性很强的小商品则可以不作计划,而在计划规定的范围内由市场调节,即由价值规律自发进行调节。这一部分有计划生产和流通的补充,

是从属的、次要的，但又是必需的、有益的。这样，国民经济的协调发展，就不单是通过计划而是通过计划的综合平衡和市场调节的辅助作用来实现。

与此相联系，计划管理也要根据不同情况采取不同的形式。对于关系国计民生的生产资料和消费资料的生产和分配，尤其是对于关系经济全局的骨干企业，必须实行指令性计划。在这个前提下，对大量一般产品和企业则应实行指导性计划，着重运用经济杠杆引导企业完成国家计划。无论是实行指令性计划还是指导性计划，都要认真研究市场供需状况的变化，自觉利用价值规律，把管理经济的行政手段、法律手段同经济手段很好地结合起来。按照这样的原则进行改革，我们就可能逐步建立起一种具有中国特色的社会主义经济体制，它既不同于实行单一的指令性计划的传统模式，又有别于取消指令性计划，主要靠市场机制运转的模式，能够在我国条件下把国家的集中领导和统一计划同发挥企业和劳动者的积极性、主动性协调起来，既保证重点建设的顺利进行，又促进技术改造的不断发展，从而使经济活动获得较高的效率和效益。

在如何坚持从国情出发进行经济建设这个问题上，我们还缺乏知识和经验，还有许多未被认识的必然王国。但是，方向已经指明，道路已经打开。只要我们运用马克思主义、毛泽东思想的立场、观点和方法，在实践中虚心学习，用心探索，就一定可以在解决各种矛盾、克服各种困难的过程中，使我们的认识不断丰富和深化，走出一条中国式的现代化道路来。

（原载《经济日报》1983年8月11日）

关于正确认识计划经济为主、市场调节为辅的几个问题

计划经济为主、市场调节为辅,是我们改革经济体制的一项基本原则。正确认识这个原则并探索实现它的具体形式,对经济体制特别是计划体制改革的健康进行,至关重要。

一

计划经济为主、市场调节为辅的原则,是党中央在全面总结我国经济建设正反两个方面经验的基础上提出来的。它是马克思主义关于社会主义经济有计划发展的基本原理同中国建设实际相结合的产物,是建立具有中国特色的社会主义经济体制、计划体制的重要依据。

马克思、恩格斯科学地分析了资本主义社会的基本矛盾及其发展趋势,预见到社会主义社会将在生产资料公有制基础上实行计划经济。按照马克思、恩格斯当时的设想,社会主义计划经济是通过对一切经济活动实行统一的直接计划实现的。其前提是:(1) 社会化生产高度发展,全部生产资料归社会所有。(2) 商品生产和商品交换已经消亡。(3) 按劳分配在社会与劳动者个人之间进行,并且以劳动券为媒介而不借助于商品货币关系。

由于历史的原因,社会主义革命首先在一些社会生产力并不发达甚至比较落后的国家相继取得了胜利。因此,已经建立起来的社会主义制度同马克思、恩格斯当时设想的有很大差别。首先是存在

两种不同形式的公有制，还有一定范围内的个体经济和其他经济成分。其次还存在商品生产和商品交换。最后是按劳分配原则不仅要在劳动者之间而且要在全民所有制企业之间体现。在这种条件下，采取什么形式实行计划经济，保证国民经济有计划按比例地发展？这是无产阶级夺取了全国政权并确立了生产资料公有制以后面临的一个重大课题。

很长一段时间内，我们接受苏联20世纪50年代关于这个问题的理论和做法，即按照马克思、恩格斯的设想，通过统一的直接计划实行计划经济。尽管陈云同志早在1956年就按照我国的情况提出了计划生产是主体、自由生产是计划生产的补充的原则和执行的措施，但并没有引起重视，更没有付诸实施。恰恰相反，在"左"的指导思想下，此后在所有制上追求"一大二公"，在计划管理上追求管得全、管得细。实践证明，用这种单一的直接计划形式管理经济，完全没有市场调节，有很大的缺陷，主要是两条：一是束缚了企业的积极性、主动性，企业不关心市场需要，也不关心技术进步；二是计划往往与实际脱节，造成有些产品积压、有些产品脱销，并且导致一部分产品品种单调，数量减少。结果既不利于提高企业生产经营的效率和效益，也不利于实现国民经济的按比例发展。这种状况告诉我们，必须根据实际情况运用和发展马克思主义的基本原理，改革计划体制，建立符合中国实际的计划经济形式。

怎么改革？基本的原则就是计划经济为主、市场调节为辅。这个原则要求解决两个相互关联的问题：（1）在坚持有计划的生产和流通为主体的前提下，让一部分生产和流通由市场进行调节，即由价值规律自发调节。（2）在坚持对重要经济活动和企业实行指令性计划的前提下，对大量一般经济活动和企业实行指导性计划，着重运用价格、税收、信贷等经济杠杆引导企业能动地实现国家计划的要求。

这样，我们管理经济的形式就有三种，即指令性计划、指导性计划和市场调节。前两种属于计划管理的范畴，后一种则是计划经济的补充。不能说市场调节是计划管理的一种形式，同样不能说指令性计划特别是指导性计划也是市场调节的一种方式。在这里，要把利用价格、税收、信贷等经济杠杆帮助贯彻计划的要求和在这个过程中能动地利用市场的反馈作用，同在计划规定的范围内让市场自发进行调节区别开来。指令性计划具有强制性，下达给企业之后是必须保证完成的，但它也要充分考虑市场的供需情况，并合理地规定产品价格和税率，从经济上鼓励企业执行计划。指导性计划没有强制性，只下达给企业作参考，国家主要通过经济手段引导企业完成计划，只在必要时辅以一定的行政手段。在这两种场合，不同程度地利用经济杠杆或者市场机制的作用，是为了更好地贯彻一个明确的计划要求。与此不同，属于市场调节的部分是不作计划的，这部分产品的生产和流通完全由市场价格的起伏进行调节，或者说由价值规律自发调节。当然，它同资本主义社会中那种完全自由的市场调节也不同，因为它从属于有计划的生产和流通，其范围要由计划规定，其活动要受国家政策、法令和工商行政管理的制约。在这里，有计划的经济是主体，市场调节部分只是计划经济的补充，处于从属的地位。这个主从关系不能颠倒。只要有计划地生产和流通（包括指令性计划和指导性计划）是主体，即使有一部分产品主要是小商品的生产和流通不作计划，整个国民经济仍然是统一的计划经济，正像存在一定范围的个体经济并不妨碍我国经济总体上是社会主义经济一样。但是，这种计划经济的形式，已经同过去那种单一的指令性计划形式不同了。在这里，国家不是对全部经济而只是对其主要部分作计划；国民经济的按比例发展不是仅仅通过计划，而要通过经济计划的综合平衡和市场调节的辅助作用一起来实现。这是对原来经济体制和计划体制的很大改革，也是对马克思主义关于社会主义经济有计划发展原理的创造性发展。

实行这种体制，其实质就是要在社会主义经济中正确处理计划与市场的关系，在计划管理中正确处理行政手段与经济手段的关系。它的最大好处是可以把国家的集中领导同发挥企业的积极性结合起来，把社会生产的统一性同各个环节的灵活性结合起来，从而促进国民经济既集中统一又灵活多样地向前发展，取得良好的社会经济效益。

实行这种体制，会不会削弱国家的集中领导和社会生产的计划性？不会。因为国家对重要的经济活动和企业仍然实行指令性计划。这样，国家仍然直接掌握着整个经济的命脉，同时具有强大的实力来运用经济杠杆，使价格、税率、利率等成为体现社会利益和计划要求的工具。相反，由于这样做国家可以摆脱许多日常事务，集中研究关系全局的重要经济活动，计划管理的科学性会提高，而企业能动性的发挥又可以补充国家计划之不足，因此整个经济的计划性只会比过去加强。

坚持对重要经济活动和企业实行指令性计划，会不会仍然束缚企业的积极性，在经济管理中发生官僚主义和瞎指挥的弊病？这要作具体分析。关键要看计划是否科学。科学的计划采取指令形式下达给企业，不会妨碍企业的积极性，只会限制企业的盲目性。不科学的计划本身就是一种盲目性，即使采取指导性的形式，也会造成损失，挫伤企业的积极性。一切经济活动都要由国家来计划、来规定，这是不可能的，硬要去做，必然脱离实际，造成有计划的盲目性。但是，在必要和可能的范围内实行指令性计划，恰恰为我们避免重大的盲目性、坚持计划性提供了条件。这正是社会主义计划经济区别于也是优越于资本主义国家"干预"经济的重要标志。

当然，指令性计划制度本身也要作许多重要改革。（1）它应当限于必需而又可能的范围之内。要打破指令性计划是计划管理的唯一形式和不论在什么条件下实行指令性计划总是最好的传统观念。（2）对实行指令性计划的企业，也要赋予它们必要的经营权力，使它们能够按照实际情况更好地执行国家计划，并拥有一定的财力来改进生产技术和经营管理。（3）要在企业的经营成果和它们的物质利益之间确定必要的联系，使经营好的企业能够在为国家多做贡献的同时获得相应的利益，经营差的企业相应地减少利益，以增强企业改善经营管理的压力和动力。（4）在用行政手段贯彻计划的同时，要重视运用经济杠杆鼓励企业完成计划。（5）改进计划制订的程序和方法，加强对市场供需及其变化趋势的研究和预测，认真听取各方面对计划的意见，提高计划的科学性，等等。

有一种理论认为，计划经济应当采取宏观经济实行计划调节、微观经济实行市场调节的模式。在这种模式下，国家计划只管经济全局的决策，企业生产什么、生产多少、出卖给谁都由企业根据自己的利益和市场行情决定，叫作"分层决策"。那么，国家的宏观决策怎样贯彻到企业的微观活动中去呢？靠经济杠杆，即靠价格、税收、信贷把国家的决策翻译成经济信号，在市场上诱导企业加以实行。因此，这种理论是主张取消或原则上取消指令性计划的，并且认为这一点是体制改革是否坚决、是否彻底的标志。从理论和实际的情形来看，这种想法和做法有几个问题值得研究。（1）这种模式实现计划性的关键，是国家能够左右经济杠杆，使它们必须体现国家计划的要求。但是，在国家手中没有强大物质力量的条件下，怎么做到这一点呢？（2）价格等经济杠杆是只能反映鼓励什么、限制什么的一种趋势，不可能表示明确的数量，也不会指定给具体的生产经营者。对国家完全可以明确规定的一些任务，为什么非要通过这种方式去贯彻？（3）这种模式的基础，是企业从自己的利益出发来决定生产经营的方向和内容，在国家不直接控制经济命脉又无必要的物质力量的情况下，如何保证企业能把自己的局部利益服从整体利益？因此，在我们这样一个大国中，如果实行这种模式，弄得不好就会失去控制，国家确定的计划很难贯彻，而起支配作用的将是各个以局部利益为基准的企业的竞争，会造成很大的盲目性和无政府状态。

还有一种设想，即对价值指标实行计划调节，而对实物指标进行市场调节。例如，国家只对国民收入的分配实行计划控制，规定积累和消费的比例，并把它们分解贯彻到基层企业进行严格的控制。至于各个企业生产什么品种的产品以及生产多少，可以由企业通过市场联系去决定。这种设想的理由是,使用价值有千万种,不可能由一个社会中心来确定;而价值指标是综合的,可以集中控制。只要控制了价值量的比例,经济发展中积累与消费、生产资料生产与消费资料生产这些重大比例的基本杠杠确定了,那么许多实物量的比例由市场来确定就更为灵活、切实,而且也不会出大的问题。这种设想有一定道理。作为国家计划,应当多管一些价值指标,少管一些实物指标。但是把价值指标与实物指标截然分开,把资金管理与实物管理截然分开,要国家计划完全不管实物,是难以实行的。事实上,价值量的分配缺乏必要的实物保证就很难落实,而实物的供求状况也必然会引起价格的变化。而且,由于各个企业只关心自己的利益、各种产品的价格水平和盈利水平极不相同又经常变动,必然使市场关系错综复杂,结果由市场调节的实物的生产与交换不仅很难保证而且势必要破坏从全局考虑的价值分配。问题或者可以归结为这样:在这种模式下,国家对价格实行不实行计划控制?如果重要产品的价格仍由国家规定,那么价格控制势必要导致某种程度的实物控制,这是一条客观规律;如果价格由市场自发调节,那么由计划规定的价值量分配就势难实现。这种情况,在我们现在的体制下就局部地发生着,例如生产资料随意涨价,就造成基建投资贬值和投资结构的变化。从理论上说,对分配实行计划控制,而对生产与交换实行市场调节,在逻辑上也是矛盾的。

与上述两种想法不同,我们不是按照国家与企业或者价值与使用价值来划分计划调节与市场调节的界限,而是按照经济活动(产品的生产、分配与流通)及进行这种活动的企业在整个经济中起的不同作用,来划分哪些实行计划管理,哪些实行市场调节;在计划管理中又进一步划分哪些实行指令性计划,哪些实行指导性计划。在我们的设想中,不仅对宏观经济要实行严格的计划控制,对直接关系宏观的那些重要的微观活动也要进行计划控制;不仅对价值指标而且对重要的实物指标,也要实行计划控制。在这个前提下,对许多企业的微观活动和一般产品的实物指标实行指导性计划和市场调节。当然，对于重要产品和重要企业的活动，也并不全部要实行直接计划控制，而可以根据不同情况确定控制的范围和比例。例如，粮食、棉花，在完成国家收购任务以后，可以由农民通过多种渠道出售，等等。这样，我们的经济体制，就既不同于把计划经济同无所不包的指令性计划等同起来的体制，又区别于取消指令性计划、主要依靠市场调节运转的体制。这种体制既要保持必要的集中，又要增加适当的灵活，掌握适度，可以做到管而不死、活而不乱。当然，这种体制的完满实现，还有待于我们的努力。

二

实行以计划经济为主、市场调节为辅，采取指令性计划、指导性计划和市场调节三种形式来管理经济，其客观依据是什么？主要有以下几点。

第一，经济成分的多样性。我国现阶段还存在国营经济、集体经济和一定范围内的劳动者个体经济等多种经济成分。经济成分的这种结构，是由生产力的发展水平决定的，它从客观上要求实行计划经济，同时又要求采取不同的形式进行管理。一般地说，对国营经济需要也可以实行指令性计划，而对集体经济原则上只能实行指导性计划，至于分散的个体经济，则适于进行市场调节。

第二，经济活动的多样性。社会主义经济是一个有机的整体，各种经济活动既密切联系又相互区别。一方面，国家不可能对一切经济活动都了如指掌，这不仅由于技术上的原因，更重要的是对与各级经济利益相关的积极性无法都作出确切估计；另一方面，各种经济活动对国民经济的协调发展客观上起着不同的作用，有些产品的生产和流通关系全局，对国民经济的稳定和发展起着关键性作用；有些产品的生产和流通则仅有局部性、地域性意义，对经济全局的影响不大。这就需要也可以对经济活动区别对待，采取不同的形式管理。

第三，存在广泛的、多种含义的商品货币关系。社会主义阶段还存在广泛的商品生产和商品交换，价值规律还对生产和流通起着一定的调节作用。这就要求经济管理必须如实地承认和广泛地利用客观存在的商品货币关系，自觉地运用价值规律。

与以私有制为基础的资本主义商品生产不同，社会主义商品生产建立在公有制的基础上。各个生产单位之间根本利益的一致是首要的、基本的，而它们之间又必须承认的不同利益虽然是必要的，但应该是次要的、从属的。因此，社会主义商品生产必须也可能有计划地进行。把计划管理同商品生产对立起来，认为实行计划管理就是否定商品生产，承认商品生产就不能进行计划管理，是不正确的。但是，适应广泛存在的商品货币关系及其多种含义，计划管理的形式也必然具有自己的特点。

过去我们否定在全民所有制经济内部存在商品关系，这是否认国营企业具有相对独立的经济利益的结果。实践证明，在社会主义条件下，按劳分配不仅要体现在职工个人之间，还必须贯彻在企业之间。企业在为国家作出贡献的同时，应当与其劳动和经营的成果相适应获得自己的经济利益。因此，即使对国营企业，价值、价格这些范畴也不仅仅是"计算符号"，商品也不只是徒具形式的"外壳"，而有着自己的经济利益关系的内容。从原则上说，国营企业之间的利益差别只能反映它们的劳动差别，由于物质生产条件不同造成的级差收入，应当通过资源税、资金收费等途径交给国家，因此，国营企业的商品货币关系，并不排斥国家在需要和可能范围内直接分配企业的生产资料、劳动力和产品，但要求对于生产资料和产品的分配遵守等价交换原则，尽可能照顾企业应有的物质利益。

与国营企业不同，集体企业的经济利益既包括劳动的因素，也包括生产条件的因素。因此，对于集体企业，国家原则上不能直接支配其生产资料、劳动力和产品，只能通过价格等经济手段来引导它们按国家计划要求进行生产和交换。但是，由于它们是受社会主义国家领导并同全民所有制经济密切联系的，它们的所有者同时也是全民所有制主体的一部分，全民所有制经济的发展同样代表着它们的根本利益，因此，它们之间以及它们同国营企业之间的商品货币关系，也并不排斥体现全体人民利益的国家计划的指导以及在必要的时候国家对它们的某些重要经济活动下达指令性指标。当然，这种指标不能太多，而且应当遵守等价交换的原则，不然就会损害集体企业的物质利益。

至于个体劳动者的商品生产，是以个体所有制为基础的小商品生产，它要求由市场进行调节。由于它依附于强大的社会主义经济，因此在总体上也必然要受国家计划的指导和控制。

与不同内涵的商品货币关系相联系，有一个采取不同方式利用价值规律的问题。无论指令性计划还是指导性计划，都应该自觉地运用价值规律。指令性计划虽是用直接的行政手段来贯彻的，但同时也要运用与价值范畴有关的经济杠杆的作用，无论确定产品的品种、数量还是规定产品的价格，都应当认真研究市场的供需状况，考虑产品的价值。认为指令性计划就可以或者就意味着不考虑市场的供求和价值规律，这是过去的一种不正确的认识，应当加以纠正。指导性计划主要是借助价值规律的作用，通过运用各种经济杠杆来贯彻的，它是国家自觉地利用价值规律来调节一部分产品的生产和流通的重要形式。至于市场调节部分则价值规律自发地起着调节作用，基本上决定着生产什么、生产多少，决定着市场价格的升降。

对价值规律的利用采取多种形式，这同样是由社会主义经济运动的复杂性决定的。在社会主义条件下，对社会生产起调节作用的经济规律不只是一个价值规律，还是社会主义基本经济规律和有计划发展规律。这些规律同价值规律的作用方向在许多场合是一致的。因此，我们可以也应当在一定范围内实行指导性计划和市场调节，主要借助于价值规律的作用来实现其他规律的要求。这可以把全局的利益同局部的利益更和谐地统一起来，把国家的计划指导和企业的主动性、积极性更好地结合起来。同时，也要看到，在某些场合，在一定时期内，这些规律同价值规律的作用结果也会有互不一致甚至冲突的地方。这是因为它们发生作用的根据和机制是不完全相同的。社会主义基本经济规律和有计划发展规律，是在公有制实现了人们经济利益根本一致的基础上发生作用的。它们要求从全社会的利益出发有计划地发展经济，满足人民物质文化生活的需要；价值规律则是各个企业的经济利益还存在各种区别的条件下发生作用的，它要求各企业从关心自己的利益即关心自己的劳动是否被社会所全部承认来提高效率和保持社会生产必需的比例。企业的局部利益、眼前利益会同社会的整体利益、长远利益发生矛盾，而且这种矛盾有时不能用使两者得到适当兼顾的办法来处理，即为了保证社会的整体利益和长远利益，往往要求暂时牺牲某些局部的利益。在这种情况下，就不能指望单纯依靠经济手段来贯彻计划，而必须采取指令性计划，以保证这种矛盾朝着有利于社会整体利益和长远利益的方向得到解决。

上面的分析表明，从现阶段我国的社会生产力和生产关系来看，都要求对国民经济采取指令性计划、指导性计划和市场调节等不同的计划和管理形式。这不是可以这样做也可以不这样做，而是受客观条件所决定必须这样做的。除了这些客观条件之外，从主观上说，还有一定时期计划工作所可能达到的水平问题。前面讲的三条客观依据，互相联系、互有交叉，但又并不完全一致。例如对国营企业可以实行指令性计划，但并不都需要实行；对集体企业应当实行指导性计划，但如有需要也可对某些重要活动实行指令性计划。这里起决定作用的是各种经济活动在国民经济中所占的地位和所起的作用。由于各个时期条件不同，各种经济活动对全局的重要性也在发生变化，因此，上述这三种管理形式的范围也不是一成不变的。从当前和今后一个时期来看，指令性计划的范围要逐步缩小，指导性计划的范围要适当扩大，同时在一定范围开展市场调节。就是说，大的要管住，小的一定要放开。

对统一的国民经济实行不同形式的管理，会不会在它们之间发生矛盾呢？会有矛盾的。因为在这种情况下，同种产品有的部分是计划分配，有的部分是自由交换，甚至会有不同的价格，自由交换的产品可能需要采取计划分配的产品作原材料，而计划分配的产品也可能需要用自由交换的产品作原材料。这样，在资源不够时，或者市场调节的那部分会冲击计划，或者由于计划管理得过死而不能发挥市场调节应有的作用。但是，由于采取这些形式的目的都是保证国民经济按比例地、健康地发展，指令性计划又起着主导作用，因此，它们之间的矛盾只要加以正确处理，就可以得到妥善解决，不会发生对抗性的冲突。我们的任务，就是要根据各个时期的具体情况正确划分指令性计划、指导性计划和市场调节各自的范围和界限，创造条件使它们发挥各自的作用，并且在实际工作中正确处理它们之间的矛盾，协调它们之间的关系。毫无疑问，这是一件十分复杂和困难的工作。我们应当在克服这种困难的进程中，使经济管理的形式逐步适应现实条件的要求，确立起符合我国情况的社会主义经济体制、计划体制。

三

遵循计划经济为主、市场调节为辅的原则，改革经济体制、计划体制，需要进行许多艰苦的工作，解决一系列复杂的问题。其中最主要的有以下几个方面。

第一，正确划分指令性计划、指导性计划和市场调节各自的范围。这个问题不解决，其余的工作就没有依据。怎么具体划分，工作相当复杂。一个是根据什么来划分，是按所有制不同划分，按企业重要性划分，还是按产品或者任务的重要性划分；二是指令性计划、指导性计划和市场调节的范围究竟各定多大为宜。对于这些问题，理论工作者和计划工作者都在进行积极的探索，意见也不完全一致。从原则上说，单纯按照哪一个因素划分都有困难，应当综合考虑上述几个因素，而以产品的重要性为主。这样可能比较适当，因为我们讲综合平衡，主要是劳动和产品的平衡。至于各自的范围，也要考虑生产、建设、流通等不同领域的具体情况来定。现在看，指令性计划大体要包括这些方面：一是社会总产值、国民收入生产与分配的总额平衡，特别是财政收入与财政支出的平衡。这个总额平衡不严格控制，经济就无法稳定地发展。二是积累与消费的比例。要严格控制固定资产投资特别是基本建设投资的总规模，使之与国力相适应。这也是稳定和按比例发展经济的重要条件。三是关系国计民生的重要产品的生产和分配，其必要部分要实行指令性计划。没有这一条，也很难保证国民经济按比例发展。现在许多重要物资过于分散，就不能适应集中力量加强重点建设的要求，对计划的冲击很大。在确定了指令性计划的范围以后，再把可以由市场调节的产品主要是小商品划出来坚决放开，这样中间那一部分也就是实行指导性计划的范围了。

第二，改进和加强计划工作，提高计划的科学性。主要是：（1）建立科学的决策程序和制度，力求重大经济决策切合实际，不出大问题。（2）建立长期、中期、年度计划互相衔接，科技、经济、社会发展计划密切结合的计划体系。（3）以提高经济效益为中心健全计划指标体系，增加价值指标、质量指标、效益指标。（4）健全综合平衡制度，不仅要改进实物平衡，还要加强价值量的平衡，并且使两者密切联系；不仅要搞静态平衡，更重要的是要进行动态平衡，瞻前顾后，提高预见性。（5）改进计划编制程序，更好地贯彻民主集中制的原则；加强情报的收集、研究和预测工作，加强计划基础工作特别是统计工作，加强经济计划的研究工作。（6）加强计划的严肃性，建立和健全严格的计划检查、考核制度和责任制度。总之，提高计划的科学性，在这个基础上加强计划的严肃性，是搞好三种管理的首要条件。计划如果有大的失误，基本比例出了问题，不但指令性计划会造成损失，指导性计划和市场调节也不可能顺利展开。

第三，逐步调整不合理的价格体系，发挥税收和利率等经济杠杆的作用，学会利用经济杠杆管理经济。计划体制以至整个经济体制改革能否打开新的局面，这是一个关键性问题。这个问题不解决，不仅指导性计划和市场调节会受到极大限制，指令性计划也难以有大的改进。价格是一个十分复杂的问题。可以在条件成熟时进行全面改革，也可以根据现实条件分期分批改革。究竟采取哪种办法，要考虑各种因素，根据国家财力的可能和经济承受能力，瞻前顾后，权衡利弊，谨慎决策。在价格体系不合理的条件下，要特别重视发挥税收的作用。实行利改税的第二步，税收的作用就扩大了，按产品统一税率，既调节不同行业之间的利润水平，又在同一个行业中起鼓励先进、鞭策和淘汰落后的作用。随着指导性计划的逐步实行，经济杠杆的运用日益成为计划的有机组成部分。价格的调整，税率和利率的确定，都要服从计划的要求，以促进经济的协调发展和社会经济效益的提高，而不能各取所需，各行其是。这也要逐步确立起一套相应的制度。

第四，加强经济立法和司法工作，加强经济监督。这方面已经做了许多工作，但还很薄弱。无法可依、有法不依的现象相当普遍，检查监督也很差。这种状况如没有一个大的改变，新的经济体制、计划体制是难以确立的。应当抓紧制定各种重要的经济法规，并相应地加强经济司法工作和经济监督。

计划体制是经济体制的重要环节。它的改革涉及许多方面，举凡物资、物价、劳动、财政、信贷、外贸等方面的体制和企业组织管理体制，都同计划体制密切相关。因此，计划体制的改革必须同其他方面的改革密切联系、配套进行，这样才能取得好的效果。

(原载《经济研究》1984年第5期)

论自觉运用价值规律的极端重要性

党的十二届三中全会通过的《中共中央关于经济体制改革的决定》(以下简称《决定》),是指导我国经济体制改革的纲领性文献。《决定》把马克思主义的基本原理同我国的实际相结合,系统地提出和阐明了经济体制改革中的一系列重大问题,进一步为我国经济体制改革描绘了清晰的蓝图,丰富和发展了马克思主义的政治经济学和科学社会主义,具有巨大的现实意义和深远的历史意义。

《决定》在理论上的一个重大突破,是明确指出我国社会主义计划经济是在公有制基础上的有计划的商品经济,从一个新的高度提出了在社会主义计划经济中自觉依据和运用价值规律的极端重要性。这对于推动我国经济体制改革,建设具有中国特色的社会主义,将发挥巨大的指导作用。

关于社会主义制度下的商品生产和价值规律的地位和作用问题,是一个极为重要而长期未能正确解决的问题。传统的观念,是把商品生产局限于有社会分工的私有制经济,认为社会主义以公有制取代私有制以后,商品货币关系就将消亡,价值规律也将失去其存在的条件而不再发生作用。后来,在实践的一再启示下,人们承认了社会主义经济中还存在商品生产和商品交换,价值规律仍然发生着作用,但认为这是由社会主义的一定阶段存在两种公有制形式决定的。这种观点只承认全民所有制和集体所有制之间以及集体经济相互之间的交换,还是发生所有权转移的商品交换,但否认全民所有制经济内部存在实质性的商品货币关系,否认价值规律在各个经济领域起着作用,从而把计划经济同商品经济、价值规律相互割裂乃至对立起来。认为随着社会主义经济的发展和计划经济的加强，商品经济和价值规律就越来越受到限制；反之，要发展商品经济，运用价值规律，就势必冲击计划经济。说到底，还是把商品经济、价值规律视为社会主义经济的异物。这种观点曾经长期占有统治地位，对社会主义经济建设和经济体制产生了严重的消极影响。主要是：

第一，在经济建设的指导思想上，片面地追求产值和产量的增长，忽视提高经济效益。讲求经济效益，以最少的劳动消耗取得较多的有用效果，或者说，少投入多产出，是任何经济发展的基础。在社会主义条件下，劳动消耗还是以价值来表现和衡量的，因此，忽视价值及其运动规律，就不可能认真进行劳动消耗和有用效果的比较，不可能实行严格的经济核算，也就不可能讲求经济效益。正是在这种"不算经济账"的思想影响下，在生产上不讲产品质量，不计生产成本，不提倡增加利润；在建设中不注意比较投入产出，不注意缩短建设周期，没有资金周转的观念和利息的观念；在流通中不重视流动资金周转速度，不注意多渠道、少环节和尽可能地降低流通费用；等等。这些都严重妨碍了国民经济的健康发展。长期以来，我们生产增长的速度不算低，但社会财富没有相应地增加，因此积累与消费等比例关系经常处于非常紧张的状态，甚至多次严重失调，人民没有得到应有的实惠。经济发展的这种格局，同忽视商品经济、价值规律是有密切关系的。

第二，在经济体制的模式上，片面强调用行政手段集中管理，致使经济陷于僵化、半僵化状态，缺乏应有的生机和活力。一方面，由于否定全民所有制内部的商品关系，长期不承认企业是相对独立的经济实体，必须具有自主经营的权力和自身的经济利益，结果使企业成了事事要听命于上级机关的行政附属物，严重地束缚了它们的积极性和主动精神。另一方面，由于把计划经济同包罗万象的指令性计划等同起来，企图把社会经济活动统统纳入计划，并且靠行政命令加以实施，忽视运用经济杠杆，排斥市场调节，结果把经济统得过死，既不利于提高微观效率，也不利于实现宏观平衡。应当说，我国社会主义制度的优越性之所以未能得到应有的发挥，蕴藏在经济中的巨大潜力之所以还远远没有发挥出来，形成了这样一种束缚生产力的、僵化的模式是一个重要原因。而这种模式的形成并且长期不能得到改变，同忽视商品经济、价值规律也是密切相关的。

由此可见，无论是转变经济工作的指导思想还是改变旧的经济体制，都需要我们彻底打破传统观念的禁锢，重新认识社会主义阶段的商品生产问题，极端重视运用价值规律。

社会主义经济还是不是商品经济？如果是商品经济，是否必然排斥计划经济，导致市场经济？正确回答这些问题的关键，在于要突破把商品生产存在的前提局限于社会分工和私有制或不同所有制的传统观念，并且把私有制商品生产同商品生产一般区别开来，同社会主义商品生产区别开来。商品生产是一种生产形式，它的前提是存在社会分工和具有不同经济利益的经营主体。只要有这两个条件，就要遵守等价交换，就存在商品生产、商品交换。同时，由于不同社会制度下经营主体的不同经济利益是由不同社会条件引起的，具有不同的内容，从而，商品生产也必然因反映不同的经济利益关系而采取不同的形态。在社会主义制度下，不仅存在和不同公有制相联系的不同经营主体，而且在全民所有制内部，由于企业是相对独立的经济实体，具有自主经营的权力和自身的经济利益，因而也存在不同的经营主体。它们之间的交换，尽管不发生所有权的转移，但也关系着各自的经济利益，也要遵循等价交换原则，也是商品交换。这样，商品生产在社会主义经济中就不是局部的、暂时的现象，而是普遍的、长期的生产形式，它由社会主义经济内在的因素所决定并且是和社会主义共始终的。这就说明，社会主义经济也是一种商品经济，否认这一点是不符合实际的，是不正确的。同时，社会主义商品经济又是一种特殊形态的商品经济，它所体现的生产关系不仅和资本主义商品经济根本不同，和简单商品经济也有质的区别。主要是：首先，它以公有制为基础，劳动力不再是商品，从而消灭了剥削关系；其次，它所体现的是公有制企业在根本利益一致前提下的不同利益，企业之间已不再存在根本利害冲突。这样，社会主义商品经济不是也决不能导致盲目生产与交换的市场经济；相反，它可以在全社会范围内有计划地发展，它同计划经济不是对立的，而是可以统一的。

既然社会主义经济也是商品经济，价值规律就必然在广泛的领域内起作用。在这种条件下实行计划经济，就必须尊重价值规律，运用价值规律。同时，因为价值规律是在公有制条件下发生作用的，它也就可以在全社会范围内被人们所自觉运用，而不像在私有制条件下那样，它只能通过生产者的自发活动和盲目竞争为自己开辟道路。在社会主义经济中，发生作用的当然不只是价值规律，还有社会主义基本经济规律、有计划发展规律、按劳分配规律等。价值规律同这些规律既然都产生于公有制这同一基础，就决定了它们的作用是互相联系、互相渗透的，总的来说作用的方向是一致的。社会主义基本经济规律要求发展生产，满足人民的物质文化需要；有计划发展规律要求合理分配劳动，自觉保持社会生产的适当比例，这些要求的实现，都离不开表现和衡量劳动产品的价值及其运动规律。价值规律要求生产商品的劳动消耗符合社会平均必要劳动量；要求每类商品的生产总量符合社会对这类商品的需求总量，从而使生产这类产品所消耗的劳动总量是属于社会所必要的。显然，价值规律的作用会促进企业提高生产效率，并使自己的产品符合市场需要，这同社会主义基本经济规律和有计划发展规律的要求是一致的。只有尊重和运用价值规律，才能很好地实现基本经济规律和有计划发展规律的要求；相反，无视价值规律，就势必妨碍基本经济规律和有计划发展规律要求的实现。当然，这并不是说，运用价值规律可以代替运用其他规律。我们确定经济发展的方向和目标，就是主要依据社会主义基本经济规律，综合考虑各种规律的要求来决策的。同时，价值规律主要通过企业关心自身的利益来发生作用，在社会主义条件下，国家的整体利益与企业的局部利益从根本上说是一致的，因此可以也应当在多数场合借助价值规律的作用来同时实现其他规律的要求。但是，整体利益与局部利益还会发生矛盾，有时甚至需要暂时牺牲某些局部利益来保证整体利益，在这种场合下，价值规律的作用就要受制于基本经济规律和有计划发展规律。所以我们说计划经济必须运用价值规律，而运用价值规律要服从于为有计划发展经济、满足人民需要服务的目的。这也就是《决定》所指出的，在价值规律问题上社会主义经济同资本主义经济的根本区别之一。

为了自觉地依据和运用价值规律，就必须改革现行忽视价值规律的计划体制，有步骤地适当缩小指令性计划的范围，适当扩大指导性计划的范围，充分重视运用价格、税收、信贷等经济调节手段和发挥市场调节的作用。这是计划工作的一个很大转变，需要我们的思想和作风适应这个转变，同时在实践中进行重新学习，努力掌握各种运用价值规律的知识和本领。

（原载《光明日报》1984年10月28日）

建立合理的价格体系是保证改革成功的关键

改革经济体制的基本任务，是建立起具有中国特色的、充满生机和活力的社会主义经济体制，促进社会生产力的发展。实现这个任务的中心环节，是增强企业活力，特别是增强全民所有制大、中型企业的活力。同时，要充分重视运用经济杠杆加强对企业生产经营的计划调节。在各项经济杠杆中，价格是最有效也是最重要的调节手段，合理的价格是保证国民经济活而不乱的重要条件，因此建立合理的价格体系对于改革的健康发展和最后成功，具有极为重要的作用。

价格是价值的货币表现。要自觉地依据和运用价值规律，最根本的是要用好价格这个调节杠杆。过去，由于我们长期忽视价值规律，加上其他种种历史原因，我国现行的价格体系存在许多不合理现象，不少商品的价格既不反映价值，也不反映供求关系。其主要表现是，同类商品的质量差价没有拉开档次，优质不优价，劣质不低价；不同商品之间的比价不合理，特别是某些矿产品和原材料的价格偏低；主要农副产品的购销价格倒挂，销价低于国家购价；等等。价格体系的这种不合理状况，给国民经济的运行和发展带来了许多不利影响。

第一，它不能正确反映和评价企业的经营成果，影响企业生产经营成果和它们的经济利益之间确立密切联系。由于价格不合理，有的偏高，有的偏低，因此有些企业生产经营并不出色却获得了较多的盈利，而有的企业则尽管做了很大努力也得不到应有的利润。这样，在企业之间就没有一个衡量优劣的共同标准，就不能真正做到奖优罚劣，也有碍于在职工中贯彻按劳分配原则。实行第二步利改税，可以在一定程度上缓解这种矛盾，但不能从根本上解决问题。

第二，随着改革的推进，企业自主权进一步扩大，预算外资金越来越多，人们都想把自己的资金用在获利较多的方面，而由于价格不合理，就不能正确引导它们的使用方向。一些社会急需的短线产品，如某些能源、原材料，由于价低利少不能鼓励各方面对它们投资；有些并不急需甚至能力已有富余的产品，却因价高利大而被大家争着生产，造成不必要的重复建设和资金、物资的严重浪费。这种情况，不但不利于缓和能源、原材料供应紧张的矛盾，反而加剧这种矛盾，妨碍产业结构和产品结构的合理化。价格不合理也影响消费结构的合理化。例如由于某些能源、原材料价格偏低，就不能促进使用部门节约能源和原材料，甚至造成许多浪费。

第三，它影响城乡商品流通的顺畅进行。现在农村"卖难买难"的现象相当普遍。造成这种状况的原因是多方面的，但价格不合理是一个根本的原因。由于某些农产品的购价大于销价，经营这些商品不但不能盈利还要发生亏损，经营得越多亏损就越大，经营者就没有扩大经营的积极性。价格不合理也影响某些农副产品深度加工的发展，因为加工后产品的价格比原料的价格高不了多少，从事这种加工得利不多甚至还要亏本，这就不能鼓励进行深度加工。

第四，影响国家财政状况的进一步好转。由于主要农副产品国家的购价大于销价，差额由财政补贴，结果农业越丰收国家财政补贴也越多，农业生产的发展同国家财政收入的增长不能处于正常的循环。现在，财政补贴已占国家财政收入的近30%，再增加补贴是财政难以承受的。

上述事实说明，不合理的价格已经从多方面阻碍着经济的健康发展，造成社会劳动的巨大浪费，不改革是不行的。特别是随着企业自主权进一步扩大，真正成为相对独立的经济实体，成为自主经营、自负盈亏的社会主义商品生产者和经营者，价格的调节作用将更加显著，改革现行不合理的价格体系就更成为一个亟待解决的问题。事实上，在逐步搞活经济的情况下，合理的价格是保证活而不乱的重要手段。价格不改变，其他各项改革，包括指令性计划的缩小和指导性计划的扩大、工资制度的改革等，也都难以顺利进行和收到应有的成效。正是从这个意义上说，能不能建立起合理的价格体系，是整个经济体制改革成败的关键。

价格体系不合理，同价格管理体制不合理有密切关系。由于对价格的管理过分集中，必然造成定价中的主观随意性。因此，在调整价格的同时，必须改革过分集中的价格管理体制，逐步缩小国家统一定价的范围，适当扩大有一定幅度的浮动价格和自由价格的范围。实际上这也是改变某些产品价格不合理的重要途径。因为随着某些产品的价格逐步放开，就可以根据市场供求的状况形成比较合理的价格。在我们国家，由于经济发展水平和人民生活水平还比较低，因而供给弹性系数和需求弹性系数也都还比较小。有些产品少一点就供应紧张，多一点又发生销售困难；有些产品特别像钢材、木材等原材料，生产能力的扩大需要较长的周期，价格对刺激供应增加的作用也不会太灵敏。我们正处于创业时期，在相当长时间内一些主要生产资料和消费品的供求都还难以达到完全平衡。在这种情况下，为了使价格成为国家稳定和调节经济的手段，对于某些主要生产资料和消费品在一定范围内由国家规定统一价格，是必要的。但是：（1）范围不能过宽，应当实行分级管理。（2）不能像现在管理得那样集中。（3）要及时调整，尽可能使价格反映产品价值和供求关系，同市场价格的差距不能太大。在保持必要的国家统一定价的同时，对许多供求大体平衡或者比较容易取得平衡的产品和小商品，对企业分成的自销产品，可以分别实行有一定幅度的浮动价格或自由价格，以便使价格能够比较灵敏地反映社会劳动生产率和市场供求关系的变化，搞活经济。

改革价格体系关系国民经济全局，涉及千家万户，一定要采取十分慎重的态度，根据生产的发展和国家财力负担的可能，有计划、有步骤地进行。在改革中必须严格遵循以下的原则：（1）要按照等价交换的要求和供求关系的变化，调整产品不合理的比价，该降的降，该升的升，而决不是所有产品都无根据地涨价。（2）在提高部分矿产品和原材料价格的时候，要避免因此提高工业消费品的市场销售价格。由于矿产品和原材料价格上涨而造成的成本增高，加工企业必须靠降低消耗和提高劳动生产率基本上加以抵销，少部分实在抵销不了的由国家减免税收来解决。（3）在解决农副产品购销价格倒挂和调整消费品价格的时候，必须采取切实的措施，保证广大城乡居民的实际生活水平不因价格的调整而降低。同时，随着生产的发展和经济效益的提高，职工工资还要逐步提高。这些原则，概括起来说明了两个基本精神。一个是我们改革价格的性质在于调整不合理的比价，而不是那种由严重通货膨胀所引起的物价普遍上涨。因此，所有企业都应当把改革价格看成是鞭策自己进步的压力和动力，努力改进经营管理，提高生产技术，尽可能在内部消化由于某些产品价格调整所造成的成本增高，而不能搞简单的连锁反应，同比例地提高自己产品的价格。如果这样，就根本不能改变不合理的比价关系，也不能提高经济效益。至于那种趁改革之机任意涨价，人为地制造涨价风，扰乱市场，损害国家和消费者利益的行为，更是必须坚决加以防止和杜绝的。另一个是必须保证人民的实际生活水平不受影响。调整涉及人民生活的商品的价格时必须在工资、社会救济金和储蓄利率等方面采取相应措施，使广大居民的实际生活不致因调价而下降，并且随着生产的发展和经济效益的提高，还要逐步提高。可以肯定，只要我们坚定不移地按照《中共中央关于经济体制改革的决定》的精神去办，把工作做深做细，就一定能够逐步确立起合理的价格体系和价格管理体制，有力地促进经济体制改革的深入和国民经济的发展。

（原载《经济日报》1984年12月21日）

改革计划体制的理论基础

《中共中央关于经济体制改革的决定》（以下简称《决定》）指出："改革计划体制，首先要突破把计划经济同商品经济对立起来的传统观念，明确认识社会主义计划经济必须自觉依据和运用价值规律，是在公有制基础上的有计划的商品经济。"《决定》的这一科学论断，为改革计划体制乃至整个经济体制奠定了科学的理论基础。我们要深刻领会改革计划体制的必要性及其方向，提高促进改革的自觉性，就必须对社会主义经济的商品性及其同计划经济的关系，有一个全面、正确的认识。

一 社会主义经济的商品性及其特点

我国原有计划体制之所以存在过分集中、排斥市场机制的弊端，而且在长时期内不能克服，从思想认识上说，其根源在于我们在理论上否认社会主义经济的商品性。许多同志指出，我们过去实行的是产品计划经济，而在实践中不可避免地成为变相的自然经济或半自然经济。应当说，这种分析是有道理的。

在社会主义革命胜利之前，马克思主义的经典作家基于对资本主义基本矛盾及其发展趋势的分析，指出社会主义制度取代了资本主义制度以后，社会生产的无政府状态将被克服，国民经济将在社会的自觉控制和管理下有计划地向前发展。马克思主义所揭示的社会主义经济发展的这一原理，已被许多国家的实践证明是完全正确的，正因为社会主义社会在公有制基础上实行了计划经济，可以避免社会生产的无政府状态和经济危机，故而能够使生产符合满足人民物质和文化生活需要的目的。这是社会主义经济优越于资本主义经济的根本标志之一。但是，经典作家当时设想的计划经济，是以商品经济的消亡为前提的。他们认为，一旦公有制取代了私有制，社会就可以有计划地支配每个社会成员的劳动，在社会生产和社会需要之间确立直接的联系。这样，劳动就具有直接的社会性，产品不再需要采取商品的形态，生产产品所消耗的劳动也不再需要迂回曲折地表现为价值。按照这种设想，实现社会主义计划经济的形式必然具有如下特点：(1) 它是高度集权的，由一个社会中心直接支配全社会的经济活动；(2) 以行政指令和实物调拨为其运行机制，排斥商品货币关系。

然而，由于历史的原因，社会主义革命在一些国家相继取得胜利以后，社会主义建设的实践证明，在公有制为基础的社会主义经济中，商品生产和商品交换并没有消亡，而且一切企图消灭商品经济的政策和措施都遭到了失败。面对这种历史事实，人们开始重新思考问题。在一个相当长的时期内，一种具有权威性的论点，是把这种现象同社会主义一定阶段还存在公有制的两种形式联系起来。认为由于存在全民所有制和集体所有制，因此在它们之间以及集体经济相互之间的交换还是发生所有权转移的商品交换，还必须遵守等价交换的原则。

这种观点对不对呢？比起完全排斥商品生产和价值规律的观念来说，这种认识无疑是一个进步。它在一定范围内承认了商品生产的存在，在一定程度上承认了价值规律的作用。但是同社会主义现实的经济情况相比，那还是远远不够的。因为按照这种观点，商品生产和商品交换在社会主义经济中只是一种局部的、暂时的现象，在国民经济中占主导地位的全民所有制经济内部已不再存在实质性的商品货币关系，并且随着社会主义经济的发展，随着集体所有制向全民所有制的过渡，商品生产逐渐归于消亡。说到底，它仍然把商品经济视作异物，视作在一定阶段不得不保留，但终归同社会主义经济的本质及其发展趋势不相容而必须加以限制的东西。这样，主要同集体经济的存在相联系的商品生产和价值规律就或多或少地同在全社会范围内直接分配劳动的计划经济处于相对立的地位，要发展商品生产，运用价值规律，就会冲击计划经济，反之，要加强计划经济，就必须限制商品生产和价值规律。在这种观点的支配下，在计划管理中尽管也使用了价格、成本、利润、资金等价值范畴，但主要作为综合反映和进行核算的工具，并未使它们成为推动经济运行的机制。这样的计划体制，就仍然是高度集中的、以行政手段和实物调拨为主的体制，是束缚生产力发展的僵化的体制。

由此可见，要从根本上改革原有的计划体制，就必须在理论上破除把计划经济同商品经济对立起来的传统观念，破除否认社会主义经济商品性的传统观念。《决定》在理论上的一个最重要的突破，就在于它在全面总结社会主义建设经验的基础上，揭示了社会主义条件下计划经济同商品经济的关系，得出了社会主义经济是以公有制为基础的有计划的商品经济的科学结论，从而使我们对社会主义经济的性质及其运动规律有了更加全面和深刻的认识。

社会主义经济是以公有制为基础的有计划的商品经济这个命题，正确地回答了两个相互联系的问题。

第一，它明确肯定了社会主义经济的商品性，即指出社会主义经济还是一种商品经济。正确认识这个问题的关键，在于不仅要看到全民所有制和集体所有制之间以及集体经济相互之间存在商品生产与商品交换，而且在全民所有制经济内部也存在商品货币关系。

为什么全民所有制经济内部还存在商品生产和商品交换？根本原因在于企业还是相对独立的经济实体，必须具有自主经营的权力和与之相应的经济利益。企业的这种地位，是由社会主义社会的生产力和生产关系决定的。从生产力的方面来看，社会化生产是一个非常复杂的机体，并且处于不断的运动和发展之中。即使在以公有制为基础的社会主义制度下，作为社会代表的国家也不可能对一切经济活动及其变化趋势都了如指掌，从而对社会生产及其每个环节的产需关系作出正确的计划和规定。首先，社会拥有的劳动资源就是一个极其复杂的变量。它是由具有劳动能力的社会成员构成的，而他们的劳动能力有复杂劳动与简单劳动、熟练劳动与非熟练劳动之分；即使具有同样能力的劳动者，其劳动能力又有发挥得比较充分和不充分之别；再加上他们同各种不同的生产手段相结合，所能实现的生产率及其变化之复杂是可想见的。同样，社会需求也是如此。人们的基本生活需求是比较容易计算的，但问题一涉及这个范围之外的种种需求，就呈现出一幅复杂的图景。由于历史的、经济的、民族的乃至心理的因素，人们的需求不仅各不相同，也在经常变化。在这种情况下，无论对劳动资源的总量及其结构还是对于社会需求总量及其结构，社会都只能在总体上近似地、粗略地加以把握，而不可能了解得那么具体与准确，以至可以一一加以正确地规定。硬要去做，就势必脱离实际，或者把丰富多样的经济生活装在一个单调、呆板的框子里，束缚经济的发展。这种情况，从客观上要求对社会主义全民所有制经济实行分层次的经营，即掌握所有权的国家按照社会化生产的规律和全体人民的利益从总体上领导和管理经济，而作为生产资料使用者的企业则在国家计划和政策的指导下自主地经营自己的生产和业务。从生产关系方面来看，在社会主义条件下，生产资料的所有权与经营权是可以适当分开的。在资本主义制度下，资本的所有权与经营权可以完全不分离，也可以完全分离，还可以在一定范围和一定程度上相分离。当资本所有者直接经营企业时，所有权与经营权是相结合的；在资本所有者把资本借贷给别人经营产业时，所有权与经营权就完全分离了。在许多股份公司里，资本所有者组成董事会，决定生产经营的大政方针，而把日常的经营业务委托给企业经理去执行，在这种情况下，所有权与经营权只在一定程度上相分离。由于资本主义私有制在经济上的实现集中地表现为以一定的形式取得平均利润，因此无论上述哪一种情况，都不会影响所有制的性质。社会主义全民所有制的情况则有所不同。一方面，由于全民所有制要求按照全体人民的利益，来支配生产资料,保证社会生产的发展符合满足人民物质和文化需要的目的,因此,总的来说所有权与经营权完全分开是不允许的。代表人民利益的社会主义国家不可能也不应当成为单纯的资金利息收取者,而不执行领导和组织经济的职能,如果这样,全民所有制就不可能在经济上得到实现。另一方面,正由于大量生产资料归属全民所有,代表人民的国家也就不可能对这些生产资料都直接去支配、使用,而只能按照合理的社会分工把它们分别交给各个企业去使用,除了像铁路、邮电等少数部门需要直接经营企业以外,在大多数场合,国家只能通过计划和经济的、行政的、法律的手段对企业进行必要的管理、检查、指导和调节,在这个前提下由企业自主地去从事生产和经营。这就是说,在这里所有权与经营权在一定程度上的分开又是不可避免的,否则以社会化生产为其物质基础的全民所有制也不可能在经济上得到很好的实现。上述分析表明,无论从生产力或者生产关系来考察,在社会主义全民所有制经济中,企业都应该是相对独立的经营主体,具有自主经营的必要权力。同这种经营关系相适应,社会主义按劳分配原则和物质利益原则也应当在企业之间得到体现,即经营得好的企业应当比经营得差的企业得到更多的物质利益。正是企业所具有的这种经营自主权及与之相应的经济利益,使它们仍然要以商品生产者和经营者相对待,它们之间的交换仍然要遵守等价交换的原则。这不仅是为了计价、为了核算,而且同企业及其职工的切身利益密切相关,因而是一种实质性的而不是徒具形式的商品货币关系。

由此,我们可以得出这样的认识,即在社会主义经济中,商品生产和商品交换绝不是一种局部的、短暂的现象,而是一种相当广泛的、长时期的现象。不仅集体企业的生产是商品生产,全民企业生产也是商品生产;不仅消费品是商品,生产资料也是商品。而且,只要社会主义阶段尚未结束,社会还没有足够的物质资料和其他条件实现"各尽所能、按需分配"原则,商品生产就将以一种必要的生产形式而继续存在。这就是说,商品性不是外在条件所引起附加于社会主义经济的,而是由社会主义经济自身的本质关系所决定的它的一种内在属性,或者说,从一个重要的方面考察,社会主义经济还是商品经济。这是《决定》提出有计划商品经济所要回答的第一个问题,这个回答把社会主义经济同共产主义的产品经济相区别,同以小生产为基础的自然经济或半自然经济划清了界限。

第二,与此相联系,《决定》明确指出了社会主义商品经济是以公有制为基础的,这就把社会主义商品经济同资本主义市场经济划清了界限,也同小商品经济相严格区别。正因为社会主义商品经济建立在公有制基础上,因此它排除了剥削,即排除了凭借占有生产资料无偿占有他人劳动的现象,劳动力不再是商品,土地、矿山等不再是自由买卖的对象。作为商品生产者和经营者的全民企业,虽然具有自主经营的独立性和相应的经济利益,但这种独立性是以服从国家计划指导和管理为前提的相对的独立性,而不是资本主义企业那种完全的独立性;它们之间的经济利益差别是在根本利益一致基础上的差别,而不存在根本的利害冲突。这就是说,社会主义商品经济不是完全由价值规律自发调节的市场经济,而是需要也可能在全社会范围内有计划进行的计划经济。在这里,商品性与计划性都植根于公有制,它们不是截然对立的,而是可以统一的。把商品经济局限于私有制经济,因而认为承认商品经济就必然排斥计划经济,或者要实行计划经济就必然要否定商品经济,这种观点不符合社会主义的实际,因而是不正确的。

二 社会主义计划经济必须自觉依据和运用价值规律

既然社会主义经济还是商品经济,价值规律就必然在生产、建设、流通等广泛的领域起作用。我们进行经济工作,就必须尊重价值规律,自觉地依据和运用价值规律为有计划地发展经济服务。应当说,这是把计划经济同商品经济统一起来的关节点和落脚点。尊重和运用价值规律,反映了社会主义经济商品性的要求,而自觉运用价值规律为有计划发展经济服务，则又体现了社会主义经济计划性的要求。因此，抓住这个环节，就可以把计划性与商品性结合起来，比较全面地把握社会主义经济运动发展的规律，使计划经济的优越性得到充分的发挥。

社会主义计划经济的本质要求，是自觉保持重大比例关系适当，促进国民经济大体按比例地、高效益地发展，以满足人民不断增长的物质和文化需要。国民经济各部门和社会再生产各环节之间的比例，归根到底是社会劳动在各种不同职能部门之间分配的比例；生产经营的经济效益，则是劳动消耗同有用效果之间的权衡和比较。在存在商品经济、劳动还通过价值表现的条件下，离开了对价值及其运动规律的认识和运用，就不可能正确地核算劳动和分配劳动，确立社会生产的适当比例；也不可能严格比较劳动消耗和有用效果，讲求经济效益。同时，任何劳动分配的比例都是以社会需求为基准的。而在社会主义商品经济中，人的需求的满足要通过在市场上购买商品和劳务来实现，需求表现为有支付能力的需求，供给表现为一定价格水平的商品和劳务的供给。因此，供需之间的平衡和衔接，不单纯是使用价值问题，还有价值问题，也要受到价值规律的制约。所有这些说明，以调节和分配社会劳动为基本内容的国民经济计划，如果不以价值规律为重要依据，就像不了解水的作用力和反作用力而要划船一样，是根本不行的。应当说，过去由于忽视价值规律，我们吃的亏是不少的。比如，长期以来，在生产中片面追求产量、产值的增长，而忽视改进品种、质量，忽视降低成本和增加盈利，不讲究经济效益，在建设中只重视列项目、分投资、扩大生产能力，而不注意权衡投入产出，不讲究缩短建设周期，缺乏乃至没有资金周转的观念和利息观念；在流通中只重视扩大商品流转额，而不注意多辟流通渠道，减少流通环节，不注重加速流动资金周转速度和降低流通费用，等等，这些都严重影响社会劳动的节约和合理分配，加之某些重大决策的失误，使国民经济中积累与消费、农轻重等重大比例经常处于十分紧张的状态，甚至多次严重失调，在很大程度上妨碍了计划经济优越性的发挥。

不仅如此。由于社会主义经济中还存在具有不同经济利益的经营主体，它们的经营成果同它们的物质利益密切相关，因此社会劳动的节约和分配，还必须通过正确处理各方面的经济利益来实现。而等价交换是评价企业经营成果、协调企业经济利益的重要原则，也是在职工中贯彻按劳分配的一个必要条件。这种情况说明，不但制订计划要以价值规律为重要依据，贯彻执行计划也要充分注意运用价值规律。只有这样，才能发挥企业和职工的积极性，为实现国家规定的计划目标而努力。多年的实践证明，只靠列项目、下指标来贯彻计划，往往费了很大力气还难以奏效，相反，采取了正确的价格政策却可以事半功倍，迅速取得预期的效果。从大的方面说，我国工业与农业的比例长期不协调，农业严重落后，拖着整个国民经济发展的后腿。对此尽管也采取过许多措施，但由于"左"的政策没有改变，农副产品过低的收购价格没有调整，被动局面一直得不到扭转。党的十一届三中全会以后，我们在农村实行了各种形式的家庭联产承包责任制，大幅度地提高了农副产品收购价格，加上其他措施，广大农民的积极性空前高涨，局面迅速改观。当然，这主要是实行责任制的威力，但也不可低估调整价格的重要作用。再比如，长期以来加工工业的发展超过了能源、原材料供应的可能，致使不少企业因缺电、缺原材料而开工不足，不能正常发挥生产能力。为了扭转这种状况，我们一直在多方面采取措施，但由于部分矿产品和原材料价格偏低和一部分加工产品价格偏高的状况没有改变，效果就不够理想，一些能力已经过多的加工工业仍然在盲目扩大生产能力。这也从反面说明，自觉运用价值规律，制定和实行正确的价格政策，对于实现计划的要求具有不可忽视的重要作用。

还要看到，社会经济活动错综复杂，千变万化，国家不可能对各项经济活动都了解得很清楚。同时，各种经济活动虽然密切联系但又互相区别，它们对于国民经济协调发展的意义是各不相同的。

有些活动事关全局，有些则只具有局部的作用。在这种情况下，国家计划不可能也不必要对一切经济活动都作出规定，否则就会助长主观随意性，压抑企业的生机和活力，导致产需脱节、技术停滞、效率下降、比例失调。在国家能够左右经济全局的情况下，应当更多地运用市场机制和市场调节的作用去指导企业，有些地域性和时间性很强的经济活动则可完全由市场进行调节，即由价值规律自发进行调节。这样做，可以促使企业在有益的竞争中灵敏地适应市场需要，积极改进产品品种，提高产品质量，降低生产成本，提高经济效益。这看起来似乎放松了计划的控制，实际上更有利于实现计划经济的要求，促进国民经济大体按比例地协调发展。

　　从上述分析可看出，在社会主义商品经济的条件下，实行计划经济必须自觉地依据和运用价值规律，否则就不可能实现其基本要求，也不可能充分发挥出它的优越性。这是不是说，社会主义计划经济只需要依据和运用价值规律呢？当然不是。在社会主义经济中起作用的经济规律，除了价值规律之外，还有社会主义基本经济规律、有计划发展规律、按劳分配规律等，我们的计划经济当然也要依据和运用这些规律，特别是依据和运用社会主义基本经济规律。由于价值规律和基本经济规律、有计划发展规律都是在社会主义公有制基础上发生作用的，因此总的来说它们的作用方向是一致的。价值规律要求企业生产商品所耗费的劳动符合社会必要劳动的水平，要求各类商品的总量符合社会对它们的需求总量，从而使所消耗的劳动总量是社会必需的。显然，运用和发挥价值规律的作用，可促进劳动的节约和按比例分配，这是有利于实现基本经济规律和有计划发展规律的要求。但是，也应当看到，由于价值规律和基本经济规律、有计划发展规律在发生作用的具体条件和机制上是有区别的，因此它们的作用有时也会发生矛盾。社会主义基本经济规律和有计划发展规律是在公有制产生了人们根本利益一致的基础上起作用的，它们要求从全社会的和长远的利益出发，自觉保持国民经济按比例、高效益地发展，并使之符合满足人民需要的目的。而价值规律则是在企业还存在不同利益的基础上起作用的，它通过企业关心自身的利益即关心自己的劳动能否全部被社会所承认出发，促进劳动的节约和保持必要的比例。在社会主义条件下整体利益、长远利益同局部利益、眼前利益在许多场合是一致的、可以兼顾的，但在有的时候和场合也会有矛盾，有时需要暂时牺牲某些局部利益和眼前利益以服从整体利益和长远利益，在这种情况下，价值规律的作用就要受制于基本经济规律和有计划发展规律。这个道理是十分明白的，也是我们在现实经济生活中经常碰到并加以坚持的。正因为这样，我们说要自觉运用价值规律为有计划发展经济服务，而不是盲目地让价值规律牵着鼻子走。这也就是《决定》所指出的在社会主义商品经济中价值规律的作用同资本主义条件下的一个根本区别之所在。

三 把计划体制转到有计划的商品经济的轨道上来

既然社会主义经济是有计划的商品经济，社会主义计划经济应当自觉依据和运用价值规律，那么，我国原有的忽视价值规律、排斥市场机制和市场调节的计划体制就必须从根本上进行改革。这是社会主义经济运动发展的客观要求，是社会主义计划经济自我改造和自我完善的表现。

从这种认识出发，计划体制改革的本质内容和基本要求，是由过去的产品计划经济模式转为商品计划经济的模式，确定自觉依据和运用价值规律的、把统一性与灵活性结合起来的计划体制。为了实现这个基本要求，改革的主要内容有以下几个方面。

其一，在计划决策体系上，要改变过分集中的由国家单一决策的状况，实行国家和企业分层决策，即国家主要从经济全局出发进行宏观决策，而由企业在国家宏观决策指导下对自己的生产和经营作出决策。只有这样，才能尊重和维护企业作为相对独立的社会主义商品生产者和经营者的地位，把国家的统一计划与企业的灵活经营结合起来。这是计划体制是否适应有计划商品经济要求的症结所在，也是计划体制改革的主要环节，其他的改革都要服从于和服务于这个环节。

为了实行分层决策，我们的国民经济计划就总体说只能是粗线条的、有弹性的，而不能也不应当是包罗万象的、呆板僵硬的。事实上，由于社会经济生活的复杂性和多变性，国家也只能就国民经济发展的方向和重大比例关系作出尽可能符合实际的计划，而同企业产供销活动密切联系的各种具体比例，则应由各个企业在国家计划和政策指导下，根据市场的变化和自身的条件灵活地加以安排。应当看到，国民经济中的重大比例和具体比例是既有联系又有区别的。重大的比例关系如农轻重的比例、积累与消费的比例等，具有全局性和战略性，它们在一定时期内是相对稳定的；而各种具体的比例则通常带有局部性与多变性的特点。重大的比例关系要通过各种具体比例才能落实，各种具体比例的变化也会或迟或早、程度不同地影响到重大比例。然而，重大比例往往具有一定幅度的弹性，在这个限度内它可以允许和容纳多种不同组合的具体比例，而这些具体比例的抉择和组合受制于许多经常变化的条件和因素，不可能由国家一一加以规定，只有充分发挥企业的积极性和主动性，才能在比较经济和合理的基础上形成各种具体比例，从而使国民经济中的重大比例关系得到较好的实现。因此，要保证国民经济大体按比例地协调发展，取得良好的经济效益，坚持国家的统一计划是必要的，但只有这一条还不够，还必须有企业的灵活经营相配合，在这里，我们应当破除那种认为搞活企业就不利于实现按比例的传统观念，明确认识在国家计划指导下让企业自主经营，不但不会妨碍而且是有利于实现经济协调发展的。

其二，与国家和企业分层决策相适应，在计划形式上，要逐步地适当缩小指令性计划的范围，扩大指导性计划的范围，同时发挥市场调节的作用。把计划经济同实行单一的指令性计划等同起来，是计划权高度集中、排斥市场机制的集中表现。因此，要按照有计划的商品经济的要求改革计划体制，就必须明确认识计划经济不等于指令性计划为主，指导性也是计划经济的具体形式，并且扩大指导性计划的范围。

指令性计划，是依靠国家行政指令强制执行的计划。为了使国家能够左右经济全局，并拥有必要的物质力量运用经济杠杆和参与市场调节，对于关系国计民生的重要产品中需要由国家调拨分配的部分，对于关系全局的重大经济活动，要实行指令性计划。但是，由于指令性计划具有强制性，要求国家对产供销有比较准确的计算和周密的平衡，因此其范围不能过宽，否则就会束缚企业的手脚，助长计划与实际脱节的主观主义。指导性计划与指令性计划不同，它不具有行政强制性，而主要靠运用经济手段促其实现。因此，实行指导性计划，就意味着扩大企业的自主权，把国家决策同企业决策结合起来；意味着尊重和维护企业正当的经济利益，把整体利益同局部利益结合起来；意味着发挥市场的积极作用，把计划机制同市场机制结合起来。指导性计划的这些特点，使它能够更好地体现有计划商品经济的要求，因而应当逐步成为计划管理的重要形式。除了少数必须实行指令性计划的产品和活动之外，对于大量的产品和活动都可以实行指导性计划。可以说，计划体制的改革能否取得成功，计划工作能否出现一种新的格局，在很大程度上取决于能否有效地扩大和实施指导性计划。

在对国民经济的主体实行指令性计划和指导性计划的前提下，对部分产品主要是部分农副产品、日用小商品和服务修理行业的劳务活动，可以完全由市场调节，即由价值规律自发调节。这些产品的生产和劳务活动，时间性、地域性很强，对经济全局的影响比较小，不可能也不必要纳入计划；相反，在计划规定的范围内由市场价格自发地进行调节，倒有利于产需结合，丰富和方便人民生活。在社会主义条件下，这种完全由市场调节的产品和活动，是从属于有计划的生产和流通的，它是对计划的有益的补充，在国民经济中起着辅助的然而是不可缺少的作用。

其三，在调节体系上，要改变单纯依靠和片面强调行政手段的做法，充分重视运用经济手段的调节作用。在企业成为相对独立的商品生产者和经营者以后，国家就必然要着重运用经济手段引导企业向着国家计划规定的目标前进；把经济手段作为联系国家宏观决策与企业微观活动的主要纽带。经济手段至少包括两个方面：一方面是价格、税收、信贷等经济杠杆，它们在价值形态上联系着各方面的经济利益，通过它们来调节经济利害关系从而影响经济活动，这是运用经济手段的主要方面；另一方面是国家直接掌握的资金、外汇和重要物资，国家运用这些财力、物力来调节、引导经济活动，或者参与市场调节，通过影响市场机制的变化来促使经济活动朝着预定的方向变化。运用经济手段调节经济活动，一可以使国家的整体利益同企业的局部利益和谐地统一起来，有利于充分发挥企业的积极性和主动性；二可以为企业发展市场联系、展开有益的竞争创造条件。竞争不可避免地会带来某些盲目性，但在社会主义条件下，竞争的性质、目的和范围都与资本主义竞争不同，只要工作做得好，大的盲目性可以避免。即使发生一些小的盲目性，它同由此而发挥出来的巨大积极性相比，也是得大于失的。相反，如果不利用经济手段，一切靠行政命令行事，则势必把经济管死，不仅会压抑企业的生机和活力，而且会造成更大的盲目性。

其四，在国家计划管理的内容上，要从侧重抓微观和实物的管理转为着力抓宏观和价值的管理，从侧重于年度计划转为着力于中长期计划。这是实行国家与企业分层决策、扩大指导性计划范围的必然要求，也是把微观搞活同宏观控制结合起来的必由之路。《决定》指出，越是搞活经济，越要重视宏观调节，并且要求国家综合经济部门把工作的重点放到这一方面来。这是非常正确的。从计划管理来说，加强宏观调节和控制的主要内容：（1）搞好全社会财力、物力和人力（主要是专门人才）的平衡，调节社会的总供给与总需求；（2）正确处理积累和消费、生产资料与消费资料生产的比例关系，使积累基金的增长同生产资料生产的增长相适应，使消费基金的增长同消费资料生产的增长相适应；（3）调节生产结构（包括产业结构和产品结构）和生产布局，使生产结构同消费结构的变化相适应，使生产布局有利于发挥各地的优势和取得良好的效益；（4）调节市场供求，控制货币发行量和物价总水平；（5）调节对外经济往来，搞好外汇收支平衡。在这些调节和控制中，最重要的是对固定资产投资和消费基金的调节和控制，把这两个方面的工作做好了，就可以促进国民经济大体按比例地协调发展，不致发生大的震荡和曲折。

为了搞好宏观的调节和控制，必须加强经济信息网络的建设，做好经济预测工作，以便在及时掌握经济动态的基础上作出正确的判断，提出恰当的对策和措施，做到情况明、决策对，提高计划的科学性。

其五，在计划管理的组织体系上，要贯彻政企职责分开的原则，改变条条为主、条块分割的状况，从纵向联系为主的封闭的计划管理转到以横向联系为主、开放型的计划管理。要合理确定部门、地方计划管理的职权，正确发挥它们对经济进行规划、协调、服务和监督的职能；充分发挥城市促进和带动经济发展的功能，并加强地区协作和交流的计划工作。

从过去僵化的产品经济的计划体制转到统一性与灵活性相结合的商品经济计划体制，这是我国计划经济形式的重大变革。适应这个变革，计划工作从指导思想、工作重点、活动方式、机构设置到队伍建设，都要实行一系列重大转变，而其中首要的、带决定性意义的转变，就是要在思想上从把计划经济与商品经济相对立转到把二者相统一上来。只有这样，我们才能提高贯彻执行《决定》的自觉性，沿着正确的方向推进计划体制的改革。

（原载《计划经济》1985年第1期）

论社会总需求与总供给的基本平衡

《中共中央关于制定国民经济和社会发展第七个五年计划的建议》（以下简称《建议》），要求把坚持社会总需求与总供给的基本平衡，作为经济工作的一项基本原则。《建议》的这一要求，总结了我国经济建设的历史经验，反映了经济发展的现实需要，对于正确制订"七五"计划、促进改革和建设的顺利发展，具有极为重要的意义。

一

所谓社会总需求与总供给的基本平衡，在我国通常是指以社会总产值为代表的总供给，同通过其分配所形成的总需求之间的平衡。这里，着重讨论其中新创造的价值即国民收入的生产总额与分配总额之间的平衡。马克思说过，可以分配的只能是生产出来的成果。从这个意义上说，国民收入的生产总额同分配总额之间理应是平衡和一致的。但是，国民收入的生产与分配是一个相互交织的动态过程，分配往往以货币形态为先导，然后通过交换伴随着实物的分配。这就使一定时期（如一年）内国民收入在货币形态上的分配总额，在币值不变的条件下，有可能小于或者大于国民收入的生产总额。由于经济运动的复杂性，要求这两个方面经常保持绝对的平衡，是难以做到的。事实上，只要两者之间的差额不大，并及时进行调整，也不会有多少消极作用。但是，如果国民收入在货币形态上的分配，大幅度地低于或者超过国民收入生产额，则将妨碍经济的协调运转和健康发展。前一种情况表现为社会有效需求不足，生产资源得不到充分利用，影响经济应有的成长；后一种情况使社会购买力超过商品供应的可能，导致货币贬值、物价上涨、经济关系紧张，造成经济生活的不稳定。这两种情况都应当防止和避免。

从我国经济建设的历史来看，由于长期受急于求成的指导思想和吃"大锅饭"的经济体制的影响，社会总需求膨胀的情况发生得比较多，曾经几次酿成重大比例严重失调和经济生活的剧烈震荡。因此，应当特别注意防止国民收入在货币形态上的超额分配，以保持社会总需求与总供给之间的基本平衡。

这个问题，在"七五"期间尤为重要。

这首先是因为，进一步巩固和发展当前的大好形势，迫切需要在社会供求总量之间保持基本平衡。经过前几年的调整和改革，严重失调的重大经济比例已趋于协调，争取国家财政经济状况根本好转的任务已基本实现，整个国民经济开始出现持续、稳定、协调发展的新局面。这是我国经济发展的主流。在总的形势一年比一年好的同时，近两年也发生了越来越明显的需求过度膨胀和工业增长速度过快的现象，特别是去年（1984年，下同）第四季度以来问题比较突出。据统计，1984年国民收入比上年增长13.9%，而全民所有制单位固定资产投资增长了24.5%，全国职工工资总额增长了21.3%。这种状况，导致货币供应量增加过多，社会总需求过度膨胀。它一方面刺激了工业生产超高速增长，加重了对能源、交通、原材料和进口的压力；另一方面引起市场物价波动，使部分紧缺商品的价格以较大的幅度上涨。所有这些，造成经济生活中某些新的不稳定因素。因此，采取切实有效的措施，坚决控制社会总需求，使之同总供给逐步趋于平衡，从而消除这些不稳定因素，已成为把当前经济的良好势头继续推向前进，避免被新的曲折所打断的一个重要保证。

坚持社会供求总量基本平衡之所以重要，还在于它是顺利进行经济体制全面改革的必要条件。"七五"期间是我国体制改革的关键时期。经过这五年或者更多一些时间的努力，我们要基本上奠定具有中国特色的、充满生机与活力的社会主义经济体制的基础。为了实现这个目标，必须为改革创造一个良好的经济环境。形成这种环境的重要条件和基本标志，就是使社会总需求与总供给保持基本平衡。这是因为：（1）从总的方向上说，我们的改革是要消除现行体制中统得过多过死的积弊，搞活企业，搞活整个国民经济。进行这样的改革，需要有财力、物力的支持。如果发展速度过快，建设规模过大，各方面的关系绷得很紧，则价格、工资等多项改革将会因缺乏必要的经济和社会的承受能力，而难以深入进行。（2）我们的改革要在计划指导下发挥市场机制的积极作用，以调动企业的积极性，搞好产需衔接。只有在社会总需求与总供给基本平衡的条件下，市场相对价格的变动才能真正反映各类产品的余缺程度，从而给企业生产以正确的信号和引导。（3）改革不仅要增强企业的活力，而且要通过竞争给企业以改善经营和革新技术的压力。这就要求我们的市场从总体上说必须是供求大体平衡的市场，是生产者之间相互竞争的市场。只有这样的市场，才能促进企业改进品种，提高质量，降低消耗，真正在增进社会经济效益上下功夫。这些都说明，保持社会供求总量的基本平衡，不仅是推进全面改革不可缺少的条件，也是各项改革措施得以发挥预期作用的重要保证。

坚持社会供求总量的基本平衡，对于合理调整产业结构也是十分重要的。随着生产的发展和居民收入的增加，我国人民的消费将日趋个性化、多样化。正在世界范围内兴起的新技术革命，既向我们提出了严峻挑战，又为我国技术和经济的发展提供了有利时机。在这样的国内和国际条件下，"七五"以至以后一个长时期内，我国的生产技术和产业结构必将发生一些重大的变化。这是实现我国经济新的成长的重要内容和契机。适应这种变化的要求，一方面需要在正确的发展战略指引下，通过财政和金融等多种渠道，集中必要的财力、物力和技术力量，有计划地在能源、交通、通信、原材料等方面建设一批骨干工程，改造一批重点企业，同时力争在某些重大科技领域和关键性的科技课题上取得突破性的进展，以有效地加强国民经济的基础设施和从根本上改善社会生产的技术条件；另一方面，对于社会经济的种种具体结构，特别是复杂多变的产品结构，则必须在计划指导下更多地发挥市场机制的作用，让企业适应市场需求的变化及时而灵活地进行调整。无论是实现上述哪一方面的要求，都需要一个供求总量大体平衡的环境。因为只有在这种环境下，国家计划中关于重点建设和科技攻关的投资决策才不至于受货币贬值和相互争夺短缺物资的干扰，得到真正落实并取得较好的效果；市场上各类产品的相对价格，也才能真正发挥促进技术进步和产品结构合理化的作用。

上述分析表明，稳定经济和促进改革与建设的发展，都要求坚持社会总需求与总供给基本平衡，因此把它作为经济工作必须遵循的基本原则是完全必要和正确的。

二

国民收入通过分配与再分配，形成用于居民个人消费和社会消费的消费基金与用于扩大固定资产和流动资金的积累基金。国民收入在货币形态上发生"超额分配"，从而引起社会总需求超过总供给，从大的分配结构上说，不外来源于以下几种情况：（1）用于消费方面的货币支出超分配；（2）用于积累方面的货币支出超分配；（3）消费与积累在货币形态上都存在不同程度的超分配。因此，要保持社会供求总量大体平衡，必须恰当安排消费与积累的比例，同时使两者货币形态的分配数额之和，不超过国民收入的生产总额。

从我国历史上看，在经济工作中长期重生产、轻生活，忽视人民消费的必要增长而盲目扩大建设规模，因而几次发生的总需求过度膨胀，都是由固定资产投资特别是基建投资的增长超过了国力的可能造成的。最突出的是1958年到1960年三年"大跃进"，固定资产投资平均每年增长40.2%，积累率由1957年的24.9%陡增到

1960年的39.6%，导致生产建设出现了大起伏。1970年投资总额猛增了46.1%，使以后几年的积累率一直保持30%以上的高水平。1978年投资总额增长了22%，积累率上升到36.5%。投资陡增的结果都危及当时经济生活的稳定，不得不进行程度不同的调整。这些历史的经验告诉我们，要保持社会供求总量的基本平衡，核心的问题是，在合理安排人员生活的条件下，认真控制固定资产投资特别是基建投资的规模，使之同财力、物力相适应。这一点对于当前也是完全适用的。

当前社会总需求的膨胀，固然有消费需求增长过快的原因，但主要地仍然是由固定资产投资增长过猛造成的。作出这种判断的根据是：（1）这两年固定资产投资增长比消费需求增长更快；（2）经过几年调整逐步下降的积累率又开始回升，1984年积累率已由1983年的29.7%上升到31.2%，预计今年还会继续上升；（3）生产资料的供需矛盾比消费品更尖锐，主要生产资料价格上涨的幅度大大超过某些消费品的价格上涨。1984年，钢材、木材、水泥的价格平均比上年上涨9.6%，机电设备比上年上涨20%，远高于消费品价格指数的增长。今年（1985年，下同）以来，这种趋势还有所发展。这些事实说明，投资剧增对社会总需求的膨胀起着主要作用。应当指出，在考察投资增长对扩大社会总需求的影响时，不仅要看到它对生产需求的牵动，还要看到它对消费需求的刺激。据国家统计局测算，每增加100亿元固定资产投资，直接和间接引起的消费需求达41亿元。按此推算，1984年社员收入和职工工资的增长额中，约有1/3是由投资的增长引起的。这也说明，要控制当前过度膨胀的社会总需求，使供求总量逐步恢复平衡，关键在于严格控制固定资产投资主要是基建投资的规模。

这两年的投资膨胀，有预算内投资安排较多的因素，但主要是预算外投资增加过猛。1984年，国家预算内基建投资比上年增长16.6%，预算外投资增长33.8%。今年上半年，预算内基建投资只比去年同期增长5.8%，而预算外投资则增长了109%。在预算外投资总额急剧膨胀的同时,其使用方向也存在一定的盲目性。大部分预算外投资被用于一般加工工业的建设,其中不少工程项目技术陈旧或互相重复。一般加工工业的盲目扩大,一方面同重点建设争资金和物资;另一方面又加重了对能源、交通、原材料的压力,要求进一步追加对这些方面的投资,从而刺激整个投资规模更加扩大。因此,要控制投资过度膨胀,就必须在坚决控制投资总规模的同时,合理调整投资结构,压缩一般加工工业的建设和某些非生产性建设,适当加强能源、交通和原材料等重点建设,逐步增加科学技术和智力开发的投资。

这里碰到一个矛盾,即体制改革要求扩大企业、地方的自主权,包括扩大它们的投资权,使资金适当分散,而加强重点建设又要求适当集中资金。解决这个矛盾,决不能把资金重新统死。要搞活经济,不适当扩大企业、地方的投资权不行,扩权以后再用简单的行政办法收回来也不行。唯一正确的方针,是确立一套新的宏观调控机制,主要运用经济手段和法律手段,同时辅之以必要的行政手段,来控制投资总规模和调节投资使用方向。这种宏观调控机制的形成和健全,需要有一个过程。因此,必须遵照《建议》所指出的,一方面要在放活微观的同时努力加强宏观的间接控制;另一方面微观放活的范围、程度和步骤,必须同国家从宏观上间接控制经济的能力相适应,只有这样,才能使微观放活与宏观控制相统一,使改革和建设互相促进。我们的改革存在一定的风险。主要的风险可能有两条:一条是通货膨胀,造成经济不稳;另一条是资金分散后集中不起来,在低水平上搞了过多的一般项目,延误了重点建设和改造的进程。如果又要搞大批一般项目,又要加强重点建设和改造,则势必导致投资失控、通货膨胀。避免这种风险的关键,就在于在适当分散资金的同时解决好资金适度集中使用的问题。这既是顺利推进改革的重要环节,也是防止社会供求总量失去平衡的重要保证。

我们说控制总需求的关键在于控制投资规模,这是不是说,对消费需求的增长可以不加控制呢？不是的。同过去相比，这两年社会总需求膨胀的一个显著特点，是它在主要来源于投资膨胀的同时，也含有消费膨胀的因素。在过去，过大的投资规模在相当程度上是靠紧缩消费维持的，因此，在经济调整中，往往在压缩投资的同时要适当增加消费，以便在总量恢复平衡的过程中改善消费与积累的比例关系，促进经济良性循环。而近两年的情况是，投资的膨胀与消费的过快增长相伴而生。在前几年居民消费已经有了较多增加的情况下，1984年以来城乡居民货币收入的增长速度，仍然大大超过生产发展和劳动生产率提高的速度。尽管由于一部分初始消费基金通过个人储蓄和其他渠道转化为积累基金，一部分消费基金由于物价上升而被抵销，因而作为最终的分配结果，消费基金在国民收入中所占的比例有所下降，但在货币形态的初始分配上，确实存在消费基金超分配的因素。在这种情况下，如果只控制投资规模，而不适当控制消费需求的增长，对供求总量恢复平衡是不利的。投资增加具有扩大需求和增加供给的双重作用。把投资压得过低而同时让消费过快增长，社会供求总量的平衡势难实现，即使一时做到了，也难以持久。因此，我们在着重控制投资规模的同时，对于消费需求的增长也要进行合理地控制。今后，随着生产的发展，城乡人民的生活还要继续改善，但改善的幅度应当同国民收入的增长相适应，而不能再超过生产发展的速度。

　　从以上分析可以看出，社会总需求与总供给的运动平衡过程，既是生产与分配交互作用的过程，也是分配总量与结构交互作用的过程。供求总量的平衡，总是以一定结构为内容的平衡。结构不合理的总量平衡，不能促进经济的良性循环，其本身也不能持久。我们的目标，应当是确立结构合理的总量平衡。为此应当注意：（1）恢复总量平衡的措施，必须既有利于控制社会总需求，又有利于促进需求结构和供给结构趋向合理，而决不能在不合理结构的基础上搞"一刀切"。（2）既要看到总量对结构的制约，又要考虑结构对总量的影响。一定的分配结构一经形成就具有一定的刚性和惰性，要改变必须有一定时间。因此，对恢复总量平衡和结构调整的要求不能过急，以免造成大的损失和震动。（3）当结构严重不合理而亟须调整时，在有关条件能够承受的限度内，可以暂时地突破旧的总量平衡以加速结构调整。但是当总量失去平衡已危及经济全局的稳定时，则必须把恢复总量平衡作为主要目标，在这个前提下安排结构调整的措施和步骤。这样做，可以减少损失、震荡和阻力，取得较好的效果。为了在处理总量平衡和结构调整的关系中取得较大的主动权，关键在于使国民收入有较多的增加。一般地说，无论调整消费与积累的比例，还是调整投资内部的结构，进而影响供给结构，比较易于为人们接受的稳妥的办法，是在大体保持原有基数的条件下改变不同部分的增长速度。能不能实行这种办法以及在实行过程中能不能拥有较大的回旋余地，在很大程度上取决于能否多增加一些国民收入。既要控制总需求、控制过高的生产增长速度，又要尽可能多地增加国民收入，这是一个矛盾。解决这个矛盾的根本途径，是着重在提高质量、降低消耗上下功夫，以便在社会总产值适度增长的同时提供更多的国民收入。产品质量差、物质消耗高，是我国经济的致命弱点，也是巨大发展潜力之所在。在各个方面首先从经营管理方面进行突破，把这种巨大潜力发掘出来，对于"七五"期间在保持供求总量平衡的前提下，安排好体制改革、生产建设、人民生活这三者之间的关系，具有决定性的意义。

三

为了保持社会供求总量的平衡，在计划经济工作中，要认真搞好财政、信贷、物资、外汇的各自平衡和相互间的综合平衡。

财政和信贷，都是在货币形态上分配与再分配国民收入的重要渠道。财政收入占国民收入比例的高低，对国民收入的初次分配有重要影响；财政支出及其结构，则是国民收入再分配的重要杠杆。在过去统收统支的体制下，国家财政收支总量及其结构，对国民收入生产与分配的总量平衡和结构调整起着主要作用。一般说，财政收支相平衡，反映了国民收入生产与分配在总量上基本平衡；反之，财政出现赤字，则表示国民收入在货币形态上或多或少地发生了"超额分配"。财政为了弥补赤字向银行透支，导致财政性货币发行，引起物价上涨或者结存购买力增加。这里，财政往往起主导作用，信贷则处于被动地位。随着经济体制改革的推进，国民收入初次分配中企业和个人占有的份额相对增多，银行信贷在筹集与融通资金中的作用亦随之增大。过去各方面需要资金，大多向财政申请拨款，现在则越来越多地转向银行贷款。这就要求把财政平衡和信贷平衡密切结合起来，并特别注意搞好信贷平衡，防止信用膨胀。这已成为在新形势下控制需求膨胀特别是投资膨胀，坚持供求总量平衡的关键环节。

为了加强信贷的平衡与管理，需要从健全宏观控制和完善微观机制两个方面采取措施。从宏观的信贷管理来说，主要的措施有：（1）划清财政与银行的职能范围，停止向银行透支来弥补财政赤字的做法；（2）合理确定货币供应量和信贷规模，并由中央银行向各省分行和专业银行下达控制数字，严格按国家的信贷计划和信贷政策发放贷款；（3）逐步完善准备金制度，努力学会运用再贴现率、利率等经济杠杆，控制信贷规模和货币供应量，调节投资构成。从微观机制方面来说，最主要的是，要使企业的利息负担同它的经济利益密切挂钩，并要企业在经济上对按期偿还贷款本息负责；使银行在有权按照国家计划自主贷款的同时，承担发放贷款的风险和责任。这里，涉及一个在改革中有普遍意义的问题，即国家对企业直接控制的减少，既要同间接控制的加强互相适应，也要同微观机制的完善互相协调。间接控制是主要用经济手段进行控制，在企业对自己的盈亏缺乏全面的、严格的责任，从而对经济手段的反应不灵敏、对自己的行为缺乏自我平衡和约束的条件下，这种控制是很难奏效的。所以，借用某些经济学者的术语来说，国家对企业的管理由过去的"硬"控制为主向"软"控制为主的过渡，必须有企业的预算平衡由过去的"软"约束向"硬"约束的转化作基础。

为了保持社会供求总量的基本平衡，还必须在搞好财政、信贷平衡的同时，搞好物资平衡，并使它们之间相互衔接。国民收入在货币形态上的分配要真正落实，必须有物资的保证。积累基金要有相应的生产资料，消费基金要有相应的消费资料。即使国民收入在货币形态的总量上没有超分配，但由于分配结构同实物结构互不适应，也会发生结构性的总量失衡，造成一部分社会购买力不能实现，而一部分物资积压。正因为这样，必须把财政、信贷平衡同物资平衡结合起来。当然，强调物资平衡，并不是要搞包罗万象的实物指标和控制。在有计划商品经济的条件下，对于关系全局的基本消费资料和生产资料，必须在安排价值比例的同时进行统筹计划和综合平衡，既要根据有支付能力的需求调节这些物资的生产和供应，又要按照生产增长和结构调整的可能，检验和修正价值形态的分配比例，从而使两者协调起来。至于对大量的一般物资和上述重要物资的具体品种规格，则可在总量平衡的范围内逐步放开，有计划地运用市场机制去调节其供求平衡。由于相对价格比例的调整往往要通过升高短缺物资的价格来实现，也由于供给结构的变化往往需要一定时间，因此，结构性的供求矛盾也会引起价格水平某种程度的上升。但这和供求总量失去平衡导致的严重通货膨胀不同，它的幅度受到总量平衡的制约，是可以控制的；同时随着供给结构的逐步改变，价格将在新的供求关系上稳定下来，不会造成轮番涨价。这种价格变动对居民生活的影响，也可以事先进行计算并采取相应的措施加以弥补。因此，结构性的物价上升一般不会对经济稳定构成严重威胁。当然，这绝不是说对结构性的价格改革可掉以轻心。由于价格的变动涉及广大群众的切身利益，有的时候结构性的价格变动又往往同总量失去平衡引起的物价上涨交织在一起，因此对价格改革必须采取慎重态度，有计划、有步骤地进行。特别是对那些需求大大超过供给、增产又受资金和资源严重制约的重要物资，价格的调和放尤其要谨慎从事。否则，这些物资的价格会长期居高不下，超出了使用单位的承受能力，以致发生连锁反应，影响整个物价水平。这对于保持社会供求的总量平衡和经济的稳定增长，显然是不利的。

随着对外开放的不断发展，外汇收支平衡对于保持社会供求的总量平衡日益重要。外汇平衡，是国内价值平衡与实物平衡的继续。从价值形态看，对外贸易的顺差或逆差以及利用国外资金的规模，都影响到一定时期可分配使用的国民收入总额。从实物形态看，通过对外经济贸易和交流，出口优势产品，引进先进技术和进口短缺物资，可以促进国内生产建设发展，有利于调节社会供求总量及其结构的平衡。我国的经济越发展，同国际市场的联系越密切，外汇平衡就越成为关系经济平衡和发展全局的重要环节。我们是一个发展中国家，外汇短缺而又需要引进技术和进口物资，因此外汇结存过多对经济发展不利。但没有一定的外汇结存也不行。这将影响我们稳定地发展对外贸易和扩大利用外资的规模。因此，必须力求外贸进出口平衡，并努力增加非贸易外汇收入，在保持合理的外汇结存的条件下，随着吸收能力和偿还能力的增强，适当多利用一些外资，以弥补国内资金不足。这里的关键是，把出口搞上去，创造更多的外汇收入。与此同时，外汇的使用必须认真讲求经济效益，使之真正有利于促进技术进步和提高出口创汇能力。只有这样，才能使财政、信贷、物资的平衡同外汇平衡相协调和衔接，实现社会供求总量的基本平衡，保证国民经济以适当的高速度，持续、稳定、协调地向前发展。

（原载《红旗》1985 年第 20 期）

正确处理改革和建设的关系

中共中央关于制订"七五"计划的建议,从经济的全局和长远发展出发,提出"七五"期间必须坚持把改革放在首位,使改革和建设互相适应,互相促进。这是我们正确处理改革和建设关系所必须遵循的基本原则。

在当前和今后一个时期,经济工作之所以要坚持把改革放在首位,是因为这个时期我国的社会主义经济体制,将由原来僵化的模式转向充满生机与活力的模式。而这个转变,不仅对于当前经济的发展,更重要的是对于今后十年、二十年乃至更长时期经济的持续发展,具有决定性的意义。

20世纪的50年代,我国无产阶级和人民群众在掌握了全国政权之后,胜利地进行了社会主义改造,确立了以公有制为基础的社会主义经济制度。社会生产关系的这一历史性变革,为我国生产力的发展开辟了广阔的道路。在这以后的二十多年间,我们取得了经济建设的巨大成就,但也遭到了几次挫折,社会主义制度的优越性没有能得到一贯的、充分的发挥。究其原因,首先在于实行"以阶级斗争为纲"的"左"的政策。连绵不断的政治运动冲击经济发展的正常进程,"文化大革命"更是走到了不要搞生产的极端、"左"的指导思想也渗透到经济工作本身,"急于过渡"和"急于求成"使我们吃了许多亏。其次,是僵化的经济体制严重束缚了生产力的发展。过度集中的管理,既压抑了企业应有的生机和活力,又使经济工作不可避免地发生严重的主观主义和官僚主义。这是我们在经济建设中付出了高昂代价而得不到应有效果的症结所在。

党的十一届三中全会以来，经过拨乱反正，纠正了长期干扰我们事业的"左"的政策，坚定不移地把全党全国工作的重点转移到社会主义现代化建设上来，同时在经济建设中确立了实事求是、稳步前进的指导方针，这就为我国经济的持续发展创造了良好的政治前提。与此同时，从农村到城市逐步展开了全面经济体制改革已经取得了显著成绩，但以城市为重点的全面体制改革，还处于发轫阶段，要获得成功，还需要五年或者更多一些时间。因此，把改革坚持下去并达到预期的目标，就成为推动我国经济持续发展的根本条件。

在社会主义制度下，随着生产力的发展，上层建筑和生产关系中会经常出现一些不适应生产力发展的环节，需要及时进行调整。这种意义上的改革，将贯穿于整个社会主义历史时期。我们现在进行的经济体制改革，不同于这种经常性的某些环节的局部改革，而是在坚持社会主义基本原则和基本制度的前提下，对经济的运行方式和机制进行全面性的改革。这种改革是社会主义制度的自我完善，同时在一定范围内也包含某种程度的革命性变革。它对促进建设的意义，不是短期而是长期的；它的实现，需要经过周密筹划，采取一系列相互联系的改革措施，因而必须集中一段时间，有计划、分步骤地进行。"七五"期间是改革的关键时期。经过这五年或者更多一些时间的努力，我们要使改革基本就绪，基本上奠定新的经济体制的基础。正因为这样，在这个时期必须把改革放在首位，使建设的安排有利于改革的顺利展开。这决不是轻视建设，而正是从根本上为建设的长期健康发展打下基础。

把改革放在首位，使建设的安排有利于改革的进行，最重要的是，要确定适度的经济增长率和合理的建设规模，为改革提供一个比较宽松和稳定的经济环境。总的来说，我们的改革是要消除现行体制中统得过多过死的积弊，有计划地运用价值规律，发挥市场机制的积极作用，促进国民经济既保持旺盛活力又有计划按比例地发展，取得较好的社会经济效益。进行这样的改革，必须有财力物力的支持，需要有一个供求总量大体平衡的市场。如果增长速度过快，建设规模过大，各方面的经济关系绷得很紧，那么改革就难以深入展开和顺利进行，勉强去改，也达不到预期的目的。正是基于这种要求，根据这两年社会总需求急剧膨胀和工业增长速度过快的实际，党中央关于制订"七五"计划的建议提出，"七五"期间的经济发展速度要比这两年降低一些，工农业总产值的年增长率定在7%左右，国民生产总值的年增长率定在7%以上；"七五"前两年即1986年、1987年，固定资产投资的总规模保持在1985年的水平，后三年视当时的情况和条件再适当增加一些建设投资，但对投资总规模仍需注意控制。同时，对消费基金的增长也要适当控制。坚决贯彻落实中央这一决策，对于控制已经过度膨胀社会总需求，使之与总供给逐步复衡。从而消除当前经济生活中存在的某些不稳定因素，为改革提供一个良好的经济环境，具有决定性的意义。

这是不是说，为了有利于改革的进行，在建设方面只是一个控制生产发展速度和建设规模问题呢？不是的。改革需要延续好几年，在这个过程中，人口要增加，人民生活要继续有所改善，为了生产的持续发展，必要的工程建设必须进行。而且各项改革措施往往要涉及国家、集体、个人之间，社会各个阶层之间经济利益的再分配，为了使这种再分配易于为人们所接受，必须尽可能地在普遍提高各方面经济利益的基础上进行调整。这一切，都要求国民收入有较多地增加，说到底，只有有较多的新增国民收入，同时对消费和积累作适度的控制，改革才可能有比较宽松的经济环境，各项改革措施的进行才可能有较多的回旋余地。要增加国民收入，无非有两条途径。一条是靠多投入，在扩大生产总量的基础上同比例地增加国民收入；另一条是靠节约物质消耗和提高劳动生产率，在保持生产适度增长的条件下尽可能多增加国民收入。前一条路子无助于推进现代化，而且势必受现有物质资源的限制。超过能源、交通和原材料等基础设施与基础工业的承担能力，去追求生产在量上的过度扩大,将导致经济不稳,反而影响改革的顺利展开。这是不可取的。我们应当下决心走后一条路,着力在提高经济效益特别是在提高产品质量和降低物质消耗上下工夫。产品质量差、物质消耗高、经济效益低是我国经济的致命弱点,也是今后发展巨大潜力之所在。要把这种潜力充分发掘出来,从根本上说,有赖于改革的成功。但即使在改革的过程中,在新的体制模式尚未形成的条件下,也有许多文章可做。这里最重要的是,在改进宏观管理的同时加强企业管理,特别是加强质量管理、技术管理、物资管理、成本管理,严格工艺纪律和劳动纪律,健全各项基础工作。在建设领域,要坚决贯彻执行以现有企业的技术改造和改建扩建为主的方针,严格控制上新项目。所有建设项目,都要从前期准备、工程设计到组织施工,建立和健全各种形式的责任制度,力求在确保工程质量的前提下缩短建设周期,以较少的投资形成较多的综合生产能力。在这同时,还必须根据现代化建设发展的需要和居民消费结构的变化,相应地调整产业结构和产品结构,使各项生产资源尽可能得到合理利用。做好这些工作,就可以提高各方面的经济效益,从而为改革创造必要的条件。从某种意义上说,这是建设为适应和促进改革所应做的更艰苦、更本质的工作。

把改革放在首位,在一定范围内建设要为改革让点路,但这决不意味着改革可以不考虑建设的需要孤立地进行。归根到底,改革是在建设的发展过程中开展并为建设服务的,它应当也可以同建设互相适应、互相促进。改革的各项措施要有利于经济的稳定增长,有利于促进技术进步和产业结构的合理化,有利于增进社会经济效益。为此,改革必须考虑经济和社会的承受能力,有步骤、分阶段地进行,而不能企求一蹴而就。各项改革措施要相互配套,以便使它们的积极作用得到尽可能地发挥,而把互相掣肘和矛盾的现象减少到最低限度。由于改革的许多具体章法要在实践中探索,因此要十分注意及时发现问题、总结经验,以完善改革方案和改革措施。从当前的情况出发,为了更好地适应和促进建设的发展,在改革中应当特别注意处理好以下几个问题。

第一,进一步搞活全民所有制的大中型企业。这些企业是我国经济和技术发展的骨干,充分发挥它们的积极性和主动性,增强它们自我改造和自我发展的能力,对于推进整个现代化建设,至关重要。经过这几年的改革,大中型企业的活力有所增强,但比之小企业来还很不够。因此,按照《建议》的要求,从外部和内部采取措施,进一步搞活大中型企业,应当成为今后改革中要着重加以解决的问题。计划改革、价格改革、金融改革以及其他方面的改革,都应当注意有利于发挥大中型企业的作用。只有这样,才能使改革更好地发挥促进建设的作用。

第二,减少国家对企业的直接控制,放活微观经济的范围、程度和步骤,应当同国家从宏观上进行间接控制的能力互相适应。增强企业活力,要真正有利于提高社会经济效益,就必须有新的宏观调控机制的保障。所以,简政放权、减少国家的直接控制是改革,适应新的形势加强宏观间接控制也是改革,而且比之放活微观是难度更大的改革。适应"七五"期间生产、建设分两个阶段安排的部署。"七五"前两年的改革,应当围绕稳定经济的要求,在继续搞活企业特别是大中型企业的同时,着重从宏观上加强和完善间接控制体系,努力运用经济手段调节经济,同时抓紧经济立法,加强经济监督和经济信息系统。后三年,要围绕发展社会主义商品市场的要求,进一步加强间接控制,认真搞好生产资料价格体系和价格管理制度的改革,完善税制,改革金融体制,为企业提供良好的外部环境。这样做,可以使改革和建设密切衔接,相互促进。

第三,国家对企业由直接控制为主向间接控制为主过渡,要同企业的预算由"软约束"向"硬约束"的转化互相适应。或者说,企业自主权的扩大,必须同企业经济责任的加重相协调。要对企业的行为规范作出明确的规定,制定企业在经济上对自己的行为承担责任的制度,以及与此相关的各项社会保险制度。同时,要健全经济监督。只有这样,才能使企业朝着有利于增进社会经济效益的方向规划自己的行动,也才能使企业对经济手段的调节作出灵敏的、积极的反应,国家的间接控制才能奏效。在这个问题上,应当区别私有制企业的预算"硬"约束同公有制企业的预算"硬"约束两种不同的范畴,不能把私有制企业的制度当作"硬"约束来设想问题,从而把公有制同企业预算的"硬"约束对立起来。我们必须从公有制企业的实际出发,探索提高预算"硬"度的措施和办法。这是我们改革的一个难点,但也正是我们改革的方向和创新之所在。

第四,直接行政手段运用的减少,要同经济手段运用的加强互相适应。在我国社会主义经济管理中,必要的行政手段是始终不可缺少的。过去的毛病,在于过多地甚至单纯依靠行政手段直接管理经济,这是必须革除的。我们要通过改革,逐步做到主要用经济手段调节经济。但是,在体制转换时期,当一些经济手段因受条件的限制而不能发挥应有作用时,行政手段必须保留。只有这样,才能保证改革有秩序地进行,也才能保证经济生活的正常运转。

把经济改革同经济建设结合起来筹划和进行,是《建议》的一个基本指导思想。认真贯彻这一指导思想及有关的决策,必将对顺利推进改革和建设,全面实现"七五"时期的奋斗目标,发挥巨大的作用。

(原载《中国经济史研究》1985 年第 11 期)

坚持把经济体制改革放在首位的方针

"七五"计划最重要的特征,是把全面推进经济体制改革作为第一位任务,使改革和建设相互适应,相互促进。深刻理解中央这一决策的必要性和基本内容,对于正确执行和圆满实现"七五"计划,具有十分重要的意义。

一 "七五"期间把经济体制改革放在首位的必要性

在"七五"期间把改革放在首位,这不是凭人们的主观意愿,而是由我国经济和社会发展的客观进程决定的。

长期以来,我国的经济发展尽管取得了巨大成绩,但并不理想。究其原因,首先是政治上不安定。由于实行"以阶级斗争为纲"的"左"的政策,连绵不断的政治运动严重冲击了经济的正常发展,"文化大革命"更是走到了否定生产建设的极端。"左"的思想也渗入经济工作本身,生产资料所有制方面的"急于过渡"和生产建设上的"急于求成",使我们吃了许多亏。其次,是原有的经济体制束缚了生产力。过于集中的管理,既严重压抑了企业的生机和活力,又不可避免地造成经济管理中的主观随意性和官僚主义,致使经济活动达不到应有的效益。党的十一届三中全会以后,通过广泛深入的拨乱反正,坚决摒弃"左"的理论和政策,巩固和发展了安定团结的政治局面,及时把全党全国的工作重心转到社会主义现代化建设上来,并且制定了符合我国基本国情的经济战略和一系列方针政策,这就为经济的健康发展创造了良好的政治前提。与此同时，从农村到城市逐步展开了对经济体制的改革。改革已经取得重大进展，尤其是农村改革收效极为显著，但以城市为重点的全面改革还只取得了初战的胜利，要达到预期目标，还需要大量的工作和较长的时间。因此，把改革坚持下去，进一步革除经济体制方面束缚生产力发展的种种障碍，就历史地成为推动我国经济前进所必须抓住的中心环节。

还要看到，经过前几年的改革，旧体制已在许多方面被突破，新体制的成分逐步增加，并在经济运行中发挥日益重要的作用。总的来看，如果说党的十二届三中全会以前旧体制还基本上起着支配作用，那么经过1985年以城市为重点的全面改革跨出了重要步伐之后，在经济生活中已经开始出现了新旧两种体制同时并存、交互作用的局面。这是前一段积极推进改革的结果，也是今后要集中精力加快改革的原因。在我们国家，由于种种客观和主观的条件，改革不可能也不宜于采取"一揽子"办法，一举告成，而只能循序渐进，逐步加以实现，以减少社会震荡，增加探索的机会。这样，旧体制的消亡和新体制的形成，都需要有一个过程。在这个过程中，新旧两种体制的共存是不可避免的，而且要经过较长的时间，新体制才能完全代替旧体制。但是，这并不意味着两种体制不分主次并存的状况可以延滞很久。因为在这种状况下势必产生一系列的矛盾和问题，不利于改革和建设的发展。主要是：其一，企业的行为机制难以合理。由于旧体制的束缚还比较多，企业特别是大中型企业的活力还不够；又由于新体制不配套和某些改革措施不完善，企业对已经得到的权益还往往不能正确加以运用，企业只负盈不负亏、片面追求短期效益的现象很难避免。其二，宏观控制的难度增大。一方面旧体制的许多部分已失去效应或者功能大为削弱，另一方面新体制的有关职能又尚未建立和健全，这就形成管理上的某些真空和漏洞，稍有不慎便会出现这样或那样的失控；不法分子也会乘机活动，导致某些混乱现象的滋生、蔓延。其三，原有的利益关系已在改革中受到不同程度的触动和调整，而新的利益关系的格局又没有形成，势必发生一些机会不均等和收入分配不合理的现象，引起群众不满，如此等等。这一切，一旦发展到危及经济全局稳定和社会安定时，就不得不采取强硬的措施加以控制和纠正，而这又往往强化了旧体制。凡此种种都说明，两种体制作用强度大体相同的状态不宜延续过长，否则既妨碍经济的正常运转，也将增加进一步改革的困难。这就要求把改革突出起来，力争在较短的时间内取得决定性的胜利，使经济运行基本上纳入新体制的轨道，然后用较多时间去充实、完善新体制。这是从根本上克服当前遇到的某些矛盾和困难、促进经济健康发展的关键所在。

从更长的历史跨度上考察，这次经济体制改革，不同于那种在整个社会主义历史时期都要经常进行的某些环节的局部改革，而是在坚持社会主义基本制度和基本原则的前提下，对经济的运行方式和机制进行全面性的改革。这种改革是社会主义制度的自我完善，同时在一定范围内也包含某种程度的革命性变革。它对促进建设的意义，不是短期而是长期的；它的实现，需要经过周密筹划，采取一系列相互联系的改革措施，因而必须集中一段时间全力以赴加以实行。"七五"时期正是这样的关键时期，把改革作为这个时期的首要任务，使建设的安排有利于改革的展开，已是势所必然。这决不是轻视建设，而正是为建设的长期稳定发展创造条件。

二 经济建设要适应和促进经济体制改革

要把改革放在首位，使建设的安排有利于改革的进行，最重要的，是确定适度的经济增长率和合理的建设规模，为改革提供比较宽松和稳定的经济环境。总的来说，我们的改革是要适应发展有计划商品经济的要求，革除原有体制管得过多、统得过死的弊端，自觉依据和运用价值规律，有计划地发挥市场机制的积极作用。进行这样的改革，必须有财力物力的支持，需要有一个供求总量大体平衡的市场。而要做到这些，关键在于保持恰当的增长速度和建设规模。

为了保证改革的顺利展开，没有一定的增长速度是不行的。经济增长速度过低，就不可能继续增强国家的经济实力，也不可能保证每年新增 1000 多万人口的生活需求和原有人口改善生活的要求。这样，既无必要的力量支持改革，也难以形成市场供求总量的大体平衡。因此，我们应当在提高效益的前提下争取有比较高的、能够持续增长的速度。但是，如果超越现实的可能去追求过高的速度，那就会造成经济关系的全面紧张，既不利于改革，也不利于建设。这样的速度即便一时上去了，也难以持久，一旦支撑不住还要掉下来，给经济发展带来严重的消极后果。正因为这样，"七五"计划在对需要与可能进行认真综合平衡的基础上，确定工农业总产值平均每年增长 6.7%。其中农业增长 4%，工业增长 7.5%；国民生产总值平均每年增长 7.5%。这个增长率比"六五"的实际增长率低一些，但它是切合实际的、有后劲的速度，是有利于促进改革的速度。

要造成比较宽松的经济环境，做到社会供求总量大体平衡，必须使固定资产投资规模与国力相适应。历史的经验一再证明，脱离国家财力物力的可能，把投资规模搞得过大，必然使各方面的经济关系绷得很紧，导致比例关系严重失调。在这种情况下，经济持续稳定的增长都难以保持，当然更谈不上推进改革了。鉴于"六五"后期固定资产投资增长过猛，经济生活中出现的一些不稳定因素需要继续加以消除，中央提出，"七五"前两年固定资产投资规模大体保持 1985 年水平，后三年视情况再适当增加一些投资。根据中央这一决策，"七五"计划规定五年内全民所有制单位固定资产投资 8960 亿元，比"六五"期间增长 70%。其中基本建设投资 5000 亿元，增长 49%。在计划执行中，我们必须坚持量力而行的原则，务必把投资规模控制在国力许可的范围之内。这是保证改革顺利展开的一个决定性条件。

进一步地说，为了适应和促进改革，在建设方面除了要十分注重保持恰当的增长率和建设规模外，整个经济发展战略都必须更好地转到新的轨道上来。因为改革需要延续多年，在这个过程中，人口要增加，生活要改善，为了生产的持续发展，必要的工程建设必须进行。而且各项改革措施的推行往往要涉及国家、集体、个人之间，社会各阶层之间经济利益的再分配。为了使这种再分配易于为人们所接受，必须尽可能在普遍增加各方面经济利益的基础上进行调整。这一切，都要求国民收入有较多增加。说到底，只有较多的新增国民收入，同时对消费和积累的增长作适度的控制，改革才可能有比较宽松的经济环境，各项改革措施的实行才会有较大的回旋余地。而要增加国民收入，只有两个办法：一个办法是大量增加投入，主要靠增加生产总量来增加国民收入；另一个办法是主要靠节约物质消耗和提高劳动生产率，在保持生产适度增长的条件下尽可能多地增加国民收入。前一种办法是过去走的路子，既不利于促进经济的现代化，又必然受到现有物质资源的限制。超越物质条件的可能去追求过高的速度和过大的建设规模，将导致经济不稳，也不利于改革的推进。这是不可取的。正确的抉择，是下决心采取第二种办法，即把经济的发展进一步转到以提高经济效益为中心的轨道上来。这也说明，体制模式的转换与发展战略的转变有着内在的密切联系，是相辅相成、相互促进的。正是基于这种要求，"七五"计划在确定适度的经济增长率和建设规模的同时，在建设方针上还作了相应的部署：（一）把提高经济效益特别是提高产品质量放到十分突出的位置，提出了严格的要求和相应的措施；（二）合理调整投资结构，正确确定建设项目，提高投资效果；（三）注意科技进步和智力开发，把经济发展进一步转到依靠科技进步上来；（四）以增强出口创汇能力为中心，进一步扩展对外经济贸易和技术交流；（五）合理确定人民生活水平提高的幅度，使消费与积累协调发展。这些方针，反映了我国新的经济发展战略的主要内容，是今后要长期坚持实行的。而在"七五"时期认真执行这些方针的意义，不仅在于发展建设本身，而且在于使建设与改革相互适应，以支持改革，促进改革。

三 经济改革要适应和促进经济建设的发展

坚持把改革放在首位，一方面要求建设的安排适应改革，必要时建设还要适当让点路；另一方面，也要求改革应当适应建设，发挥促进建设的作用。我们的改革是在建设过程中展开的，其根本目的是促进建设，它不可能也不应当离开建设孤立地进行。同时，改革需要财力物力的支持，需要通过增加各方面的收益来显示自己的威力，这一切都只有在建设发展的基础上才能实现。从这个意义上说，促进建设不仅是改革的目的，也是改革顺利进行的条件。

改革要适应和促进建设，首先是改革的部署和步骤要充分考虑经济和社会的承受能力，有利于促进经济的稳定增长。总的来说，改革的收效要比它所需的经济支持大得多，否则改革就失去了意义。然而各项具体改革措施的效应，往往要经过不同的时间才能充分发挥。这就有一个滞后期的承受力问题。在一定范围内，为了保证急需的改革，建设规模可以适当压缩，但超过一定限度，就会影响某些必需工程不失时机地及早安排，影响经济发展的后劲。因此，改革也要考虑必需的建设，在保持社会供求总量基本平衡和经济稳定发展的条件下量力而行。"七五"计划正是全面考虑了这种要求来安排改革的，它并不要求今后五年完成全部改革工作，而只要求大体形成新体制的框架，使经济的运行走上新体制的轨道。这是从现实的条件出发，统筹改革和建设的全局作出的决策，经过努力是可以实现的。

为了使改革适应和促进建设，改革的措施要密切结合和促进各项建设方针的实行，有效地推动经济发展战略的转变。各项改革措施要周密设计、相互配套，以便使它们的积极作用尽快得到充分发挥，而把互相掣肘和矛盾的现象减少到最低限度。由于改革的许多具体章法需要在实践中探索，因此要十分注意及时发现问题、总结经验，以完善改革方案和改革措施。正是从改革的总体目标出发，同时充分考虑促进"七五"时期建设的要求，"七五"计划提出主要抓好三个方面的改革：（一）进一步增强企业特别是全民所有制大中型企业的活力，使它们真正成为相对独立的经济实体，成为自主经营、自负盈亏的社会主义商品生产者和经营者。这既是形成新体制的中心环节，也是当前为促进生产建设所亟待解决的问题。大中型企业是我国经济发展和技术进步的骨干，"七五"期间要提高经济效益和产品质量，改善产业结构、产品结构和企业结构，就必须增强它们自我改造、自我发展的能力，同时完善企业的行为机制，强化企业的自我约束。（二）进一步发展社会主义商品市场，完善市场体系。这里的关键在于进一步改革价格体系和价格管理制度，重点是解决能源、原材料等生产资料价格偏低的问题。这既是为企业造成一个既有动力又有压力的外部经济环境，也是合理调整投资结构、产业结构的重要措施。（三）国家对企业的管理逐步由直接控制为主转向间接控制为主，建立新的社会主义宏观经济管理制度。这是使企业的微观活动符合宏观经济要求的保证，也是在"七五"期间控制和调节投资、消费基金和外汇收支，保持社会总需求与总供给基本平衡的必要条件。

从以上的分析可以看出，积极而又稳妥地推进"七五"期间的体制改革，是贯彻"七五"的建设方针和实现"七五"建设部署最重要的保证。总揽社会主义现代化建设全局，把经济改革与经济建设结合起来筹划和进行，是"七五"计划的一个基本指导思想。

（原载《人民日报》1986年4月21日）

努力实现国民经济长期持续、稳定、协调发展

党的十三届五中全会通过的《关于进一步治理整顿和深化改革的决定》，总的精神和指导思想，就是要通过治理整顿和深化改革，努力实现国民经济的长期持续、稳定、协调发展。

当前，国家稳定是第一位的大事。而国家要稳定，就必须稳定经济，这是基础。平息政治风波以来，党中央作出了一系列重大决策，抓清查清理和考察干部，抓思想政治工作、抓党的建设和廉政建设，这些对迅速稳定大局起了十分重要的作用。然而，政治要稳定，社会要稳定，国家要长治久安，归根到底还必须抓好经济工作，实现经济的稳定发展。如果我们不能在逐步减轻通货膨胀方面作出成效，经济长期陷于总量失衡、结构失调、秩序混乱的状态，那么政局就难以稳住，社会也安定不了。因此，在继续巩固和发展安定团结的政治局面的同时，必须集中力量进一步抓好治理整顿、深化改革，使国民经济出现一个新的转机。

搞好治理整顿，最重要的是逐步缓解经济总量失衡的矛盾。前几年投资需求与消费需求急剧膨胀，超过了现有国力和社会生产的承受能力，在相当程度上是靠打赤字、发票子和举借内外债支撑的，现在通货膨胀明显加剧，内外债又即将进入偿还高峰，上述情况不能再继续下去了。出路就在于下决心把过大的社会总需求压缩下来，坚决缩减投资规模，切实控制消费需求，坚持从紧的财政金融政策，真正过几年紧日子。同时，要努力增加有效供给，使国民经济在治理整顿中保持适当速度的持续增长。从当前的情况看，控制需求仍然是重点，但也不可忽视增加有效供给。针对近年来出现

的市场销售疲软、资金紧缺、工业速度下降过猛等情况，应当在坚持双紧方针、抓紧结构调整和提高企业素质的前提下，在宏观上采取必要的疏导措施，有重点地解决某些方面的资金困难，适当刺激有效需求，同时积极搞活商品流通，努力开拓国内和国际市场，以保证经济的正常运转和适度增长。

为了在压缩需求的同时增加有效供给，必须在调整经济结构、整顿经济秩序和提高经济效益上下功夫。调整经济结构，关键是要集中力量办好农业。这几年粮食产量徘徊不前，棉花产量下降，而人口增加，工业发展，农产品的供求矛盾日益尖锐。因此保证农业特别是粮棉油等主要农副产品的稳定增长，并且增强农业发展的后劲，是稳定经济、稳定社会的基础，必须在加强领导、增加投入、推广先进科技成果、增加农用生产资料的供应和深化农村改革等方面采取得力措施，务求收到明显成效。在工业内部，要在保持能源、交通、原材料等基础工业和基础设施稳定发展的同时，大力调整加工工业，提高加工工业的素质与水平，使之与基础产业的发展相协调，与国内外市场的变化相适应。要充分发挥国营大中型企业的骨干作用，并按照"调整、整顿、改造、提高"的方针引导乡镇企业健康发展，逐步形成大中小企业合理分工、密切协作的企业结构。必须认真整顿经济秩序特别是流通秩序。继续清理和整顿公司，坚决砍掉那些重利盘剥、扰乱市场、哄抬物价的中间环节，同时加强市场管理和物价管理，健全市场规则和秩序，并采取切实措施逐步解决生产资料价格"双轨制"问题。治理整顿的要求能否实现，归根到底取决于经济效益能否有较大提高。必须抓住总量紧缩、结构调整这个时机，大力促进技术进步，有计划、有步骤地进行设备更新和技术改造，同时努力改善经营管理，使企业和整个经济的素质提高到一个新的水平，从而在提高质量、降低消耗、增进效益上作出显著成效。

治理整顿和深化改革是统一的，互相促进的。治理整顿不仅需要有正确的指导方针和政策措施，而且需要有经济运行机制的改善和提高。这几年经济生活中出现的问题和困难，固然同经济发展的具体指导上发生失误分不开，然而更为深层的原因还在于过于分散的资源分配格局和具有强烈的膨胀冲动而又缺乏自我约束的经济机制。不触及这种分配格局和改善这种经济机制，就难以消除需求膨胀的动力源，治理整顿的一些行政措施也会遇到重重阻力，因而也就不可能把治标与治本结合起来，真正有效地解决问题。从这个意义上来说，治理整顿不仅需要深化改革的配合，而且本身就包括深化改革的内涵，这是一方面。另一方面，改革必须为发展服务，在当前要为治理整顿、稳定经济服务。在治理整顿期间，改革的重点是要按照计划经济与市场调节相结合的原则，稳定、充实、调整和改善已有的改革措施，实行适当集中，在继续搞活微观经济的同时逐步建立能够促进经济稳定发展的宏观调控体系。这里既包括已有改革成果的巩固和开展，又包括对妨碍改革健康发展的失误与偏差的纠正，这不仅是治理整顿的需要，也是改革沿着正确方向配套发展的需要。决不能用偏离社会主义方向的观点来看待改革，认为只有向私有化和完全市场经济的方向推进才是改革，否则就是改革的停滞、倒退；也不能用简单片面的观点来理解改革，认为只有放权让利才是改革，而健全市场秩序、加强和改善宏观调控都不是改革。事实上，它们不仅是改革的有机组成部分，而且是更为复杂、更为艰巨的改革。

治理整顿与对外开放也是统一的、相互促进的。治理整顿的推进，可以为对外开放创造更好的环境和条件，而坚持对外开放，则可以通过国际市场的交换，缓解治理整顿过程中经济总量和结构方面存在的矛盾。因此，在治理整顿期间要毫不动摇地坚持对外开放的方针，更有成效地扩展对外贸易和经济技术交流。

治理整顿的目的和意义，不仅在于要克服当前的困难，把经济稳定下来，而且在于要以此为契机，使我国经济走上长期持续、稳定、协调发展的轨道。四十年来，我国经济建设取得了有目共睹的巨大成就。但也有失误，走了不少弯路。最大的教训，就是脱离国情，超越国力，急于求成，大起大落。这种波折，严重挫伤群众积极性，造成财力物力的巨大损失，想快反而慢。现在回过头来可以看得很清楚，如果没有历史上发生的几次大的经济波折，我们取得的成绩肯定会更大，效果会更好。党的十一届三中全会以来，我们确定了"三步走"的发展战略，从战略部署上纠正了急于求成的偏向，这是一个巨大进步。但是在实际执行中又发生了求成过急的偏差，以致社会总需求大大超过总供给，经济结构严重失调，通货膨胀愈演愈烈。在经济发展过程中，小的波动是难以避免的，往往也是正常的，但大的波动应当加以避免，而且只要指导得当，工作得力，也是完全可以避免的。通过这次治理整顿，我们一定要认真汲取教训，进一步端正指导思想，牢固树立长期持续、稳定、协调发展的基本观念，把它具体落实到各项经济工作和经济政策中去，并逐步从法制上加以保证。我们说治理整顿不是消极的而是积极的方针，其主要的根据就在这里。

如何实现国民经济长期持续、稳定、协调发展呢？

从经济发展方面来说，有几条经验是需要加以十分重视的。

第一，坚持社会总需求与总供给的基本平衡，保持适度的经济增长率。

需求过旺、经济过热，是历次出现波折的主要原因。大起大落，问题首先出在大起。由于盲目追求过高的增长速度，就超越国力扩大建设规模和刺激消费需求，一时热热闹闹，到了国力难以支撑时不得不进行调整，造成大落。因此，要保持经济稳定发展，关键在于防止大起，防止在顺利的时候头脑发热。我们是一个社会主义大国，又是一个经济落后的穷国。人民群众有着尽快改变落后面貌的强烈愿望，我们也具备许多有利条件，应当也完全可以使经济发展得快一些、好一些。然而必须清醒地看到，由于人口众多，资源和资金相对短缺以及科学文化水平落后，我们的社会主义现代化建设必然要经过长期艰苦奋斗，经过几代人坚持不懈的努力，才能取得成功。任何希望在短期内靠一两个措施就出现奇迹的想法和做法，都是不现实的。应当坚决扫除这种侥幸心理，尤其在发展较为顺利的时候更要警惕这种心理的滋生和抬头。在整个社会主义现代化建设过程中，一定要十分注意固定资产投资规模同国力的可能相适应，在这个前提下合理安排和调节投资结构，不断增强发展后劲；一定要长期坚持艰苦奋斗的方针，既应当在生产发展的基础上逐步改善人民生活，又务必把消费基金的增长控制在低于生产增长和劳动生产率提高的幅度之内；一定要坚持财政、信贷、外汇、物资的各自基本平衡和相互之间的综合平衡，决不能靠发票子搞建设，更不能靠发票子刺激消费，这不仅难以为继，而且必然带来严重恶果。积极利用国外资金是完全正确的，但要考虑偿还能力、配套能力，要符合我国产业政策，用得合理，用得有效益。在恪守这些原则的基础上，保证基础牢靠的经济增长率，使国民经济稳步地然而却是持续不断地向前发展。

第二，坚持以农业为基础，协调好国民经济的各项重大比例关系。

总量失衡往往是同结构失调相伴而生、相互推进的。我国经济结构的核心问题，是农业发展及其同工业发展的关系问题。我国人口多，耕地少，发展农业始终是一个不可掉以轻心的严重任务。中华人民共和国成立以来几次大的经济波折，都同农业受挫的景况密切相关。决不能在农业收成不好时重视农业，而获得了好收成就盲目乐观，忽视农业。经济的现代化需要使农业人口逐渐转向其他效率较高的产业部门，但这种转移必须以农业生产的稳定增长和后劲增强为前提，还要考虑工业和整个经济的承受能力，既不能止步不前，又不能操之过急。我国经济结构的另一个重要问题，是基础工业的发展及其同加工工业发展的关系问题。我们固然要十分重视加强和发展能源、交通和重要原材料等基础工业、基础设施，这是我国经济持续发展的必不可少的重要条件。但同时应当更加重视控制加工工业的发展规模和速度，着力于改善加工工业的内部结构和地区布局，不断提高其素质。四十年来，我们建立了一个部门比较齐全的庞大的加工工业体系,这是很大的成绩。问题是结构不合理,技术素质不高,经营管理落后,因而质量差,消耗高,浪费极为严重。这种状况不改变,基础工业承受不起,国力承受不起,也不能适应国际市场的激烈竞争,经济就难以实现良性循环。在今后一段时间内,必须把调整、改组、改造加工工业作为一个重点来抓好,并且长期坚持下去。

第三,必须把教育和科技放在重要战略位置,大力推进技术进步,努力改善经营管理,千方百计提高经济效益。

保持总量平衡和促进结构合理化,都要求提高经济效益。真正逐步地把经济发展从速度型、规模型转到讲求投入少、产出多的效益型上来,是缓解我国经济生活中的诸种矛盾,保证经济持续、稳定、协调发展的基础。提高效益,要靠科技,要靠管理,而基础在人才,在劳动者的素质。因此,必须把教育和科技作为最基本的建设来抓。既要下决心逐步增加投入,又要努力提高这些投入的使用效益。在国力有限的条件下,必须使教育与科技的发展同经济发展处于紧密的相互促进的循环之中。这就要合理安排教育与科技的结构,统筹兼顾,瞻前顾后,使它们更好地为经济建设服务,尽快转化为现实的生产力。

第四,始终坚持计划生育、保护耕地和保护环境的基本国策,使经济建设与社会自然环境相互协调。我国经济生活中的很多问题,归根到底是由人口多、耕地少引发的。必须把控制人口增长、提高人口素质的工作长期不懈地抓紧抓好,决不犹豫动摇,乱开口子,否则将造成几代人都难以补救的过失。要十分珍惜每一寸耕地,坚决制止滥占耕地、浪费用地的行为,同时有计划地开垦宜农荒地,不断增进地力。要长期不懈地重视植树造林,建设草原,治理大江大河,节约水资源,保护和改进生态环境。

实现国民经济长期持续、稳定、协调发展,既需要在经济发展上有正确的指导方针和政策措施,又需要有相应的体制保障。我国历次经济大波折,固然同发展指导上的失误分不开,也同经济体制的缺陷密切相关。在这方面，一定要在四项基本原则的基础上坚持改革开放，不断完善社会主义制度，日益充分地发挥社会主义的优越性。总结以往的经验，也有几个问题需要认真加以注意。

第一，正确处理集中与分散的关系，既要充分发挥地方、企业的积极性，又要维护中央的权威，确保国家必要的宏观调控能力。

我们是一个大国，各地经济文化的发展又很不平衡，搞社会主义建设没有地方、企业的积极性不行。同时，正因为我们是大国，经济发展水平总的来说不高，没有必要的集中，就不可能把有限的资源积聚起来办成几个大事，较快地改善经济结构，从根本上提高整个经济的素质与水平。不能一会儿把集中说得绝对好，一会儿又把分散说得绝对好。这都是片面的。问题的关键，是要根据不同时期和不同条件，把必要的集中和适度的分散结合起来，在经济生活中形成既有集中又有民主、既有统一意志又有多方面积极性的局面。在这个问题上我们已经有了一些经验教训，但还需要在实践中探索，不断进行总结，力求把问题处理得更好一些。在不同时期，由于需要解决的经济任务和面临的条件不同，在集中与分散这两个方面既需要也可以有所侧重。但是，在强调集中的时候，必须注意不要影响地方、企业符合宏观经济要求的积极性；而在强调分散的时候，则要防止忽视中央必要的集中。中央的集中应以不妨碍地方、企业发挥正当积极性为限度，地方、企业的分散则应以不破坏总量的基本平衡和重大结构的合理趋向为限度。当然，这个限度的具体界限不是固定不变的，而是随着条件的变化发生变化的，这需要我们在实践中去把握、去研究，衡量的基本标准应当是能否保证经济长期持续、稳定、协调地发展。

第二，正确处理计划调节与市场调节的关系，真正做到经济运行活而不乱。

实践证明，把计划调节绝对化，计划统得过多、管得过死，不利于调动多方面的积极性，也不利于协调各种经济关系，提高经济效益，适应经济长期持续、稳定、发展的需要，是必须加以改革的。同时，在中国这样一个人口众多的社会主义国家，搞私有化为基础的完全市场经济也不行，这样搞必然造成经济混乱和两极分化，断送社会主义前途，就谈不上经济的持续、稳定发展了。正确的方向，是在公有制为主体的基础上，把计划调节与市场调节结合起来，形成符合我国国情的经济运行机制，做到活而不乱。应该看到，计划调节必然有鞭长莫及之处，而且我们的计划工作水平还不高；也应当认识到，市场调节绝非万能，而且在我国市场的发育和健全需要经历一个相当长的过程。不能把计划调节狭隘地理解为一切靠行政命令、直接指挥，自觉地运用经济杠杆、经济政策是计划调节的重要形式，但也决不能否认直接支配一定的资源加以合理使用是计划调节必要的重要形式。不能把市场调节完全归结为经济的自发运动，在某种程度上它可以受到国家经济计划与经济政策的控制，但由于整体利益和局部利益之间的矛盾，市场调节必然带有或多或少的自发性、盲目性。不能认为计划调节必然是僵化的、低效的，也不能认为市场调节必然是灵活的、高效的。合理范围和正确程度上的计划调节会比市场调节有效得多、节省得多，而滥用市场调节反而会造成巨大的损失和浪费。问题的关键，在于扬长避短，根据现实的条件把这两种调节方式大体合理地结合起来。当然，它们结合的范围、程度与形式也不是一成不变的，而必然要随着主客观条件的变化而变化。有的时候需要多一些计划调节，有的时候则可以多一点市场调节；有的领域计划调节要多一些，有的领域市场调节可以多一点。对于这个问题，我们还有很多知之不多乃至未知的领域，需要从理论与实践上继续研究和探索。权衡的基本标准，不是抽象的原则和模式，而是能否保证国民经济持续、稳定、协调发展。从目前我国经济发展所处的阶段及其需要解决的基本任务来看，资源长期配置的领域，关系国计民生的生产资料和消费品的生产与流通，应当发挥计划调节的功能；而在简单再生产领域，在一般商品的生产与流通中，则可以逐步多发挥市场调节的积极作用。这样，既可以保证经济的总量平衡和重大结构调整的顺利推进，不致发生宏观失控，又可以促使企业面向市场，提高效益，把微观经济搞活。当然，在计划调节内部要妥善处理指令性计划与指导性计划的关系，指令性计划也要注意运用经济规律包括价值规律。同时，对市场调节要加强计划指导和行政管理，尽量防止和减少其消极作用。

第三，逐步建立和健全科学的经济决策体系与制度，并从法制上加以保证。

重大经济政策、经济措施和重大建设项目的确定，一定不能草率从事，不能少数人说了算，不能从局部利益出发分头决策，政出多门，而必须经过科学程序，汲取各方面的合理意见和专家的论证，从全局利益出发作出尽可能反映客观规律的决断。有些事情，还要经过试点，被证明确实可行的再推行。一旦形成决定之后，就要严格贯彻执行，定期检查，认真总结，而不能轻易变动，朝令夕改，或者束之高阁，另搞一套。五年的重大决策，应当在五年计划中基本确定下来；一年的重大决策则应在年度计划中确定下来。没有特殊必要的原因，在执行中尽量不作变动，确实需要调整的，也要经过合法程序，谨慎从事。

总之，要实现国民经济长期持续、稳定、协调发展，需要我们从经济发展和经济改革两个方面认真总结经验，采取切实有效的措施，并且使它们相互适应，密切配合。经济理论工作者和实际经济工作者，需要共同协作，围绕着这个主题展开多领域、多层次的研究，作出越来越多的有价值的研究成果。

（原载《中国计划管理》1989 年第 12 期）

继续推进治理整顿和深化改革的几个问题

国家要稳定,政治稳定是前提,经济稳定是基础。我们必须在巩固和发展安定团结的政治局面的同时,坚定不移地继续推进治理整顿和深化改革,使国民经济逐步走上持续、稳定、协调发展的道路。为此,我们首先要对治理整顿的进展情况及目前经济生活中存在的问题,有一个科学的认识和判断,并在这个基础上作出相应的对策。

一

我们实行治理整顿和深化改革的方针已有一年多的时间。尽管1989年春夏之交那场政治风波,对经济工作有很大干扰,但经过全党和全国人民的团结奋斗,治理整顿和深化改革仍然取得了比较明显的成效。

这种成效的一个集中表现,是通货膨胀得到控制,物价上涨幅度逐步下降。由于前几年经济过热,通货膨胀日益加剧。1988年全国零售物价总水平上升幅度突破一位数,达到18.5%,超过了企业、国家财政和居民的承受能力,发生了挤兑抢购风,严重威胁到经济稳定和社会安定。经过一年多的治理,情况发生了可喜的变化。1989年全国零售物价指数上升17.8%,虽然只略低于1988年,但物价涨幅逐月有较大的下降。1989年1月物价比1988年同期上涨27%,12月回落到6.4%。1990年1月、2月物价比1989年同期上升4.1%。1989年10月至今,物价上涨的幅度已经连续6

个月控制在一位数以内。与此同时，人民基本生活必需品的价格稳定，有些商品的价格还稳中有降。现在商品供应比较充足，市场平稳，人心安定。

物价涨势趋缓，是总量失衡的矛盾有所缓解的表现，也是流通领域得到初步治理的反映。1989年全国固定资产投资规模比1988年减少11%，如果扣除价格上升的因素，实际工作量下降20%以上。消费基金过快增长的势头也得到抑制。1989年职工工资总额增长14%，社会集团购买力增长4.2%，增幅都大大低于1985年，也低于当年物价上涨的幅度。由于提高银行存款利率，开办保值储蓄，居民储蓄存款大幅度增长，货币增发量明显减少，推迟和转移了相当一部分社会购买力。据有关单位测算，1989年社会总需求超过总供给的差率为8%，比1988年16%的差率减少了一半，扣除价格上涨吸纳的部分之后，当年社会供求总量基本持平。这种多年没有出现过的现象，是物价涨势趋缓的根本原因。整顿流通秩序取得进展也对控制物价起了不可忽视的作用。截至1990年2月底，全国已撤并公司7万多个，占公司总数的24.5%。党政机关办的各种公司绝大多数已经撤销或同机关脱钩，机关干部在公司兼职或任职的问题基本得到解决。与此同时，有关部门和各地方对健全市场秩序、加强市场管理和控制市场物价做了大量工作。这不仅促进了廉政建设和社会风气的改善，也减少了倒买倒卖、中间盘剥和乱涨价、乱收费等混乱现象，抑制了物价的涨势。治理整顿、深化改革取得明显成效的又一个表现，是在通货膨胀率逐步降低的同时，国民经济得以继续发展。1989年国民生产总值比1987年增长3.9%，国民收入增长3.7%。农业获得较好收成，粮食总产量达到8149亿斤，达到历史最高水平；农业总产值比1988年增长3.3%。工业生产1989年前八个月保持了一定的增长速度，9月以后转入低速增长，全年工业总产值比1987年增长8.3%，一些关系国计民生的重要产品，一直保持了较好的发展势头。经济结构开始有所调整。重点建设取得新的进展。对外贸易和经济技术交流继续发展，国家外汇储备增加，国际收支状况有所改善。这说明整个国民经济的态势正在朝好的方向转变。

二

在看到我们已经取得的成效的同时，还必须看到当前经济中存在的问题和困难。对于面临的问题和困难，宁可估计得重一些，做好克服困难的充分思想准备，这比对问题和困难估计不足，过于乐观和掉以轻心，要主动得多。

（一）应当清醒地看到，多年积累下来的一些深层问题尚未根本解决，治理通货膨胀的任务还十分艰巨

第一，总量失衡的矛盾依然相当严峻。当前市场购买需求减弱，固然有紧缩需求的成效，但在相当程度上是靠推迟和转移社会购买力促成的。到1989年年底，居民储蓄存款余额已超过5000亿元，加上居民手存现金，社会的结存购买力高达7000亿元。这对市场稳定不能不是一个严重威胁。目前，社会货币流通量与商业库存总额相比，每元货币拥有的商品库存只有1.3元，大大低于需要的正常水平。今年（1990年，下同）居民购买力与商品可供量之间的平衡还有相当差额，不少重要商品仍需靠动用库存来弥补缺口。财政连年有赤字，1989年的财政赤字突破了预算，今年由于进入内债偿还高峰期，财政赤字也不可能有多大减少。这是总量依然失衡的一个重要表现。还要看到，农业和能源、交通、重要原材料等基础产业、基础设施薄弱，发展后劲不足，在很大程度上制约着社会有效供给的增加，难以支撑过大的社会需求。因此，仅仅用居民当年的购买需求同供应量相比，由此得出总量失衡的矛盾已经解决，甚至认为总供给已经超过总需求的论断，是不符合实际的。

第二，结构调整进展缓慢。按照国家产业政策，很多该压的生产和建设没有压缩下来，而该保的生产建设则不少没有保上去。即使已经停建的项目和该停产的企业，许多还在伺机再起，并没有进

行生产要素的改组与调整。这种状况不仅严重阻碍资源配置效益的提高,而且潜伏着需求反弹的现实危险。

第三,经济效益仍很不理想,有些方面还有所恶化。1989年预算内国营工业企业可比产品成本上升22.4%,实现利税仅比1988年增长0.2%,亏损企业增长1.2倍。流动资金周转速度延缓,每百元资金实现的利税由1988年的21.99元下降到19.41元。国营商业实现利税比1988年下降53.7%,亏损企业增亏24.9%。质量差、消耗高、经济效益低下,从根本上制约着治理通货膨胀的进程。

第四,经济体制和运行机制的缺陷尚未克服。资源的分配格局过于分散。各类经济主体膨胀的冲动强烈,自我约束的机制十分薄弱。地方、部门和企业往往从局部利益和近期利益出发行事,而国家又缺乏必要的宏观调控力量与手段。因此,无论是总量控制还是结构调整都会遇到阻力,一些正确的政策措施难以落到实处,甚至在执行中发生变形、走样。凡此种种都说明,治理整顿和深化改革的任务远未完成,已经取得的成效也还不巩固,我们必须再接再厉,把工作继续深入下去,决不能有丝毫的松劲情绪。

(二)当前经济生活中又出现了一些新的不可忽视的问题

这主要是1989年第四季度以来工业生产处于低速增长状态,以及由此引起的停工待工人员增多、经济效益下滑和财政困难加重等问题。从1989年9月到1990年2月这半年间,工业生产仅比1988年同期增长0.4%。工业生产低速增长,不是因为生产条件恶化,而是受到资金短缺和市场疲软的制约,其中后者又是问题的关键。从1989年下半年开始,商品销售量逐月下降,8月份出现了多年没有过的负增长。全年社会商品零售总额比1988年增长8.9%,扣除价格上涨因素,实际下降7.6%。生产资料市场也趋疲软。1989年全国物质系统销售的生产资料比1988年下降0.8%,扣除涨价因素,实际下降18.2%。1990年1月、2月,这种情况仍无转机。由于市场销售疲软,企业生产成品积压严重,企业之间相互拖欠急剧上升，资金紧缺的情况有增无减。

从根本上说，市场销售疲软是多年积累的矛盾在新形势下的表现。由于前几年经济过热、需求过旺，拉动了工业生产尤其是加工工业的盲目高速发展，摊子越铺越大，结构又极不合理。现在需求受到控制，经济逐渐降温，势必有一部分生产发生困难。首先是那些质次价高、性能落后、款式陈旧的产品卖不出去了；其次是一部分生产能力过大的产品，如彩电、冰箱等家用电器和其他一些助长高消费的耐用消费品，发生了销售困难；最后由于投资规模压缩，一部分建筑材料滞销。这几类产品交互作用并导致相关产品的需求减少，因而使一部分本来不应滞销的产品也出现了销售困难。此外，随着市场物价涨势趋缓，银行利率相对偏高，影响了居民的购买积极性和商业、物资部门的进货积极性；市场的分割封锁，流通不畅，也对销售疲软起了推波助澜的作用。从宏观调控措施来看，则存在见事迟、疏导不够的缺点。为了压缩过大的社会总需求，紧缩财政金融的方针是完全必要的，但由于缺乏经验，在操作过程中适时适度调节不够，分类指导不够，存在前紧后松和"一刀切"的毛病。

从上面的分析可以看出，就问题的主要方面来说，市场销售转疲，工业速度回落，是治理整顿克服原有矛盾，国民经济由过热状态转向正常状态的进程中难以避免的，也是推进结构调整和提高经济效益的必要条件。因此，这是一种前进中的困难，也只有在继续推进治理整顿和深化改革的过程中才能得到解决。如果不是这样地来认识和处理问题，而是用经济过热时形成的观念和习惯来观察形势，看不到它的积极意义，仍然盼求过热的市场环境，企望依旧走片面追求速度的发展路子，那么治理整顿就有可能半途而废，国民经济就无法摆脱通货膨胀的困扰。我们也要看到，结构调整和效益提高都有一个过程。一是各种生产要素素质的提高和结构的改进需要时间；二是与此相关的体制因素的形成和组织管理水平的提高也需要时间。因此，我们既要很好地利用市场需求紧缩的条件，积极推进结构调整，努力提高经济效益，并要为此付出一定的代价，由此来开拓市场，促进生产；又要现实地估计一定时期结构调整和效益提高的客观可能性，并使付出的代价控制在社会可能承受的限度之内。否则，生产长期处于低速增长，就会从另一个方面影响经济稳定，影响治理整顿的深入进行。这是因为，这种状态拖久了，一是不利于增加有效供给，从而不利于缓解总量失衡的矛盾和稳定市场；二是会加重财政困难，并且造成银行资金紧张，多吸收的居民储蓄存款可能抵补不了财政存款和企业存款的减少，以及产成品积压占用资金的增加，搞不好会迫使银行增发货币；三是要影响企业的承受能力和应变能力，使它们无力推进技术改造和调整产品结构，从而削弱治理通货膨胀的根基；四是停工待工人员增加过多，处理不好会影响社会安定。所有这些，不仅不利于进一步治理通货膨胀，反而有可能加剧通货膨胀。因此应当竭力避免。

综上所述，当前经济中面临着两个方面的困难，新老矛盾交织在一起，增加了治理整顿的复杂性。对于这种情况，必须加以全面分析和认识，不仅不能只看到一个方面的困难，忽视甚至无视另一个方面的困难，而且要看到它们是密切联系、相互制约的。如果不继续解决总量失衡、结构失调、效益低下等原有的矛盾，新出现的困难就不可能从根本上得到缓解；如果不适当缓解新出现的矛盾和问题，又会从另一个方面影响经济稳定，影响原有矛盾和问题的逐步解决。如果说去年（1989年，下同）的主要问题是把日益加剧的通货膨胀迅速控制住，把过高的物价涨幅尽快降下来，使过热的经济降温。那么今年就既要考虑进一步减少通货膨胀，继续降低物价上涨幅度，又要使经济及早摆脱低速增长状态，保持适当的增长速度。只有这样，才能在稳定大局的前提下把治理整顿和深化改革一步一步地推向前进。

三

适应当前复杂的经济态势,推进治理整顿和深化改革,需要把原则的坚定性同政策措施的灵活性更好地结合起来,恰当把握工作的重点与力度,以做到在努力改善结构和提高效益的基础上,既逐步降低通货膨胀率,又保持适度的经济增长率。为此,需要解决好以下几个问题。

(一)在坚持财政信贷"双紧"方针的前提下,适当调整紧缩的力度

坚持"双紧"方针,是继续推进治理整顿的必要前提。这是因为,社会总需求大于总供给依然是当前我国经济的总态势,是稳定经济全局的严重威胁。同时,也只有坚持"双紧"方针,才能为促进结构调整提供必要的宏观环境,并促使企业努力改进技术和管理,提高经济效益。不清醒地看到这一点,对"双紧"方针发生怀疑、动摇,甚至要求从原则上加以放弃,那就会重蹈1986年需求严重反弹的覆辙,使我们的经济重新陷入膨胀—紧缩—再膨胀的怪圈。

为了促进工业生产尽快扭转低速增长的状况,在坚持"双紧"方针的前提下,有必要根据新的情况适当调整紧缩的力度。这方面的主要措施是:

第一,在继续实行保值储蓄的同时,适当调整存贷款利率,并对贷款实行差别利率。这一方面可以刺激居民适度的购买积极性,增加市场需求;另一方面可以提高商业、物资部门的进货积极性,并减轻工业企业的利息负担,促进生产发展。

第二,在严格控制固定资产投资总规模的前提下,适当增加重点建设和重点技术改造的投资,使其大体保持去年实际工作量的水平。首先要把计划内重点项目的投资拨足,适当增加收回再贷的技术改造投资。同时,适当增加一些中低档的住宅建设,并同住房制度的改革结合起来。在农村，用以工代赈的方式搞一些农田水利建设和公路建设。但要严禁恢复与新建楼堂馆所和一般加工工业，要严格控制新开工项目，坚决防止在建规模重新膨胀。

第三，在从严控制社会集团购买力的前提下，加强分类指导，对某些需要扶持生产的产品以及能够提高办公效率和职工素质的产品，可以同国家生产计划的安排相衔接，适当放松一些。

第四，适当增加对国营批发商业、大中型零售商业和物资部门的贷款，并按收购商品和物资目录实行差别利率，促进它们择优进货的积极性，发挥其主渠道和"蓄水池"作用。商业企业要采取多种灵活方式扩大商品销售，特别要打破地区、部门封锁，大力组织工业品下乡，开拓农村市场。继续扶持集体、个体商业，允许它们经营某些小商品批发业务，以发挥它们在活跃流通中的积极作用。

第五，努力扩大出口，压缩进口。这既是缓解国内市场矛盾的重要途径，又是提高我国商品在国际市场的竞争能力，增加外汇储备的重要措施。适当增加外贸收购资金，扩大外贸收购。采取相应的措施，促使国内某些富余的加工能力转向国际市场。同时，积极发展进口替代产品的生产，凡是国内能够生产的原材料和机电设备，要认真组织生产，争取少进口或不进口。继续发展"三来一补"和以进养出，使一部分加工能力得以充分利用。

第六，在适当刺激市场需求的同时，缓解工业企业首先是国营大中型骨干企业流动资金的困难，同时兼顾社会经济效益好的中小企业和乡镇企业。要根据产业政策和社会经济效益的好坏增加一部分流动资金贷款，支持企业生产；要投入必要的启动资金，抓紧清理"三角债"；要恢复银行托收承付制度，尽量减少企业间发生新的拖欠。

第七，妥善安排好停工待工人员。一方面要积极帮助企业解决生产和经营中的问题，减少停工待工人员；另一方面要组织停工待工人员从事多种有益活动，或者进行技术培训，并要区别情况发给适当的工资或生活费，保障他们的基本生活。同时，抓紧健全和完善社会保险制度。

为了使上述这些措施尽快发生实效，以推动工业生产走出低谷，同时不致引发新的过热，我们必须既要抓紧落实又要稳步推进，密切注视经济情况的变化，进行适时适度的调节。

（二）着重抓好结构调整，努力提高经济效益

这是扭转市场疲软、促进工业适度增长的根本途径，也是今后治理整顿工作的重点。从完整的意义理解，合理调整结构也是提高经济效益，即资源配置的效益。资源配置和使用的效益差，是我国经济的致命伤，是经济成长中诸种矛盾的症结所在。为什么我们的经济经常发生膨胀—紧缩—再膨胀的起伏？根本原因就在于经济效益差的状况没有改变。正因为效益低、投入多、产出少，因此一追求速度，投入的增加就比产出的增长还快，于是需求过旺，供不应求，通货膨胀愈演愈烈，非进行紧缩不可；而一紧缩需求，抑制通货膨胀，产出的增长速度往往回落得比投入减少的速度更多，效益的下降又比速度的回落更大，于是企业、财政和人民生活都过不去，又迫使非松动不可，而松动不当就会引发一轮新的膨胀。因此，如果不在增进资源配置和使用效益上下功夫并取得明显的进展，要实现国民经济持续、稳定、协调发展是困难的。

在需求过旺、通货膨胀加剧的条件下，谈不上合理调整结构，优化资源配置；也难以促进企业改进自身的经营和技术，提高经济效益。现在需求得到控制，市场销售转淡，为调整结构、提高效益创造了比较有利的条件和现实的可能，但要充分利用这种条件把可能变为现实，需要进行艰苦的努力和大量的工作。治理整顿进行到现在，面临着许多矛盾，如既要严格控制固定资产投资规模，又要增强经济发展必要的后劲；既要继续降低物价总水平的上涨幅度，又要适当调整某些极不合理的产品价格，逐步理顺价格关系；既要把经济增长率保持在适当的水平，不再追求高速度，又要逐步实现财政收支基本平衡，并使人民生活逐步有所改善，如此等等。这些

矛盾只有靠提高经济效益才能得到缓解。在对紧缩的力度进行适当调整的情况下，对这一点尤其要有深刻的认识和坚定的决心。反过来说，紧缩力度的调整能不能达到既促进生产适度增长，又避免引发新的经济过热，使治理整顿健康地进行下去，关键也在这里。

调整结构，要抓好调整产业结构、产品结构和企业组织结构三个方面。调整产业结构，要使国民经济的重大比例关系逐步趋于协调。（1）必须齐心协力把农业搞上去，保证粮食、棉花等主要农副产品稳定增长，协调工业与农业的关系。为此，必须从增加农业投入、提高科技水平、增加农用生产资料的供应、深化农村改革和逐步调整农产品价格等各个方面采取措施，促进农业生产稳定增长，增强农业发展的后劲。（2）要加强能源、交通和重要原材料等基础工业、基础设施的建设，同时积极调整加工工业，提高其素质，协调工业内部的比例关系。我们要在经济上站稳脚跟，必须对基础工业与基础设施实行适当的倾斜政策，对它们加以重点扶持。然而这些部门的投资大、建设周期长，有些行业还受到资源约束，因此要缓解它们的"瓶颈"制约，更重要的是在调整加工工业和提高其水平上下功夫，坚决改变目前加工工业盲目发展、结构不合理和消耗高、质量差、浪费极为严重的状况。一般来说，产业结构的调整比较复杂，需要较长的时间；而产品结构的调整则比较简单，可以较快取得成效。目前治理市场疲软，必须重点抓好产品结构的调整。要坚决压缩、严格控制那些高消耗、高用汇、低水平和重复生产严重的产品生产，压缩和控制那些助长高消费和超前消费产品的生产；同时努力开发适应市场多层次需要的新产品、新品种，增产名牌优质产品和市场紧俏产品，尤其要增产适应农村需要的日用消费品，增加出口产品以及能够替代进口的产品的生产。产品结构的调整，要同企业组织结构调整密切结合起来。要充分发挥国营大中型企业和企业集团的骨干作用，同时对符合国家产业政策、社会经济效益好的中小企业适当保护，并按照"调整、整顿、改造、提高"的方针积极引导乡镇企业健康发展。可以按照专业化协作和适度规模经营的要求，以名牌优质产品或重要出口产品及其骨干企业为龙头，促进企业改组和联合，有步骤地发展企业集团，在这个过程中逐步优化现有生产要素的配置，提高工业的组织程度和技术水平。

在合理调整结构的同时，必须大力提高企业经济效益。重点是提高产品质量，降低物质消耗，开展双增双节运动，克服各种铺张浪费现象。提高企业效益较现实的办法，是强化和改进经营管理。要克服"以包代管"的现象，扎扎实实从基础工作抓起，建立和健全工艺规程和规章制度，提高各方面的管理水平。与此同时，要结合产品结构、企业组织结构的调整，积极推进企业首先是骨干企业的技术改造，推广行之有效的科技成果，加快引进技术的消化、吸收和创新，发动群众广泛开展小改小革，提高企业的技术水平。固定资产投资要坚决贯彻立足于改造现有企业的方针，凡是通过改造现有企业能够达到目的的，就决不要新建，以便把更多的资金用于企业特别是骨干企业的技术改造上。

（三）把治理整顿同深化改革更加紧密地结合起来，更多地通过逐步改善经济运行机制促进治理整顿

治理整顿和深化改革是统一的、相互促进的。治理整顿的逐步深入，客观上要求有深化改革的相应配合，以便把治标与治本更好地结合起来，真正有效地解决问题。经济体制和运行机制中的缺陷，是引发通货膨胀的深层原因。治理整顿也应当多采用一些行政手段，但如果不相应改进不合理的经济体制与运行机制，则难以从根本上克服需求膨胀、结构恶化的动源，而且行政措施也会遇到种种抵制，不能很好地贯彻落实。现在要着重抓好结构调整、提高经济效益，这就势必要触及现存的利益格局，调整利益分配关系。如果各方面的既得利益都不能动，现有的经济体制和运行机制都不能改变，那要取得成效是困难的，甚至是不可能的。

深化改革，首先要明确改革向什么方向深化。我们的改革是社会主义制度的自我完善和发展，而决不是要搞全盘西化即资本主义化。就经济体制改革而言，我们的社会主义经济是建立在公有制基础上的有计划的商品经济，改革要解决的关键问题，是改变过去统得过多、管得过死的体制，逐步建立计划经济与市场调节相结合的运行机制，而决不是要实行以私有化为基础的完全市场经济。就已有的经验来看，计划经济与市场调节相结合的形式大体有三种：（1）指令性计划，这种计划带有强制性，但其制订和实施也必须考虑市场供求关系，自觉地运用价值规律，而决不能主观武断；（2）指导性计划，这种计划有一定的约束力，但主要靠经济政策、经济杠杆促其实现，有较大的机动性；（3）市场调节，即在计划总体指导、具体影响和国家政策、法规约束下，由市场供求和价格升降调节经济活动。在这三种结合形式中，计划经济与市场调节结合的方法与各自的作用强度是不同的，它们的具体运用和配置比例要因时因地制宜，根据不同所有制形式和不同企业、不同社会生产环节和领域、不同产业和产品而有所不同，并且应根据不同时期的实际情况经常进行必要的调整和完善。同时，在宏观管理上要自觉注意综合平衡，协调重大比例关系，并综合运用经济、法律、行政手段调控经济运行，加强经济信息的分析和经济预测。检验计划经济与市场调节结合得好不好，根本标准是能否促进社会经济效益提高，能否促进国民经济长期持续、稳定、协调发展，而不是抽象的原则和模式。在治理整顿时期，根据现实的条件和调整经济的需要，应当多一点计划性，加强适当的集中。

按照这样的方向和要求，当前深化改革的具体任务主要是：（1）深化企业改革。要坚持和完善企业承包经营责任制，在继续发挥其激励机制作用的同时，加强约束机制，使企业能够正确处理国家、企业和职工三者的利益关系，正确处理长远利益和当前利益的关系，积极推进技术改造和改善经营管理，提高经济效益。同时，进行"税利分流，税后还贷，税后承包"的试点，为进步深化企业改革准备条件。要继续推进企业内部改革，坚持和完善厂长（经理）负责制，充分发挥企业党组织的政治思想领导作用，发挥职代会和工会的作用,进一步把干部、技术人员和广大工人群众的积极性调动起来。(2)改进和加强宏观调控体系的建设,要适当调整指令性计划的范围,同时改进指令性计划的管理办法,提高其科学性与严肃性;大力健全指导性计划的实施办法,使之成为一种切实有效的新的计划形式;加强对市场调节的宏观引导。在继续实行财政包干体制的情况下,要适当集中财力,同时积极进行分税制的试点,为财政体制的进一步改革探索办法。强化中央银行的宏观调控职能,加强中央银行对各专业银行的归口领导与管理。专业银行应严格执行国家的产业政策和国家计划,不能片面强调企业化经营。要尽快建立和健全计划、财政和金融等部门之间互相配合、相互制约的关系,促进以国家计划为主要依据的,经济、行政、法律手段综合配套的宏观调控体系的形成和发展。(3)促进社会主义统一市场的形成和发育。继续清理整顿公司,健全公司制度和规范公司行为;注意发挥国营商业和合作社商业的主渠道作用,同时继续扶持集体、个体商业,进一步活跃流通;加强市场建设和管理,纠正种种分割和封锁市场的做法,继续探索和培育国家指导下的生产资料市场;积极稳步推进价格改革,有计划、有步骤地调整不合理的比价关系,逐步缩小和解决生产资料价格"双轨制"问题。从我国的实际出发,应当先着力于培养和发展商品市场,在此基础上进而发展要素市场,这样做有利于在保持强有力的宏观控制条件下搞活微观经济,把计划经济与市场调节结合起来。(4)改进分配关系。实行允许一部分人和一部分地区先富起来的政策,对于打破平均主义、促进经济发展,起了很大作用。这个政策要继续坚持执行,同时要强调两点:一是坚持社会主义方向,坚持勤劳致富,合法致富;二是提倡先富裕起来的人和地区帮助还没有富裕起来的人和地区,最终达到共同富裕。这样做,有利于在继续克服平均主义的同时,缓解社会分配不公的矛盾。

在治理整顿期间,深化改革的方向和重点必须明确,步子则要稳妥,要处理好近期稳定与长远稳定的关系。深化改革必然要调整利益关系，一触及各方面的既得利益，就会遇到这样或那样的实际问题和阻力。如果因此而不推进改革，一切不作改变，这固然有利于稳定当前局势，但却难以消除总量失衡、结构恶化、效益低下的深层原因，不能使经济走上长治久安的道路，而且拖下去问题越积越多，解决起来难度更大。当然，如果要求过急，步子过大，超过了各方面的承受能力，就会引起较大的波动，对稳定当前的经济和局势不利。重要的是，必须认清形势，统一思想，把握好改革的时机和力度，使我们能够在保持大局稳定的前提下一步一步向前迈进。

（原载《求是》1990 年第 8 期）

要坚定不移地推进国有企业的改革和发展

党的十五届四中全会提出,要大力推进国有企业的改革和发展。为了提高贯彻落实四中全会精神的自觉性,必须充分认识推进国有企业改革和发展的紧迫性和重要性。

一 国有企业在我国经济和社会发展中具有重要地位和巨大作用

中华人民共和国成立以后,为了迅速改变长期贫困落后的状况,打破帝国主义对我国的全面封锁,党提出了基本上实现社会主义工业化,使我国由落后的农业国变为先进的工业国的奋斗目标。为此,国家集中财力、物力,建设和发展了一大批国有企业。经过近30年的艰苦奋斗,我们建立起独立的比较完整的工业体系和国民经济体系,为推进国家的工业化和现代化奠定了重要基础。国有企业在这个过程中发挥了无可替代的巨大作用,在国民经济发展中居于十分突出的重要地位。十一届三中全会以来,在国有企业改革方面,我们坚持解放思想、实事求是、循序渐进、逐步深化,取得了一系列重要成果,朝着社会主义市场经济体制目标迈出了前所未有的重大步伐。

国有经济总体实力不断增强,培育了一批有竞争力、效益好的优势企业。1978年到1998年的20年间,国有及国有控股工业总产值年均增长8.7%,资产总量年均增长16.8%,固定资产净值年均增长14.5%,上缴税金年均增长12.3%。在国有经济保持较快增长速度的同时，一批国有和国有控股企业在改革中焕发出新的生机，在市场竞争中不断成长壮大，技术装备水平明显提高。占国有和国有控股企业总产值58%的千户国有企业，资产负债率已降到56.5%。这些优势企业通过多年在市场经济中的拼搏，大多具有较高的管理水平、较强的科技创新能力和资本营运能力。不少企业的经济总量已跨入数十亿元行列，有的超过百亿元，成为国有经济的优秀代表。

国有企业始终控制着国民经济命脉，国有经济在整个经济发展中继续发挥主导作用。改革开放以来，随着以公有制为主体、多种所有制经济共同发展格局的形成和推进，国有企业的战线有所收缩，但仍在经济总量中占有相当大的比重。到1997年年底，在全部独立核算工业企业中，虽然国有企业户数只占16%，但资产总额、销售收入、增加值和实现利税分别占57%、44%、46%和51%。国有经济在关系国计民生的重要领域一直占据绝对优势。金融、铁路、电信、航空、石油、冶金、电力等关键领域，基本都掌握在国有企业手中；能源、交通、邮电等基础部门，冶金、化工等原材料行业，汽车、机械、电子、石化等支柱产业，国有经济都占有支配地位。国有企业的改革与发展，对国民经济结构的优化和素质的提高起着重大作用。国有资本的渗透力和控制力进一步增强，国有资本控制、调动和影响的非国有资本越来越多，国有经济对非国有经济的辐射作用相应增强，国有经济在国民经济中继续发挥主导作用。

国有企业对改革和发展的大局提供了有力的支撑。国有企业是国家财政的主要贡献者。改革开放以来，国有工业企业的产品销售税率和上缴所得税占实现利润的比例，都远远高于其他所有制企业；目前，国家财政收入有55%来源于国有企业上缴利税。同时，国有企业是社会就业的主要吸纳者。目前城镇就业的70%是由国有企业和其他国有单位安置的。国有企业还是社会基础设施、能源、原材料的主要提供者和改革成本的主要承担者，并有力地支援了农业。

国有企业是我国参与国际竞争的主力,是实行和扩大对外开放的中坚力量。改革开放20年来,我国外贸进出口总额年度值增长了15倍多,在世界贸易中的位次,由第32位上升到第10位。其中,国有企业占有主要份额。在吸引外资方面,截至1998年年底,全国累计批准外商投资项目32万多个,实际利用外商投资2700亿美元。其中,国有企业发挥了重要的载体作用。在对外经济合作方面,截至1998年年底,全国累计签订对外承包工程和劳务合作合同金额83.5亿美元,完成营业额584亿美元,基本是由国有企业对外签订和完成的。

二 国有企业现阶段存在的突出问题及其主要原因

第一,部分企业生产经营陷入困境。由于产品销路不畅,库存积压增多,占用大量流动资金,影响企业再生产顺利进行。企业设备利用率普遍较低。据第三次工业普查资料显示,在调查的402种工业产品中,有83%的产品生产能力利用率不足或严重不足。与此同时,一些企业技术落后,设备老化。国有工业企业固定资产新度系数只有0.65。技术进步迟缓导致许多国有企业消耗大,成本高,浪费严重。

第二,资产负债率高,不良债务较多。1998年国有工业企业资产负债率为65.9%,比全部工业企业高2.2个百分点;利息支出达1097亿元,占产品销售利润的37.9%。由于还债压力大,企业不可能留足生产资金,严重制约了企业的生产经营和正常发展。同时,由于债务过重,相当部分久拖不还,形成呆账坏账。

第三,社会负担沉重。国有企业承担了大量社会性职能,创办了很多医院、学校、幼儿园及其他公共福利设施。这些非经营性资产大约占到国有企业固定资产的15%。国有企业每年用于职工的社会保障、医疗卫生、住房、教育、文化体育等方面费用的支出,大约占企业全年管理费用的50%。企业办社会，既影响了企业生产规模的扩大和经营状况的改善，从长远看，也不利于职工社会福利水平的提高。

第四，富余人员过多。据估计，全国富余职工至少有1000多万人。按人均年支付1万元计算，每年用于这些职工的支出达1000多亿元，大大超过了这几年国有工业企业的利润总额。冗员多，企业支付的工资总额和管理费就多，企业的生产成本降不下来，利润自然减少，亏损可能性就大；另外，冗员多，影响劳动积极性提高，也影响先进的生产技术和劳动组织形式的应用。

第五，效益下降、亏损严重。这是国有企业目前存在的最突出问题。90年代以来，国有工业的经济效益总体上呈下滑趋势。1990年，国有企业亏损面和亏损率分别为27.6%和47.3%，到1998年，亏损面和亏损率上升到41.5%和68.8%。在40个大类行业中，1990年净亏损行业只有煤炭、石油和天然气开采、煤气等7个，到1998年净亏损行业增加到21个。亏损尤为严重的食品加工业、食品制造业、纺织业、皮革毛皮羽绒及其制品业和金属制品业5个行业，1996—1998年累计亏损额已经超过了本行业国有企业的净资产。亏损的加剧使企业盈利能力大幅下降。1998年，国有工业企业销售收入利润率和资金利润率只有0.43%和0.23%，分别比全部工业低1.84个百分点和1.4个百分点。

国有企业面临的困难和问题，原因是多方面的。第一，一些部门和企业没有摆脱计划经济体制的影响，管理体制、经营机制和思想观念不适应发展社会主义市场经济的要求，企业经营机制不活，技术创新能力不强。政企不分，政府过多干涉企业经营行为的问题远未彻底解决；企业内部的权责关系尚未清晰规范，出资人往往缺位，经营者缺乏有力的激励与约束，仍然负盈不负亏；政府、企业和社会都还没有做好企业在竞争中优胜劣汰的充分准备，缺乏相应的心理调适、行为规则与保障措施。总之，管理体制的运行机制不合理是国有企业陷入困境的根本原因。

第二，国有经济战线过长，布局分散，整体素质不高，资源配置不合理。迄今为止，国有工业在总体上仍处于一种遍地开花的状态。1998年年末，在608个工业小类行业中，国有企业涉足的有604个，占99.3%，其中，国有大中型企业涉足的行业有533个，占全部小类行业数的87.7%。90年代以来，国有企业在主要高新技术行业中的比重下降，却在部分一般行业中维持着较高比重。国有资本使用分散，影响了国有经济结构优化和总体质量的提高。随着市场需求的变化，一些传统产业的生产能力需要压缩，一批技术设备落后、浪费资源、污染环境的企业需要淘汰，但这需要有一个过程。

第三，重复建设严重，致使相当一批国有企业陷入困境。长期以来，在部门、地区、企业利益驱动下，乱铺摊子，乱上项目，小而全大而全，盲目投资、重复建设十分普遍。导致地区产业结构趋高，许多行业生产能力过剩。尽管有些企业可以搞好，但必然有相当多的企业陷入困境，产品积压，市场滞销，亏损严重，不少企业被迫处于停产半停产状态。因此，下岗职工增多，再就业压力增大，财政、银行的包袱也加重。

第四，国有企业资本金严重不足。这同80年代初期财政、银行的三项改革措施有关：其一是"拨改贷"，即经营性基本建设投资由原来国家财政拨款改为贷款，这一块形成的本息七八千亿元，企业已经还了一部分，但相当大的部分是拖欠的。其二是"全额信贷"，即国有企业所需流动资金不再由财政拨款，全部由银行贷款。截至1998年年底，仅国家银行发放的流动资金贷款余额已近5万亿元，企业的利息负担大大加重，使成本构成中的财务费用一项猛增。其三是开放银行信贷资金搞基建后，财政大幅度减少了预算安排的基建投资。其结果，导致近十几年办起来的国有企业基本处于负债经营状态，利息负担沉重。

第五，企业管理松弛。这是国有企业困难的主要内部原因。不少企业忽视最基本的管理，不做市场调查，不讲核算，不计成本，不顾质量,一味追求产量产值,甚至不惜弄虚作假,虚盈实亏。所谓书记"成本"、厂长"利润",财务人员放弃职守,奉命作假。其后果是产品质量差、成本高、资金占用多,企业效益下降,亏损增加。

三 高度重视,抓紧推进国有企业改革与发展

党的十五届四中全会指出,搞好国有企业改革与发展是当前一项重要而紧迫的任务。我们必须全面理解,正确把握,统一思想,振奋精神,力争取得新的突破。

搞好国有企业是保证国民经济健康发展的需要。国有企业特别是大中型骨干企业是我国工业和国民经济的强大支柱,是我国经济综合实力的重要体现。当前,我国的经济发展正处于由温饱向小康迈进的关键时期。经济结构加速调整,市场环境急剧变化。进入90年代以来,国有工业年均增长9.3%,明显低于全部工业17.2%的增长速度。在全部独立核算工业企业中,国有经济的销售收入所占比重由70%下降到44%,非国有经济迅猛发展,对国有经济构成很大的竞争压力。与此同时,我国过去那种商品供应短缺的状况已经改变,某些方面出现了一定程度的生产能力过剩、结构性供大于求的情况,买方市场逐渐形成。另外,在信息产业、重大工业技术设备、重要基础设施设备、环境保护等领域的一些高精尖产品,传统产业中一些高质量的或有特殊要求的产品,我们还生产不了,大量依赖进口。在高技术含量、高附加值产品的国际贸易中,我国所占的份额还很低。九亿农村市场的巨大潜力还有待进一步开发。总之,经济发展的新趋势向国有企业提出了挑战,也提供了机遇。

搞好国有企业是全面推进经济体制改革的需要。改革是解决发展问题的根本出路。20年来,我国的经济体制改革事业围绕着国有企业改革这一中心环节,在众多领域全面展开,并取得了显著成绩。相比之下,国有企业改革仍显滞后,确实是经济改革中最困难

的问题。从总体上看，国有企业尚未真正成为自主经营、自负盈亏的市场主体，社会主义市场经济的微观基础还存在重大缺陷，市场机制的作用受到相当大的局限，有时甚至发生扭曲。要解决好市场经济和公有制有效结合的历史性课题，全面建立社会主义市场经济体制，就必须集中精力攻克这个难点。可以说，经济体制改革已经进入了攻坚阶段，攻坚的重点就是全面推进国有企业改革与发展。这是一个非闯不可、绕不过去的关口。打好这场攻坚战，不仅关系到国有企业改革的成败，也关系到整个经济体制改革的成败。

搞好国有企业是迎接国际竞争新时代的需要。在未来的国际关系中，综合国力仍是主要因素。世界经济的发展趋势也更应当引起我们的高度重视。其一，以信息技术为先导和特色的新的技术革命迅猛发展，正在对社会经济和人民生活发生巨大影响，知识经济渐露端倪，信息社会悄然来临。其二，伴随着科技进步，国际范围内的产业结构加速重组。战略性产业以前所未有的速度和规模积聚、集中，传统产业在现代科学技术的基础上有新的发展，高技术及高技术产业发展得更快。发达国家的服务业、农业和高附加值的制造业，新兴国家的一般制造业，对我国相关产业形成更大的竞争压力。其三，经济全球化的趋势越来越明显。世界贸易额的增长速度超过总产值的增长速度；直接投资额的增长速度又超过国际贸易额增长速度；金融创新竞争和金融资产增长推动着巨额资本的国际流动。一个突出的动向是少数大企业集团、大公司急剧地进行国际扩张，致使联合、兼并浪潮连绵不断，规模越来越大。这种情况，一方面使我国面临着西方发达国家在经济、技术上占优势的强大压力，面临着以科技为基础的国际经济竞争的严峻挑战；另一方面也为我们带来了利用后发优势，跨越阶段开发、引进现代技术和资金，加快结构升级和经济发展的历史性机遇。迎接这场国际竞争，抓住这个历史机遇，国有企业责无旁贷。要使我国在国际新格局中占据应有位置，要使我国在日趋激烈的国际竞争中争得更大主动，就必须努力增强我们的综合国力，就必须发展壮大我们的国有经济。

搞好国有企业是进一步巩固社会主义制度的需要。包括国有经济在内的公有制经济,是我国社会主义制度的经济基础,是国家引导、推动、调控经济和社会发展的基本力量,是实现广大人民群众根本利益和共同富裕的重要保证。推进国有企业改革和发展,对于保持安定团结的政治局面,进一步巩固社会主义制度,具有十分重要的意义。

(原载《求是》1990 年第 12 期)

实行计划经济与市场调节相结合的一些思考*

这里,我就计划经济与市场调节相结合的问题,简要地谈一点个人的看法。

计划经济与市场调节相结合,是我国经济学家和经济工作者十分关注和广泛讨论的课题。这是因为,它不仅是计划体制改革应当遵循的原则,也是我国整个经济体制改革的方向和目标。几年来,国外的许多学者和朋友,在多种场合同我们就这个问题交换过观点和意见,给我们不少有益的启示。

今天,我不准备多讲计划经济与市场调节要不要和能不能结合的问题。在中国这样一个有11亿人口的发展中国家,要在妥善处理公平与效率、安定与效益的关系中,稳步推进现代化,并充分发挥后起效应的作用,实行计划经济与市场调节相结合的经济体制,是正确和必要的选择。过去10年,我国经济体制改革,已经按照这个原则进行了大量的探索,并且有力地促进了整个经济的发展,也积累了一些宝贵的经验。实践使我们更加坚定了朝着这个方向前进的信心。当然,这绝不是说这个问题已经解决了,在如何把这二者结合好、达到预期效果方面,我们还面临很多问题,需要进一步研究和在实践中继续探索。

根据改革以来的实践和已有的认识,要解决好这个问题,我觉得需要考虑和把握以下几个方面。

第一,要在观念上有个突破。我国社会主义经济是公有制基础上的有计划的商品经济,计划经济是我国经济的基本特征之一,而

---

* 本文系作者在"九十年代中国经济体制改革国际高级研讨会"上的发言。

商品经济是我国经济的基本属性。因此，必须把计划经济与商品经济统一起来，既不能搞在私有制基础上的完全市场经济，也不能搞传统意义的排斥商品经济的计划经济。

第二，实行计划经济与市场调节相结合，意味着计划的功能和作用有了新的内涵。计划经济不等于经济计划，更不等于指令性计划，也不应当局限于指标管理。经济计划必须自觉地考虑市场供求关系和运用价值规律，采取直接管理和间接调控等多种形式。市场调节也不是完全自发的，而是在不同程度上受计划的指导和约束的市场调节。两者都要遵循和利用价值规律，这是它们能够结合的基础。但是，计划手段主要考虑整体利益，从经济的全局和长远发展出发来调节经济运行和配置资源，而市场调节则往往受各个经济主体的局部和当前利益所驱动，所以这两者又可能会发生矛盾和摩擦。特别是在经济参数扭曲、市场规则不健全，或者经济计划不够科学的情况下，它们之间的矛盾就会增多和加剧。这种情况，既决定了把这两者有机结合起来的必要，也决定了这种结合的复杂性和难度。我们的任务，是要使这种矛盾和摩擦减小到最低限度，使计划和市场正确地发挥各自的功能和作用，促进国民经济取得最佳的效益。但这显然需要有一个过程，做很多工作，既包括企业、价格、市场、宏观管理体系等方面改革的深化和推进，也包括社会分工、交通通信、干部素质等物质条件的完备和提高。

第三，基于上述分析，我们应当历史地、因事因地制宜地来认识和要求计划经济与市场调节相结合的构成和形式，不能只考虑要做什么，还必须考虑能做什么。要区分不同时期、不同领域和不同对象的情况，具体地确定计划手段和市场调节的作用范围和力度、判断计划经济与市场调节结合得好不好的根本标准，在于能否促进经济生活中问题的解决和社会经济效益的提高。就当前和今后一个时期来看，计划的重点应当放在经济总量的管理和重大比例关系及结构的协调上，改进和加强国民经济综合平衡，对重大经济活动、重大建设项目和少数关系国计民生、受资源约束大的产品，实施并改进必要的直接管理，同时加强经济信息的预测、分析和发布，努力培育市场，健全市场体系和市场组织，逐步对大量的一般经济活动实施间接调控，尽可能从烦琐的、具体的指标直接管理中摆脱出来。能不能这样设想，在经济总量平衡和资源的长期配置方面，重视发挥计划的功能，在现有企业的生产经营活动和技术改造方面，要在计划指导下尽可能地发挥经济杠杆和市场调节的作用。在市场体系方面，先着力于培育商品市场，相应地发展资金市场。即使由国家计划决策的重大建设项目和重要产品的生产、流通，也要注重采用招标、投标等方式引进市场竞争机制。这里，有三个环节非常重要：一是科学地确定经济发展的任务和宏观调控的目标及措施；二是正确制定产业政策和与之相配套的政策措施；三是正确制定区域发展政策和与之相配套的政策措施。这三个方面的工作做好了，可能会在计划经济和市场调节的结合上探索出一些新的路子。

第四，当前，在计划经济与市场调节相结合方面，我们碰到的难点是：①价格体系扭曲，生产资料价格存在"双轨制"，既使计划功能不能正常发挥，又使市场功能受到很大的限制和扭曲。而价格改革的推进，又受到各方面承受能力的制约，需要花比较长的时间。②市场发育不够，市场体系不健全。现在条块分割和封锁的现象比较严重，这种现象受到既得利益的驱动，而调整利益关系的难度又相当大。③企业经营机制不够健全，政企不分，包盈不包亏，难以对市场变化作出正确灵敏的反应。④宏观调控体系也不健全，特别是各种经济杠杆的有机配合和协同动作不够，综合配套地运用经济杠杆的难度很大。⑤经济法制不完备，执法不严，计划手段和市场运行都缺乏合理的规范和制度。在以上这些情况下，如何逐步完善计划经济与市场调节相结合的方式，重点要抓哪些方面的改革，它们之间如何配套，都需要作具体的、认真的研究，也希望听到大家的意见和建议。

（原载《中国计划管理》1991年第1期）

论建立社会主义市场经济体制

党的十四大明确提出建立社会主义市场经济体制的目标，这是我们在计划和市场关系问题上的又一次思想大解放，在社会主义经济理论问题上的又一次重大突破，对加快改革开放和经济发展具有极其重要和深远的意义。

一 建立社会主义市场经济体制，是改革开放发展的必然结果

在我国经济进入加速发展新阶段的时刻，提出我国经济体制改革的目标是建立社会主义市场经济体制，不是偶然的，这是客观形势的需要，是十多年来改革开放实践发展和我们对社会主义经济认识深化的结果。

社会主义的根本任务，是解放和发展生产力。社会主义基本制度建立和现代化建设展开以后，解放生产力的使命并未终结，还需要通过改革从根本上改变束缚生产力发展的原有经济体制，建立充满生机和活力的社会主义新经济体制，才能促进生产力蓬勃发展。

我国原有的体制，是高度集中的指令性计划经济体制。这种体制有它的历史由来，起过重要的积极作用，但随着经济规模不断扩大，经济联系日益复杂，越来越不适应现代化建设的要求。其主要弊端，是决策过于集中，基本上用行政指令分配资源，排斥市场和市场机制的作用，从而压抑经济的活力，阻碍了效益的提高。因此改革原有体制和建立新体制，核心的问题在于正确认识和处理计划

与市场的关系。

传统观念认为,商品经济是同私有制相联系的,市场经济是资本主义特有的东西,指令性计划经济才是社会主义经济的基本特征。显然,不破除这种不正确的观念,要改变原有体制是困难的。过去也曾多次下放权力,想改变高度集中的体制,但由于跳不出上述观念的禁锢,都没有能触及问题的要害。党的十一届三中全会以后,我们逐步摆脱这种观念的束缚,对计划与市场问题形成新的认识。改革开放一开始,就提出要在社会主义经济中发挥市场调节的辅助作用。党的十二届三中全会通过《中共中央关于经济体制改革的决定》(以下简称《决定》),进一步提出了社会主义经济是公有制基础上的有计划商品经济的论断,使我们在计划与市场问题上的认识有了重大突破。正是在《决定》指引下,经过多年改革,我国经济体制的状况发生了深刻变化。一方面市场的范围不断扩大,市场机制对经济活动的调节作用显著增强;另一方面指令性计划的范围明显缩小,国家计划管理朝着适应市场运转需要的以间接调控为主的方向转变。现在,我国农业生产已基本上在国家政策和计划指导下由市场调节;工业生产中,国家指令性计划的部分只占总产值的 10% 多一点。绝大部分工业消费品和相当部分生产资料已放开经营;在社会商品零售额中由国家定价的部分只占 10%,基本由市场调节价格的部分占 90%;工业生产资料销售额中,基本由市场调节价格的部分也已占到 70% 左右。国家直接掌握的投资,大体只占全社会固定资产投资的 1/7。改革给我国经济注入了新的活力,出现了 80 年代蓬勃发展的大好局面。

我们已经前进了一大步,但是还不够。主要的问题是,国有企业特别是大中型企业活力不足,还没有转变经营机制,真正进入市场,经济效益仍然比较差;一些基础产品存在价格"双轨制",国家控制的价格偏低、价格扭曲的问题尚未根本解决;市场体系发育不够也不平衡,分割、封锁和垄断的现象相当普遍,市场规则很不健全;政府职能的转变迟缓,对企业的干预仍然过多,以间接调控为主的宏观管理体系还没有形成,以致出现了某些调节"真空";等等。90年代我们面临着加快经济发展的紧迫任务,必须大力推动科技进步,优化产业结构,提高经济效益;必须进一步扩大对外开放,在经济运行机制上同国际市场衔接,以更多更好地利用国外的资金、资源和技术。解决这些问题,要求更大胆地强化市场在资源配置中的作用。在这个关键时刻,邓小平同志1992年初"南方谈话"中进一步指出,计划经济不等于社会主义,资本主义也有计划;市场经济不等于资本主义,社会主义也有市场。计划和市场都是经济手段。这个精辟论断,高屋建瓴,因势利导,从根本上解除了把计划经济和市场经济看作属于社会基本制度范畴的观念的束缚,使我们在计划与市场问题上的认识又有了新的重大突破。基于这种实践的发展和认识的深化,党的十四大提出了建立社会主义市场经济体制的目标,这就使改革的方向更加明确,改革的信心更加坚定,从而必将加快改革的步伐和新旧体制转换的进程。

二 建立社会主义市场经济体制,是社会主义经济的内在要求,是提高资源配置效率的必由之路

市场配置资源的功能,归结起来是通过三个相互联系的机制实现的。一是价值决定机制,即产品的价格要反映价值,而产品的价值是由社会必要劳动量决定的。这样,个别劳动消耗量低于社会必要劳动量的生产企业就可以获得超额利润,而高于社会必要劳动量的生产企业则利润减少,甚至要亏损,从而推动企业不断改进技术和管理,提高资源的使用效率。二是供求机制。产品价格不仅要反映价值,而且要反映供求关系。供过于求的产品,价格会低于价值;供不应求的产品,价格将高于价值,从而促使企业努力适应市场需求的变化,引导生产要素的流向,提高资源配置的效率。三是竞争机制。价格不是固定不变的,而是在效率增进和供求变化中不断波动的。企业要生存和发展,必须在适应市场和提高效率上同其

他企业竞争,你追我赶,优胜劣汰,从而推动整个资源配置和使用效益的不断提高。可以看出,通过市场配置资源有这样几个特点:(1) 资源在部门、企业间的配置,是同部门、企业对资源使用的效率紧密结合的;(2) 资源配置和使用的效率,又是同部门、企业的经济利益、经济责任紧密结合的;(3) 资源配置同社会需求变化的联系,是比较紧密和及时的。这些特点,使市场成为组织社会化大生产、优化资源配置的重要手段,成为调动企业和职工积极性与能动性的有力工具。

既然这样,为什么过去要排斥市场呢?根本原因是受某些传统观念的束缚,对社会主义经济和市场经济存在不正确的认识。采用市场手段配置资源,必须有两个基本条件,即自主经营、自负盈亏的企业和开放有序的竞争性市场体系。而过去认为只有私有制的企业才有独立的经济利益,才是自主经营、自负盈亏的。企业的私人劳动要表现为社会劳动只能通过交换,通过价值这种迂回曲折的途径,因此,社会资源的配置必然也只能采取市场手段。一旦生产资料为全社会占有后,一方面国家作为社会的代表有了支配社会资源的权力,企业不再应当有独立的经济利益,也不能自主经营;另一方面,社会劳动与社会需求之间的联系会变得一目了然,社会资源可以由政府通过定额和计划直接进行分配,不必也不能再通过市场配置资源。正是受这种认识的支配,我们在所有制结构上追求"一大二公",急于过渡;在经济体制上强调政府对国有企业的直接管理,实行指令性计划、统收统支、统购包销和物资的定量分配与调拨。结果,企业成为行政附属物,市场成了异己的东西,被越来越限制在狭小的范围,严重阻碍了经济效益的提高。现在看来,这些看法和做法是不切实际的,不正确的。且不说在社会主义初级阶段还必须坚持以公有制为主体多种经济成分并存的所有制结构,即使在全民所有制经济内部,由于劳动还是谋生手段,作为集合劳动体的企业不仅要独立计算盈亏,而且这种盈亏还必须同企业职工的收益联系起来,就是说企业还存在独立的经济利益。同时,在社会化大生产条件下，无论是社会需求还是社会劳动都非常复杂而且千变万化，它们之间的联系绝不可能统统由一个机构来加以计算和计划。指令性计划经济体制的要害，就在于它脱离了社会主义社会的实际，既不能正确体现社会主义生产关系的要求，否定了企业的经济利益和能动性，使资源的配置和使用缺乏严格的经济责任制，又不能适应社会化大生产的要求，面对复杂多变的社会需求和社会劳动，全面细致的计划不但影响效率，还往往与实际脱节，犯主观随意性的毛病。应当看到，社会主义初级阶段既然存在多种经济成分，作为主体的公有制包括集体所有制和全民所有制企业都还有自身的经济利益，社会生产的规模和分工又日益扩大和复杂，商品经济就有存在和发展的客观基础，市场就是配置资源的基本方式。这是社会主义经济的内在要求，而不是外加给社会主义经济的异物。只有按社会主义经济的客观要求办事，自觉地运用和发挥市场在配置资源中的作用，才能大大提高经济效益。

确立社会主义市场经济体制，使市场在资源配置中起基础性作用，这是不是说计划作为又一种资源配置手段就可有可无，应当削弱乃至取消呢？不是。市场机制有很多优点，但也有弱点。主要是市场调节受局部利益驱动，势必带有一定的盲目性。有些对局部来说是可行的、有益的事情，从全局来看却是不可取的。市场反映人们的一时偏好，并不一定符合社会的长远利益。同时，市场调节只指明资源的投向，并不标示需要投入的量，而且有滞后性。至于那些不能进入商品经济的社会领域，当然更不能靠市场去调节了。所以，市场也不是万能的和完美无缺的，有些事情是市场管不了或管不好的，这就需要运用计划手段。资本主义国家尽管受到私有制的局限，也早已不同程度地注意运用计划手段，可见这也是社会化大生产的客观要求，我们以公有制为基础的社会主义国家更应当十分重视和有效运用计划手段。计划手段的长处，是可以从整体和长远利益出发考虑资源配置，能够自觉保持经济的总量平衡和集中必要的力量解决关系全局的重大问题，比较迅速地优化重大结构和布局。这一点，对于我们这样经济后进的国家来说尤其不可忽视。计划体制和计划工作，应该通过改革实行一个大的转变，但决不能因此从一个极端走到另一个极端，否定必要的计划手段。重要的问题是要更新计划观念，改进计划方法，使计划的内容与形式适应市场经济体制的要求。计划的重点应当是，合理确定经济和社会发展的战略目标，搞好经济发展预测、总量调控、重大结构与生产力布局规划，集中必要的财力、物力进行重点建设。除了必要的行政手段外，计划主要通过综合运用经济杠杆来实施。总的来说，计划与市场是有机结合在一起的，计划要以市场为基础反映市场，促进市场，引导市场健康发展，而这种引导又主要是通过和运用市场进行的。在建立社会主义市场经济过程中，不同时期、不同领域和不同地区，计划与市场结合的形式和各自作用的强度会有所不同，判断这种结合是否适当，应该主要看它是否有利于社会主义社会生产力的发展，是否有利于社会主义国家综合国力的增强，是否有利于人民生活的改善。

三 社会主义市场经济与社会主义基本制度的关系

既然市场经济不属于基本制度范畴，为什么还要采用社会主义市场经济体制的提法？这是因为，我们要建立的市场经济体制是同社会主义基本制度结合在一起，是在社会主义国家宏观调控之下的，它既有一般市场经济共同的东西，又不可避免地具有受社会主义基本制度的制约而形成的特点。在建立新经济体制的过程中，我们要探索和解决一些前人没有解决过的问题。

其一，要根据市场经济共同的要求改革社会主义基本经济制度的实现形式，使之更加完善和发展。我们的全民所有制经济原来采取的是政府直接管理企业的形式，这种形式不符合商品经济的内在要求，也不适应市场经济运转的需要，必须加以改变。办法就是通过理顺产权关系，实行政企分开，落实企业自主权，使企业成为自主经营、自负盈亏、自我发展、自我约束的法人实体和市场竞争的主体；与此相适应，政府管理经济的职能也要转变，不再干预法定给企业行使的权利，而主要搞好统筹规划、掌握政策、信息引导、组织协调、提供服务和检查监督，搞好宏观调控。通过这两个方面的改革和其他一系列配套改革，做到既坚持公有制又使企业成为独立的经济实体，才能建立市场经济体制。按劳分配的实现形式，也有类似的问题，需要从理论与实践两个方面进行探索。

其二，要根据社会主义基本制度的要求和我国的其他条件，探索和规划市场经济的具体模式。即使是资本主义国家，由于各国的条件不同，市场经济的具体模式也各异，有所谓的"分散式""协调式"等，我们是社会主义国家，市场经济当然更会有自己的特点。比如，它必须坚持以公有制为主体多种经济成分并存的所有制结构，通过平等竞争发挥国有企业的主导作用；体现和维护以按劳分配为主体其他分配方式为补充的分配制度，兼顾效率与公平，运用包括市场在内的各种调节手段既合理拉开收入差距，又防止两极分化，逐步实现共同富裕；把人们的当前利益与长远利益、局部利益与整体利益结合起来，在经济调控中更好地发挥计划与市场两种手段的长处，协调好国家、企业、个人之间的关系，宏观和微观的关系，经济发展和社会事业、环境与资源保护的关系，等等。社会主义条件下的市场经济完全可以比资本主义条件下的市场经济运转得更好更有成效，我们要努力把这种可能变成现实。

四 建立和完善社会主义市场经济体制，是一个长期发展的过程，既要做持久的努力，又要有紧迫感

建立和完善社会主义市场经济体制，涉及经济基础和上层建筑的许多领域，是一项艰巨复杂的社会系统工程。要做长期细致的工作，不能期望一蹴而就，更不能一哄而起；同时要有紧迫感，大胆探索，积极推进，不能贻误时机。要从实际出发，区分不同情况，

不搞"一刀切"。在这个过程中，应当注意处理好几个关系。

其一，改革与发展的关系。发展要依靠改革，改革是为了更好地发展。不能等改革好了再发展，也不能等发展到一定水平再改革。改革与发展处于互相促进的比较紧密的循环之中。总的来说，每一步改革，都应当有利于解决当前经济存在的主要问题，推动经济向前迈进；而经济发展增强了社会的承受力，又为下一步改革准备了条件。有些改革符合长远方向，但可能短期内不能对经济起明显的促进作用，甚至要加重一些负担；有些措施对解决近期问题有利，但同长远的改革方向不一定吻合。对于这两类事情，应当根据现实情况，在从全局处理好改革与发展关系的前提下，妥善加以安排。发展依靠改革，也要为改革创造条件。要坚持总量平衡，控制通货膨胀，这样既可以促使企业从深化改革中去求发展，又可以为推进改革提供必要的经济社会环境。

其二，各项改革之间的关系。建立社会主义市场经济体制，要抓好几个重要环节：（1）转换国有企业特别是大中型企业的经营机制；（2）培育市场体系，尽快形成全国统一开放的市场体系；（3）深化分配制度和社会保障制度的改革；（4）加快政府职能转变，形成以间接调控为主的有效的经济调控体系。这些方面的改革，是相互联系的，单项突进往往难以奏效，必须综合配套进行。但综合配套不是齐头并进，更不能各搞各的，互相掣肘，应当有序地、相互配合地推进。就改革全局看，当前要着力抓好企业改革和政府机构改革，同时积极培育市场体系。就市场体系的发育来说，应当首先抓好商品市场的发展，相应地培育要素市场。这不是把各项改革截然分开，事实上也必然有交叉，但大体要有个次序。要分阶段、有步骤地去实现改革的目标，明确每个阶段所要解决的主要问题，并以此为中心把各项改革组合起来

其三，破除旧体制与建立新体制的关系。破除旧体制是建立新体制的前提，但不等于就有了新体制。这里有大量艰巨的制度创新和组织创新的工作要做，需要在实践中去探索、创造。随着改革的

不断深化，创新的工作越来越重要，需要把它放到突出的位置上抓紧抓好。总的来说，在经济体制改革中应当坚持先立后破或破立结合的原则，以避免中断经济的正常联系而造成不必要的混乱。一切重要的改革措施，都应进行试点，及时总结经验，有了比较成功的办法和制度后再加以推广。要鼓励解放思想，实事求是，大胆创新，敢于试验，及时总结经验，这样才能闯出一条路子来。同时在一些事关全局的重要问题上，要加强纪律性，严格执行中央的统一政策和部署。

其四，推进改革与培育人才的关系。新制度的建立和运转，需要有掌握新知识的人才。可以说，能否尽快培养大批熟悉市场经济的各级各类人才，并充分发挥他们的作用，将在很大程度上决定着改革能否顺利进行并最终取得成功。要动员广大干部从改革实践中努力学习，采取多种形式加强对干部的培训，使他们迅速掌握新的专业知识和在新体制下开展工作的本领。同时，要改进目前学校教育的内容与方式，使之更加密切地为经济改革服务，加快培养各类适用的专门人才。

（原载《人民日报》1992年11月6日）

中国的投融资体制改革

在中国,投资体制一般是指固定资产投资活动的运行机制和管理制度,主要包括投资主体行为、资金筹措途径、投资使用方向、项目决策程序、建设实施管理和宏观调控制度等方面。改革开放以来,单一的财政资金投资格局已不复存在,直接融资和间接融资活动已成为投资活动的重要组成部分,因此,现阶段的投资体制也称为投融资体制。

一 投资体制历史沿革和深化改革的背景

中国的投资体制经历了从中华人民共和国成立初期到1978年以前近三十年的传统计划经济体制模式阶段,以及1978年至今15年的初步改革阶段,现正在向社会主义市场经济体制模式过渡。为了深入探索新时期投资体制改革的目标和任务,有必要对中国投资体制历史沿革作一简要回顾。

1. 传统计划经济体制下的投资体制特征

中国的投资体制,基本上是随着中华人民共和国成立初期大规模经济建设逐步形成的,是传统计划经济体制的核心组成部分。传统的投资体制的基本特征是:

(1) 单一的政府(主要是中央政府)投资主体。企业(当时中国的企业90%以上为国有企业)只是政府的附属物,不是独立的投资主体,即不具有投资能力和投资决策的权力;私人投资主体(无论是国内还是境外投资者)基本上被排斥。

（2）单一的投资渠道。1978 年以前，中国基本建设投资的 80% 以上来源于财政拨款，国内银行信贷资金极少用于固定资产投资，利用国外资金也十分有限，债券、股票等直接融资方式未被采用（"一五"时期曾发行过建设债券）。

（3）高度集中的投资决策制度，即以指令性计划为手段，以行政部门为中介的直接管理模式。投资总量与结构的决策完全控制在中央一级政府，地方政府只有计划建议权、执行权，没有决策权。作为投资决策核心的建设项目决策权也高度集中在政府手中，无论是扩大再生产的项目，还是维持简单再生产的项目，从提出项目建议书、设计任务书（又称计划任务书，1991 年被取消，与可行性研究报告合并），到初步设计、开工报告，都要经过一级政府审查批准；分配资金、物资、安排设计、施工，都由政府主管部门直接管理。

在中华人民共和国成立初期工业基础近乎空白、现代工业基础十分薄弱的情况下，为了加快国民经济的恢复和大规模经济建设的展开，这种由政府直接组织经济的体制起过重要的积极作用。随着经济规模的扩大与经济联系日益变化，投资体制与整个经济体制没有从根本上进行相应的改革，以致越来越成为生产力发展的严重障碍。中国经济强烈的周期波动，以及积累效益日趋下降导致经济增长和人民生活水平提高速度日趋减缓的事实，说明传统投资体制存在一系列弊端，改革已是势在必行。

2. 15 年投资体制改革的概况

中国的投资体制改革是从 1979 年试行基本建设投资由财政拨款改为银行贷款方式开始的，15 年间先后进行了一系列改革，使投资体制格局发生了深刻变化。

（1）开辟了多种经济成分的多种投资渠道，完全改变了传统体制下主要依靠国家财政投资的局面，有力地调动了各方面投资建设积极性，为 15 年间广泛、迅速筹措超过 5 万亿元的巨额投资发挥了重要作用。到 1992 年年底，国有单位投资占总投资比重已由

1978年的95%下降为65%，其中财政性投资（国家基建基金的一部分）比重由80%下降为11%，各级地方政府、部门、企业自筹投资比重为41%，银行贷款投资比重和利用外资投资比重分别达到22%和11%，它们已经成为中国固定资产再生产的重要资金来源。

（2）形成了多元投资主体并存和分层次决策的管理模式。单一中央政府投资主体格局已完全打破，各级地方政府、部门，尤其是民间投资主体，包括国有企业、非国有的集体企业、乡镇企业、"资"企业、企业集团和国内私人、外商投资者，已成为直接投资的重要主体。项目的决策审批制度也开始发生变化，提高了中央政府审批项目的限额，简化了审批的手续。

（3）尝试了国家投资有偿使用、投资包干责任制、政府投资企业化经营的办法。从改革初期推出的"拨改贷"办法、投资包干责任制办法，到1992年推出的项目业主责任制办法，从一定意义上说，都是为了解决传统体制下吃政府投资"大锅饭"的问题，以提高政府投资的使用效益。

（4）在工程项目决策咨询、可行性研究、设计、施工、物质供应管理方面，推行了一系列引入市场竞争机制的改革措施，如项目评估论证、工程招标承包、建立物资市场等。

（5）尝试用经济办法或间接管理办法改进投资的宏观调控体制。这在15年中进行了一些改革，如缩小指令性计划范围、引入指导性计划方式、运用产业政策、征收能交基金和建筑税（后改为投资方向税）、实行差别利率、"新电新价"等经济杠杆调节投资流向，收到了一些实效。

15年投资体制的改革，对中国经济和社会事业的高速发展产生了积极的推动作用，同时对全面突破传统的投资体制模式、最终建立社会主义市场经济条件下新的投资体制，也起到了探索、试验和打基础的作用。

3. 深化投资体制改革的背景

加快改革开放，逐步建立起社会主义市场经济体制；加快经济发展，实现社会主义现代化宏伟战略目标，这是 90 年代中国面临的两件大事。1992 年年初，邓小平同志发表"南方谈话"，同年党的十四大确定了中国经济体制改革的总目标是建立社会主义市场经济体制，1993 年 11 月党的十四届三中全会将这一总目标进一步具体化，并确定要在财税、金融、投资和计划体制改革方面迈出重大步伐。中国政府之所以把加快和深化投资体制改革，作为推进整个经济体制改革的重要内容之一，主要基于以下几方面的考虑。

（1）投资体制是传统计划经济体制的重要组成部分和典型代表，实现传统的计划经济体制向市场经济体制过渡，加快投资体制改革是一个重要的突破口。投资体制直接涉及企业制度及管理体制、财政体制、金融体制、价格体制、物资体制和建设管理体制，"牵一发而动全身"。抓住投资体制改革，有利于促进和推动其他各方面体制改革的深化。

（2）中国是一个发展中国家，要保持经济持续、快速、健康发展，要达到小康水平，实现社会主义现代化的宏伟战略目标，重要手段之一是进行大规模的投资建设，包括一批重大项目的基本建设和对现有企业的技术改造。要完成巨额投资建设任务，如果没有一种达到较高的投资经济效益和投资管理效率的体制保证，是很难实现的。因此，加快投资体制改革，是 90 年代中国经济和社会发展的重要条件。

（3）现行的投资体制还存在一系列深层次矛盾，严重阻碍投资的适度增长和结构的协调发展，只有通过加快和深化改革，才能解决好这些深层次的矛盾。这些矛盾主要包括：一是缺乏投资风险约束机制，盲目、强烈的投资扩张在各类投资主体中普遍存在。影响国民经济的正常发展。二是投资的宏观调控和管理薄弱，缺乏适应新形势的新方法与相应的有效手段。三是政策性金融和商业性金融混在一起。一方面，银行没有贷款自主权，也没有明确的责任约束；另一方面，银行对基础产业、基础设施的贷款没有积极性，也缺乏资金来源。四是投资的市场体系、法律体系不完备，投资主体行为和政府对投资的管理行为缺乏规范，投资效益和管理效益都较低下。上述这些问题，有的是多年来传统投资体制的影响所致，也有的是在改革开放过程中出现的新问题。无论是老问题还是新问题，都只有通过加快推进投资体制改革来解决。

二 新一轮投资体制改革的主要措施

总结十多年改革的经验，针对投资领域存在的问题，中国投资体制改革目标模式可以归纳为以下几点：

——改革投融资方式，充分发挥市场对投融资活动的调节作用；

——建立投资的风险约束机制，确立企业是自主决策、自担风险的基本投资主体；

——规范政府投资行为，集中力量办成办好事关国计民生、长远发展的重大建设事业；

——完善与市场经济相适应的投资宏观调控体系，主要运用经济杠杆和政策工具实行间接调控；

——加快投资领域的法制建设，保障各类投资主体的合法权益，以法制规范投资主体和投资管理主体的行为；

——健全与投资活动直接相关的市场服务体系，形成在法制规范下的公平竞争机制。

上述改革目标，需要一个较长的时间才能逐步完成，不可能一步到位，必须积极稳妥、分期分批地组织实施。中国政府有关部门已经拟定了落实中共十四届三中全会有关深化投资体制改革任务的具体方案，在近期内投资体制改革主要围绕以下几个方面组织实施。

1. 合理划分各类投资主体的投资范围

由于各类投资主体在国民经济和社会发展中所处的地位和作用不同，追求的投资目标也不相同，必须按照不同类型投资项目，在各类投资主体之间进行适当分工。

（1）将绝大部分竞争性项目，主要是指投资收益较高、市场调节比较灵敏、具有竞争能力的项目交给企业、推向市场，即由企业按市场导向决策，通过市场筹资、建设和经营；政府逐步从这部分竞争性项目中退出。这样不仅有利于政府集中资金进行重点建设，也有利于保证企业之间面向市场公平竞争。对目前中央政府和地方政府已经参与投资的这类项目，应创造条件逐步向企业转让产权；已经批准尚未开工的项目，原定由政府承担的建设资金，也应尽可能改由企业按新的投融资方式筹措和落实。今后政府对这部分投资项目主要是加强信息引导和政策指导。

（2）中央政府投资主要承担重大的基础性项目，包括事关国计民生、跨地区的重大的基础设施和基础工业（包括水利工程项目），扶持少量高新技术产业、重要支柱行业项目，以加快基础性项目的发展速度。

（3）按照投资受益区域原则，属于地方性的基础性项目，包括交通、邮政通信、能源工业、农林水利和城市公用设施等，主要由项目所在地方政府投资主体承担。对于经济不发达地区，中央政府可以按项目定期定量给予必要的补贴投资。基础性项目鼓励民间投资主体参与投资。

（4）社会公益性项目主要由政府投资主体直接承担。这部分项目主要包括教育、文化、卫生、体育、环保事业的项目，政权机构、政府机关、社会团体的工作设施，以及国防工程项目。社会公益性项目除国防工程和少量特别重要项目由中央政府为主承担外，绝大部分项目由各级地方政府分别承担。个人消费性项目（住宅等）积极鼓励私人投资。随着市场经济体系的完善，私人投资领域也将进一步扩大。

（5）除少量特定限制性行业外，积极放宽和扩大国外和境外投资主体的投资范围，特别应鼓励外商投资交通运输等第三产业领域和能源工业等基础工业领域。

2. 规范各类投资项目的融资方式

与中国投资主体分工格局和投资渠道的多样化方式相适应，各类项目的融资方式也将作出明确的规范。

（1）基础性项目建设要鼓励和吸引各方投资参与，国家重大建设项目，要积极依靠政策性融资方式。中国政府已决定建立国家开发银行、进出口信贷银行等几个政策性金融机构，将政策性金融业务与商业性金融业务分开，这也是投资体制改革的一项重大措施。

众所周知，目前制约中国经济进一步发展的主要问题之一仍然是基础产业滞后。基础产业发展滞后的直接原因是投资结构不尽合理。调整不合理的投资结构、加速基础产业的发展，这是当前中央政府宏观调控投资活动的主要任务。根据一些发达国家的经验和有关部门测算，在20世纪90年代中国基础产业投资的比重必须达到全社会投资总额的40%，才能初步改变基础产业发展滞后的局面。显然，仅靠国家预算内投资，而不对全社会的投资实行有效的宏观调控，难以实现社会投资结构的合理化。

现实情况表明，一些基础产业项目的投资规模巨大、建设周期长、投资收益率低，在基础产品价格偏低尚未改变、投资组织形式没有重大突破并取得成效之前，难以使大量分散的、掌握少量资金的投资主体将资金集中投向基础产业，以满足基础产业发展的资金需要。因此，在一定时期内，这些基础产业投资主要还得依靠政府来组织投资。中央政府要有效地对投资进行宏观调控，必须建立政策性融资体系，引导社会资金投向基础产业和国家急需发展的重点行业和建设项目上去，以优化投资结构，促进经济持续、快速、健康发展。建立对基础性项目进行投融资的政策性金融体系，包括三部分：一是政策性融资机构——国家开发银行。其基本任务是按照国家政策筹措和运用长期资金，集中和引导社会资金支持中央政府投资范围的重大项目，负责投资或贷款资金的使用，优化投资结构，提高投资效益。二是政策性投资基金。主要来源是国家财政每年核拨的资本金、银行存款的一部分（即各银行以新增存款的一定比例购买政策性融资机构发行的金融债券）、向社会发行国家建设债券、国外政府或国际金融机构的贷款或转贷款、中央银行的借款等。三是政策性融资制度。由各省级地方政府、中央专业部、企业集团向国家计委、经贸委提出项目建议，两委审定项目、向政策性融资机构提出资金安排建议，政策性金融机构经过资金平衡选择项目，由国家计委确定计划，政策性金融机构采取控股、参股和政策性优惠贷款等多种形式实施。这一政策性金融体系即将正式投入运行，并且将根据实践经验不断加以调整和完善。

（2）竞争性项目主要由企业运用自有资金投资，并确定项目最低的资本金比例。不足部分仍以间接融资为主，由企业向商业银行申请贷款，商业银行自主选择项目。经过批准也可进行直接融资，发行企业债券和股票进行筹资。特别要鼓励企业更多地运用自有资金，或者组成企业集团，采用联合投资的方式，加快对原有企业的技术改造，推进竞争性行业的技术进步，减少低水平、低效益的重复建设。

在我国目前的情况下，通过商业银行间接融资是竞争性项目投融资的主渠道，而通过发行债券、股票等方式直接融资是筹资渠道的拓宽和投资必要的补充。因此，在建立政策性的国家开发银行之后，要把其他专业银行真正办成商业性银行，面向市场，开展竞争，并实行资产负债比例管理、贷款规模管理与产业政策调控相结合的制度。这一金融体制的重大改革，是建立竞争性项目新的投融资体系的重要基础。在这个基础上，银行贷款实行企业（项目）和商业银行之间的双向自主选择。鼓励若干家银行组成银团共同向一个项目贷款。申请贷款的企业（项目）必须有一定量的资本金，并经过资信的评估，贷款实行担保或资产抵押制度。为此，应加快转换企业经营机制，使企业具有必要的自我积累能力和投融资能力。

（3）公益性项目的建设要广泛吸收社会各界资金。根据中央与地方事权划分，公益性项目建设主要由政府运用财政性资金以拨款方式投资，并要广泛吸收社会各界资金。同时应相应建立标准化、规范化的投资管理制度。

3. 建立项目法人投资责任制和银行贷款投资责任制，强化投资者的自我约束机制

建立法人投资和银行信贷的风险责任制，是新一轮投资体制改革的重点内容。这是针对中国投资领域多年存在的"大锅饭"体制、"有人投资无人负责"等弊端所采取的重要改革措施。这方面我国政府准备采取的改革措施主要有：

（1）全面推行项目法人责任制，尤其是国有单位的投资项目，必须先定项目法人，后定项目。今后新建项目，要尽可能依托现有企业进行，企业法人承担对项目投资和建设的风险责任。无法直接依托现有企业的建设项目，可以由政府部门或有关单位提出项目建设，经批准后迅速组成一个经济实体作为项目法人。中国筹建的三峡水利枢纽工程这一特大型项目，就是采用这个模式。

建设项目经批准立项后，有关资金筹措、招标定标、建设实施、生产经营、人事任免等，由项目法人按国家有关规定自主进行。因决策失误或管理不善造成项目法人无能力偿还债务的，银行有权依法取得抵押资产，或由担保人负责偿还债务。随着中国建立现代企业制度的试点工作逐步推开，每个建设项目从投资到运营，都将严格按现代企业制度运行，包括产权关系、出资者的权责利关系和承担方式、政府与企业关系、企业经营方式、领导体制和组织管理制度等，都将有明确的法律规范。只有这样，项目法人责任制才能真正落到实处。

（2）各类投资主体合资建设的项目要积极推行法人持股的股份公司制度。建立现代企业制度，能够有效地实现出资者所有权与

企业（项目）法人财产权的分离，有利于政企分开、转换经营机制。实行公司制试点在项目建设开始筹划、筹资时就应开始。对于支柱产业和基础产业中的骨干企业，国家实行控股并吸引非国有资金入股，以扩大国有经济的主导作用和影响范围。

（3）实行建设项目资本金制度。银行实行资产负债比例管理制度、贷款的资产抵押和担保制度，以落实法人投资和银行信贷的风险责任。中国政府对今后新上建设项目明确要求坚持三条原则：一是不能搞无本投资，新建项目必须具有一定比例资本金后，才能申请银行贷款；二是不能挪用流动资金贷款搞投资，银行对此要加强监管；三是新建项目必须打足铺底流动资金，没有流动资金不能开工。这些原则将通过具体制度规定下来，严格执行，形成一种投资者自我约束的制度保证。

（4）建立投资决策的责任制度。对因决策失误而造成投资损失浪费的，由主要决策者负责处理并承担经济和法律责任。对投资宏观决策者，也要有相应的责任制度，这种责任的承担方式，主要是行政责任和法律责任，特别要通过立法来制约一些单位和个人随意拍板定项目，或超越权限干预项目法人按国家规定自行决策和实施项目建设。

4. 改进和完善投资宏观调控体系和管理制度

实行由中央政府统一确定调控目标、中央和省级地方政府两级负责的原则，切实加强对投资总量和结构的调控。在调控方法上，综合运用经济政策、经济法规、计划指导和必要的行政管理手段，主要进行间接调控，确保宏观调控目标的实现。投资的宏观调控体系包括：

（1）全面启用经济手段，尤其是金融、财税、价格杠杆，按照产业政策，对投资总量和流向进行间接引导、调节和管理。在新旧体制转轨时期，由于投资者自我约束机制尚未建立起来，必要的行政手段还不能取消，如对一部分项目实行行政性审批，在投资膨胀加剧时采取行政手段直接停建和缓建一些项目，等等。

（2）对所有建设项目（包括各类投资主体自主决策的小项目）实行项目备案登记制度。大部分项目的立项决策可以由投资者自主决定，而项目涉及的社会、公众利益，如环保、安全、资源、城市规划和土地占用等，由政府审批。批准后的项目必须到所在地政府部门备案登记，要简化审批手续，提高办事效率。

（3）加强投资信息、项目信息的收集和发布，为国家制定投资宏观调控政策，为投资者进行项目决策提供科学、准确的依据。要建立健全信息网络，强化信息的引导作用。

（4）加快投资立法，把投资活动（包括投资者行为和管理者行为）纳入规范化、法制化轨道。

新的投资宏观调控体系的建立，是中国投资体制改革一项十分艰难的任务。从一定意义上说，只有完成这一任务，中国的投资活动才有可能在市场经济条件下正常、健康地运行。

5. 建立投资市场中介机构和服务体系

为了与政府职能转变和实行项目法人的责任制等项改革措施相适应，需要建立为项目法人服务的、面向市场的社会投资中介机构，包括咨询机构、设计机构、审计和工程监理机构，形成比较完备的市场服务体系。

（原载《中国工业经济研究》1994年第6期）

开创建设有中国特色社会主义经济的新局面

江泽民总书记代表党中央在十五大作的政治报告，为我国跨世纪的经济改革和经济建设事业指出了明确方向，作出了战略部署。贯彻和实现这个部署，必将在建设和发展有中国特色社会主义经济的进程中开创出新的局面。

一　关键时期和要解决的重大课题

从现在起到21世纪的头十年，是我国经济社会发展的一个关键时期。

从国际环境来看，在世纪之交的重要时刻，和平和发展仍然是时代的主题。世界格局加速走向多极化，争取较长时期的国际和平环境是可能的。世界科技日新月异，经济持续增长，结构加速重组。我们面临科技经济竞争日趋激烈的严峻挑战，更有着发挥后起效应、加快结构升级和经济发展的历史性机遇。能否抓住机遇，使国民经济持续快速健康发展、登上新的台阶，对于我们整个事业的前途，至为重要。它不仅关系到能否为解决国内种种问题，在21世纪中叶基本实现现代化奠定坚实的物质基础，而且关系到我们国家能否在新的世界格局中占据应有的位置和在激烈的国际竞争中取得更大的主动。对此，一定要有高度的历史责任感和时代紧迫感。

从国内情势来说，在这十多年里，我们将全面实现社会主义现代化建设的第二步战略目标，并向第三步目标迈出重要步伐。承上启下，继往开来，关系重大。这个时期，既是经济体制转轨的决胜阶段，也是发展科学技术、优化经济结构和提高对外开放水平等方面实现重大突破的时期。可以说，我们能否在推动两个根本性转变方面取得决定性进展，为基本实现现代化提供良好的体制条件、结构支撑和技术基础，在很大程度上要取决于这一时期的工作。

统观全局，跨世纪的十多年非常关键。在这个时期，建设和发展有中国特色社会主义经济，必须解决好两大课题，即建立起比较完善的社会主义市场经济体制，保持国民经济持续快速健康发展。为此，必须采取切实有力的政策措施，在经济改革和经济发展中完成一系列重大任务。

二 调整完善所有制结构，深化国有企业改革，加快建立社会主义市场经济体制

深化改革，是解决发展问题的根本出路。未来十多年最重要的任务，是使改革在一些重大方面取得新的突破，成功地建立起比较完善的社会主义市场经济体制。

党的十四大以来，经济改革取得巨大进展。在公有制经济持续增长的同时，多种所有制经济迅速发展，以公有制为主体、多种所有制经济共同发展的格局基本形成并进一步展开；国民经济市场化程度明显提高，商品价格基本由市场决定，资本、劳动力、技术等生产要素市场有不同程度发展，市场对资源配置的基础性作用明显增强；财税、金融、投资、外贸外汇管理等方面的体制改革取得突破，新的宏观调控体系的框架初步形成，并且在治理通货膨胀、促进经济稳定增长中发挥了重要作用；以建立现代企业制度为方向，"抓大放小"，国有企业改革和城市综合配套改革加快步伐，许多国有小企业通过多种形式放开放活，涌现出不少有活力的大企业和企业集团。

在肯定成就的同时，应当看到，改革发展并不平衡，一些涉及深层矛盾的难点重点问题仍未解决，面临的任务还相当艰巨。当前

经济改革进入了一个新的攻坚阶段，攻坚的重点，是深化国有企业改革和调整国有经济布局，而这又必须进一步调整、完善所有制结构。

相对于市场体系和宏观调控体系的改革来说，国有企业的改革明显滞后，这使社会主义市场经济的微观基础存在重大缺陷，市场机制的作用不能不受到局限。显然，要解决好公有制同市场经济相结合的历史性课题，成功地建立社会主义市场经济体制，就必须集中精力攻克这个难点。

国有企业改革的实质，在于探索一种能够同市场经济相衔接的新的国有制实现形式，以替代排斥市场机制的国有国营形式。党的十四届三中全会的功绩，就是为解决这个问题指出了正确的方向和途径。全会在总结企业改革经验基础上，提出建立现代企业制度，按照产权清晰、权责明确、政企分开、管理科学的要求，深化国有企业改革，在企业资产最终保持国家所有的条件下，让每个企业自主经营、自负盈亏，成为享有法人财产权的市场竞争主体。这就把国有制同市场经济结合了起来。经过几年来的试点，企业改革取得可喜进展，一些重点问题开始突破。这项改革的主要难点，是实行政企分开。它涉及产权关系的调整、企业经营机制转换以及政府职能的转变，有许多复杂问题需要正确处理。矛盾的主要方面，在于政府对企业的干预仍然过多了。为了推进改革，必须加大政府部门转变职能的力度，并在此基础上加快政府机构改革。企业也要努力转变观念，转换经营机制，改变向政府"等靠要"的积习，勇敢地面向市场、进入市场，在市场竞争中求发展。

问题的复杂性还在于，国有企业经营困难，并不仅仅因为机制不活，还由于国有经济战线过长、布局分散，结构不合理。在市场作用日益增强，尤其是卖方市场转为买方市场，以及国民收入分配格局发生很大变化、国家财政所占比重明显下降的情况下，许多企业受到市场销售不畅和资本金不足的严重制约，不少企业陷入经营亏损乃至停产半停产的困境。国有经济的不合理布局，也越来越不能适应日趋激烈的国际科技经济竞争的形势。这种状况不改变，企业改革很难推进，也不能收到应有成效。因此，搞好国有企业，必须着眼于搞好整个国有经济，对国有企业进行战略改组，对国有经济布局进行战略调整。抓好大的，放活小的。以资本为纽带，通过市场形成具有较强竞争力的大企业集团；采取改组、联合、兼并、租赁、承包经济和股份合作制、出售等形式，放开放活国有小企业；一些扭亏无望、资不抵债的企业，则要按规定程序实行破产。对关系国民经济命脉的重要行业和关键领域，国有经济必须占支配地位；在其他领域，可以通过资产重组和结构调整，以加强重点，提高国有资产的整体素质。一些有条件的企业，为了通过市场实行联合、兼并，或者为了在资本市场直接融资，可以改为股份上市公司。在正确进行这些改组、调整的同时，推进企业改革，转换企业经营机制，加强技术改造和科学管理。这样，国有企业才能以一种新的姿态出现在市场上，在竞争中焕发出新的生机，国有经济也将充满活力。

实行国有企业的改革、改组和国有经济布局的战略调整，不仅要探索国有制新的实现形式，而且涉及整个所有制结构的调整与完善，以及公有制实现形式的多样化。比如，一部分国有小企业要改为集体企业，有的要出售给个人；有的国有企业要实行股份制；有的要改行股份合作制；等等。这样做是不是搞私有化，是不是倒退，会不会削弱社会主义？在这个重大问题上，如果不坚持解放思想，实事求是，按照"三个有利于"的标准进行大胆探索，而是囿于过去对社会主义的某些片面认识，停步不前，那么，改革攻坚就难以取胜。正因为这样，江泽民同志在报告中针对一些不正确的认识和疑虑，从理论与实践结合上对这个问题做了马克思主义的科学分析和精辟论述，这是又一次思想解放，使我们对经济改革的认识提高到一个新水平。主要是：

第一，以公有制为主体、多种所有制经济共同发展，是我国社会主义初级阶段的一项基本经济制度；这种所有制结构应当根据生产力发展的需要继续调整、完善，以进一步解放和发展生产力，这是经济体制改革的重大任务。

第二，公有制经济不仅包括国有经济和集体经济，还包括混合所有制经济中的国有成分和集体成分。坚持公有制为主体，其主要体现的是公有制资产在社会总资产中占优势，国有经济控制国民经济命脉，对经济发展起主导作用。这样，我国的社会主义性质就不会受到影响。公有资产占优势，要有量的优势，更要注重质的提高。国有经济起主导作用，主要体现在控制力上。

第三，在这个前提下，对国有经济布局进行调整。只要有利于巩固和加强国有经济在重要行业和关键领域的支配地位，有利于提高国有经济的整体素质，增强其竞争力和控制力，国有经济比重减少一些，也不会影响我国的社会主义性质。

第四，集体所有制经济是公有制经济的重要组成部分，要充分认识发展城乡多种形式集体经济对促进生产力发展的重大作用和对发挥公有制主体作用的重大意义。必须坚持以是否符合和促进生产力发展作为判断所有制形式是非优劣的标准，改变脱离生产力水平，抽象地用高级形式或低级形式来评价所有制的观念和做法。

第五，在坚持公有制为主体、国有经济控制国民经济命脉的前提下，一部分国有小企业改为集体企业，有的出售给个人，有利于集中有限的国有资本支持重点企业发展，提高国有经济的整体素质和竞争能力，也有利于改制企业更好地发展生产，这不是私有化，而是部分国有资产的结构调整、物质置换；不是倒退，而是使社会主义初级阶段的生产关系更加适应和促进生产力发展，是前进；不是损害社会主义，而是巩固和发展社会主义。

第六，公有制实现形式可以而且应当多样化，一切反映社会化生产规律的经营方式和组织形式可以大胆利用。要努力寻找能够极大促进生产力发展的公有制实现形式。股份制是现代企业的一种资本组织形式，资本主义可以用，社会主义也可以用，不能笼统地说股份制是公有还是私有。关键看控股权掌握在谁手中，国家和集体控股，实际上掌握企业主要人事、资产收益分配和重大决策的控制权，用部分公有资本控制了企业全部资本的动作，这无疑具有明显的公有性，它扩大了公有资本的支配范围，增强了公有制的主体作用。改革开放中出现的股份合作制，是一种新事物，生成的渠道多种多样，内容很不规范，还在探索之中，应当加以支持和引导，不断总结经验，逐步使之规范、完善。那种以劳动者的劳动联合和劳动者的资本联合为主的集体经济，尤其要加以提倡和鼓励。

第七，非公有制经济是社会主义市场经济的重要组成部分。在坚持公有制为主体的前提下，要继续鼓励、引导个体、私营等非公有制经济健康发展。

党的十五大报告在调整和完善所有制结构问题上的一系列论述和决策，充分体现了以江泽民同志为核心的党中央的理论勇气和政治魄力，是运用邓小平理论研究新情况、解决新问题，坚定不移地沿着有中国特色社会主义道路开拓前进的典范，必将成为推进改革的强大思想武器。

完善所有制结构，深化国有企业改革，是加快建立社会主义市场经济体制的关键，但不是唯一条件。国有企业改革本身就需要有国有资产管理体制、社会保障体系等方面的配套改革，至于建立社会主义市场经济体制，则还必须相应地深化市场体系、宏观调控体系以及分配制度等方面的改革，使它们围绕企业改革这个中心，互相配合、互相促进地向前发展，才能达到预期的目的。

三 依靠科技进步，调整优化经济结构，促进经济增长方式的转变

这是我们面临的又一重大而紧迫的任务。面对世界科技日新月异和经济结构加速重组的趋势，随着我国经济由温饱型向小康型过渡，经济结构的矛盾日益突出。其主要表现是：产业结构不合理，生产供给不适应市场需求，农业基础脆弱，基础设施还不适应经济

社会发展需要，服务业落后，加工制造业素质不高，很多产品的生产能力大量闲置；企业组织结构不合理，生产布局分散、重复，技术水平低，缺少有较强技术开发和市场开拓能力的大企业集团；产品结构不合理，大路产品多，低档产品多，品种老化，质量差，成本高，缺乏市场竞争力；地区结构不合理，盲目重复建设严重，产业结构趋同，造成大量浪费。所有这些，严重制约着国民经济进一步发展，迫切要求同深化改革相结合，对经济结构进行战略性调整，从整体上优化经济结构，提高经济素质。这已成为转变经济增长方式的焦点，经济发展战略的核心。

结构调整不仅势在必行，也具备有利条件。世界科技发展和结构重组，既加重了竞争的压力，也为我们提供了引进技术、资金，发挥后起效应，加快结构升级和经济发展的历史机遇；国内结构矛盾尖锐，不少企业销售困难乃至停产半停产，使人们深切认识到结构调整的重要性、紧迫性，压力正在转变为变革的动力；随着改革不断深化，市场对资源配置的基础性作用日益增强，尤其是近几年宏观调控成效显著，一度加剧的通货膨胀得到控制，国民经济进入适度快速和相对平稳的发展轨道，为结构调整提供了比过去好得多的体制条件和宏观经济环境。应当牢牢把握当前的好时机，坚决改变粗放经营的观念和积习，把精力集中到优化经济结构，提高经济效益上来，在转变经济增长方式上取得切实成效。

根据国民经济跨世纪发展的要求和特点，调整优化经济结构总体原则是：（1）以市场为导向，使社会生产适应国内外市场需求的变化。这是结构调整的目的，也是判断结构是否合理、优化的根本标准。市场需求是不断变化的，结构调整也要经常进行，不能一劳永逸。要十分重视国际市场，从积极参与国际竞争与合作，充分利用国内国际两个市场、两种资源的战略高度，全面考虑我国经济结构调整的部署，提高国际竞争力。（2）依靠科技进步，促进产业结构优化。这是当今世界经济结构重组的基本趋势和显著特点，也是我国结构优化的根本途径。要把结构调整放在采用先进技术尤其是高技术的基础上，促进国民经济适应世界潮流，向着优质、高效的方向发展，显著提高经济增长的科技含量。（3）发挥各地优势，推动区域经济协调发展。要正确处理全国经济总体发展与地区经济发展的关系，正确处理各地区经济发展相互之间的关系，服从全局，统筹兼顾，优势互补，共同发展，以取得较好的效益。根据我国人多地少、资源相对短缺的国情，结构调整要有利于节约资源、增加就业和保持环境，有利于可持续发展。（4）转变经济增长方式，改变高投入、低产出，高消耗、低效益的状况。结构调整要立足于现有企业的改组、改造，立足于存量资产的重组、优化，增量投入必须同激活存量密切结合。决不能走粗放发展的老路，乱上项目，大铺摊子，引发又一轮投资膨胀和重复建设。

考虑上述指导原则和我国经济的现实情况，总结多年经验，调整和优化产业结构要把握以下的方向和重点。

第一，坚持把农业放在经济工作首位，稳定党在农村的基本政策，深化农村改革，确保农业和农村经济稳定增长，农民收入增加。这是我国经济发展、社会稳定和政权巩固的基础，任何时候都不能忽视。要多渠道增加投入，加强水利建设和农田基本建设，改善农业生产条件。大力推进科教兴农，加大推广适用先进技术的力度，增加农用生产资料的供应，提高农业的科学技术水平。积极发展农业产业化经营，形成生产、加工、销售有机结合和相互促进的机制，推进农业向商品化、专业化、现代化转变。综合发展农林牧渔各业，继续发展乡镇企业，合理规划小城镇建设，引导农业剩余劳力就地转移和有序流动。长期稳定以家庭联产承包为主的责任制，完善统分结合的双层经营体制，逐步壮大集体经济实力。改革粮棉购销体制，实行合理的价格政策。建立健全农业社会化服务体系、农产品市场体系和国家对农业的支持、保护体系。要尊重农民的生产经营自主权，保护农民的合法权益，减轻农民负担，充分发挥农民的积极性、创造性。

第二，继续加强水利、能源、交通、通信和重要原材料等基础设施、基础工业。这是发展中国家推进现代化的一项重要任务,不能放松。经过多年来尤其是"八五"期间的重点建设,我国基础设施、基础工业有了很大发展,它们对国民经济的"瓶颈"制约明显缓解,但总体来说仍不能适应经济社会发展的需要,应当继续充实、加强。基础设施、基础工业的建设,投资大,周期长,要预为之谋,及早部署,又要量力而行,突出重点,不能超过国民经济的承受能力;要提高技术起点,积极采用现代先进技术、高技术;要统筹规划,合理布局,避免不合理重复建设,确保取得最佳效益。

第三,加大调整、改造加工工业的力度,提高它们的素质。这是优化经济结构的重要环节。基础设施、基础工业固然重要,但如没有结构合理、素质优良的加工工业,就不能生产出物美价廉的最终产品进入消费领域,国民经济就不能实现良性循环和提高竞争力,先进的基础设施、基础工业的作用也不能最终落到实处。要有重点地积极发展高技术产业特别是电子信息产业,推进国民经济信息化。这是当今经济现代化的方向和最重要的标志,必须力争取得重大进展。根据市场要求,大力振兴机械、汽车、石化、建筑等产业关联度大的产业,采用先进技术,形成规模经济,注重经济效益,使之成为新的经济增长点,发挥它们带动国民经济的支柱作用;同时,继续调整、改造、提高轻纺工业。要把发展技术密集型产业同发展劳动密集型产业结合起来,以提高国民经济整体效率和缓解劳动就业压力。积极调整产品结构,把开发新技术、新产品同开拓市场结合起来,尽快形成有市场竞争力的名牌产品和优势产业。

第四,努力发展第三产业,提高其在国民经济中的比重。第三产业是否发达,是国民经济现代化水平的一个重要标志。发达国家第三产业比重多在60%以上,亚洲新兴工业国家这个比重为40%左右,而我国只有30%多,发展潜力很大。应当以第一、第二产业的发展为基础,加快发展第三产业,并形成合理的布局和结构。

继续发展商业和生活服务业，发展旅游业和信息、咨询等中介服务业，规范和发展金融、保险业，引导房地产业健康发展。

第五，调整企业组织结构，提高企业素质。要通过市场，形成和发展一批具有强大实力和竞争力的大企业、企业集团，使它们在科技进步、结构优化中发挥主导作用；同时引导、支持中小企业向专而精的方向发展，有的可改组成农业产业化经营的龙头企业，有的要以多种形式同大企业建立相对稳定的生产技术联系。通过这两个方面的调整、改组，推动生产要素向优势企业流动和资源优化配置，同时加大技术改造的力度，显著提高社会生产的专业化协作水平和科学技术水平。

第六，促进地区经济合理布局、协调发展。这是优化经济结构的重要内容。改革开放以来，东部地区和中西部地区经济都有很大发展，人民生活显著改善。东部地区由于有较好的经济基础，有利的地理位置，加上国家政策支持，发展得更快一些。这对增强综合国力、带动和支持中西部地区发展，都是有利的。随着全国经济水平的提高和进一步发展的要求，从"九五"计划开始，国家要从多方面采取措施，加大支持中西部发展的力度，努力缩小地区经济发展差距。这样做，有利于巩固和发展全国安定团结的政治局面，进一步增强综合国力，也有利于从能源、原材料和市场条件等方面支持东部地区发展。不能用限制东部地区发展的办法来缩小地区经济发展差距，这样做对全局不利，最终也对中西部发展不利；也不能等东部地区实现现代化后再来加强支持中西部加快发展，这对全局也不利，也会制约东部地区的进一步发展。重要的是，审时度势，综合考虑经济、政治等各种因素，把握好工作的"度"，使东部地区和中西部地区的发展达到最有利于全局、从而也是最有利于各地自身的配合。应当看到，地区经济差距是历史形成的，缩小差距也必然有一个过程，要进行长期的坚持不懈的努力。

各地应根据因地制宜、发挥优势、分工合作的原则，发展各具特色的经济，避免结构趋同，以取得最好的比较效益。要充分发挥市场对资源配置的基础性作用，同时加强政府宏观调控，完善和执行产业政策，改革投融资体制，切实解决"大而全""小而全"不合理重复建设问题。支持、帮助少数民族地区发展经济。加强老工业基地技术改造，发挥中心城市的作用，按照经济内在联系，引导形成若干个跨地区的经济区域和重点产业带，优化生产力布局。

四 优先发展科技、教育，正确处理经济发展同人口、资源、环境的关系

实施科教兴国战略和可持续发展战略，是我国经济跨世纪发展的重要任务和基本保证，具有极其重要的意义。

科学技术是第一生产力，科技进步日益成为经济发展和国家强盛的决定性因素。必须把科技进步放在关键位置，从体制和政策上采取更加有力的措施，贯彻执行经济建设必须依靠科学技术、科学技术工作必须面向经济建设的方针。要强化应用技术的开发推广，加速科技成果向现实生产力转化，集中力量解决经济社会发展的重大和关键技术问题。加强基础性研究和高技术研究，加快实现高技术产业化，力争在一些重要领域接近或达到国际先进水平。坚持自主开发和引进消化先进技术相结合，充分利用后发优势实行跨越阶段运用新技术成果的战略。深化科技体制改革。要从国家长远发展需要出发，纵观全局，突出重点，有所为、有所不为，制订中长期科技发展规划；充分发挥市场和社会需求对科技进步的导向和推动作用。从政策上支持和鼓励企业从事科研、开发和技术改造，使之成为科研开发和投入的主体。有条件的科研机构和大专院校要以不同形式进入企业或同企业合作，走产学研相结合的道路，解决科研工作中存在的条块分割、力量分散的问题。加强知识产权的保护，发挥专利制度的作用。

优先发展教育，提高国民素质，是加快科技进步和推动经济发展的基础。要发挥各方面积极性，大力普及九年制义务教育，扫除

青壮年文盲,积极发展各种形式的职业教育和成人教育,稳步发展高等教育。特别要不断优化教育结构,合理配置教育资源,提高办学质量和效益。加强师资队伍建设。全面贯彻党的教育方针,重视提高素质,培养德智体全面发展的建设者和接班人。要建立一套有利于人才培养和使用的激励机制。积极引进国外智力。鼓励留学人员回国工作或以适当方式为祖国服务。

我国人口众多,资源相对不足,又处在加速推进工业化的发展阶段,加上粗放的经营方式,资源浪费和环境污染相当严重。随着人口增加和经济发展,这个问题会更加突出。因此,一定要坚持经济效益、社会效益和环境效益的统一,十分重视计划生育、资源节约和环境保护,实现可持续发展。决不能用牺牲环境、浪费资源的办法求得经济一时发展,也不能走先污染后治理、先浪费后保护和节约的路子,那将付出巨大代价,甚至贻害后世,危及子孙,这是决不可取的。坚持开发节约并举、把节约放在首位的方针,提高资源利用效率。严格执行资源管理和保护的法律,实施资源有偿使用制度,建立资源更新的经济补偿机制。坚持经济建设、城乡建设与环境建设同步规划、同步实施、同步发展。加强对环境污染治理,改善生态环境。要严格控制人口增长,提高人口素质,重视人口老龄化问题。

五　提高对外开放水平,更好地利用两个市场、两种资源

有中国特色社会主义经济是对外开放的经济。面对世界经济日益全球化的趋势,为了实现跨世纪的宏伟任务,必须进一步扩大对外开放,完善全方位、多层次、宽领域的对外开放格局,增强经济的国际竞争力,着力提高对外开放的水平,以促进国内科技进步、结构优化和经济素质的提高。

实行以质取胜和市场多元化战略,扩大商品和服务的对外贸易。我们已经实现了出口商品由初级产品为主向制成品为主的转

变,今后要进一步由粗加工品为主向精加工品为主转变,努力提高出口产品的附加值。在巩固和发展现有市场的同时,积极开拓新市场,同更多国家拓展经贸关系。优化进口结构,进一步降低关税总水平,积极引进先进技术和关键设备。坚持统一政策、平等竞争、工贸结合、推行代理制方向,改革完善外贸管理体制,积极参与区域经济合作的全球多边贸易体系。

积极合理有效地利用外资,着力提高利用外资的成效和水平。扩大能源、交通等基础设施对外开放,有步骤地开放服务领域。合理引导外资投向,使之适应优化经济结构的需要。依法保护外商投资企业的权益,实行国民待遇,加强监管。鼓励能够发挥我国比较优势的对外投资,以及有条件的企业跨国经营,并建立健全这方面的支持服务体系,更好地利用国内国外两个市场、两种资源。完善和实施涉外经济贸易法律法规,正确处理对外开放同独立自主、自力更生的关系,维护国家经济安全。

进一步办好经济特区和上海浦东新区,鼓励它们在体制创新、产业升级、扩大开放等方面继续走在前面,发挥对全国的示范、辐射、带动作用。

六 在发展经济的基础上不断改善人民生活

改善人民生活,是建设和发展有中国特色社会主义经济的根本目的。在发展战略上把经济建设和人民生活直接联系起来,是改革开放以来的一大进步。党的十一届三中全会以后党所制定的社会主义现代化建设"三步走"的发展战略,每一步都把经济发展的要求同人民生活改善的要求结合在一起,作为统一的战略目标,从而改变了过去偏重规划生产的做法,为经济发展指明了原则方向和总体结构。已经实现的第一步战略目标,解决了人民的温饱问题;今后十多年,要全面实现第二步战略目标并向第三步目标迈出重大步伐,全国人民要过上小康生活,并逐步向更高的水平迈进。增加城乡居民实际收入，提高消费水平，拓宽消费领域。在改善物质生活的同时，丰富精神生活，美化生活环境，提高生活质量。特别要改善居住和交通通信条件，扩大服务性消费。重视公共设施和福利设施的增加，提高教育和医疗保健水平。对城镇困难居民实行保障基本生活的政策，到 20 世纪末基本解决农村贫困人口的温饱问题。使 10 多亿人口安居乐业，过上比较宽裕的小康生活，这不仅是我们国家长治久安的社会基础和激人奋进的强大动力，也是对世界和平和发展事业的重大贡献！

（原载《求是》1997 年第 19 期）

论深化国有企业改革和调整国有经济布局

江泽民同志在十五大政治报告中指出，从现在起到21世纪头十年，是我国实现第二步战略目标并向第三步战略目标迈进的关键时期。这个时期必须解决好两大课题，即建立比较完善的社会主义市场经济体制和保持国民经济持续快速健康发展。发展的根本出路在改革。因此，坚持社会主义市场经济的改革方向，使改革在一些重大方面取得新的突破，全面确立社会主义市场经济体制，并使之逐步完善，是今后十多年最根本的任务。实现这个任务，关键在于深化国有企业改革和调整国有经济布局，而这又必须调整和完善所有制结构。

一

从邓小平同志"南方谈话"和党的十四大确立社会主义市场经济体制改革目标以来，我国经济体制改革进入了一个整体推进、重点突破的新阶段，取得了重大进展。以公有制为主体、多种所有制经济共同发展的格局基本形成并进一步展开，国民经济焕发出新的活力与生机；经济生活的市场化程度明显提高，商品价格已基本由市场决定，资本、技术、劳动力等要素市场有不同程度发展，市场对资源配置的基础性作用显著加强；金融、财税、外贸外汇、投资等方面的体制改革，有的取得重大突破，有的有新的进展，适应社会主义市场经济要求的宏观调控体系的框架初步形成，并在治理通货膨胀、促进经济稳定增长中发挥了很好的作用；以建立现代企业制度为方向的国有企业改革加快步伐,抓大放小,不少国有小企业通过多种形式放开放活,涌现出一批活力强、效益好的大企业和企业集团。所有这些,都有力地促进了国民经济持续快速健康发展。

在肯定经济改革取得巨大成绩的同时,要清醒地看到,改革与发展并不平衡,一些深层矛盾和两难问题尚未解决,我们面临的深化改革的任务还相当艰巨。相对于市场体系和宏观调控体系的改革来说,国有企业的改革滞后,从总体上说,国有企业还没有真正成为适应市场需要的法人实体与竞争主体。这就使社会主义市场经济的微观基础存在很大缺陷,市场机制的作用不能不受到局限,有时甚至发生扭曲。要解决好公有制同市场经济相衔接的历史性课题,全面确立社会主义市场经济体制,就必须集中精力,攻克这个难点。

我国经济改革从农村开始,很快发展到城市。1984年中央关于经济体制改革的决定就明确指出,企业改革是经济体制改革的中心环节。从那时以来,各方面为推进国有企业改革做了大量工作,进行了不懈的、认真的探索。从放权让利到两步利改税,到推行承包制,每一步都沿着引入市场机制的方向努力,取得了一定成效,也积累了不少经验。然而对国有企业改革的认识和工作发生质的飞跃还是在党的十四大以后。十四大明确建立社会主义市场经济体制的改革目标,使我们认识到国有企业改革的实质,在于寻找一种新的国有制实现形式,以代替排斥市场机制的国有国营的形式,从而使国有制同市场经济结合起来,解放和促进生产力发展。十四届三中全会全面总结企业改革经验,提出要建立现代企业制度,按照"产权清晰、权责明确、政企分开、管理科学"的要求对企业进行规范的公司制改革,为解决这个问题指出了正确的方向和途径。按照这些要求进行改革,国家将作为出资人按投入企业的资本额享有所有者权益,对企业债务承担有限责任;企业依法自主经营,自负盈亏,政府不能直接干预企业经营活动;企业也不能不受所有者约束，损害所有者权益。在企业内部建立符合市场经济规律和我国国情的领导体制与组织管理制度，建立决策、执行和监督体系。同时，积极培育和发展多元投资主体，推动政企分开和企业转换经营机制。体现这些要求的具体形式不同企业会有所区别，但这些原则比较好地解决了所有权与经营权适当分离，在政府不直接干预企业经营的同时让所有者在企业内部到位，以及使企业的约束机制同激励机制相匹配等问题，在最终保持企业资产为国家所有的前提下，使企业成为享有法人财产的市场主体，从而把国有制同市场经济结合起来，这就把企业改革的深度提到了一个新的水平。从这几年的试点来看，企业改革取得明显进展，一些重点问题开始突破，总的效果是好的。这项改革的难点，主要在政企分开。实行政企分开要相应调整产权关系，转变政府职能，转换企业经营机制，还有增资减债、人员分流等复杂问题需要妥善处理。矛盾的主要方面是政府有关部门对企业的干预仍然过多。因此，推进国有企业改革，必须加大政府转变职能的力度，并在此基础上加快政府机构改革。企业也要努力转变观念，转换经营机制，加强科学管理和技术进步，坚决克服"等靠要"的积习，勇敢地面对市场，进入市场，在市场竞争中求发展。应当说，坚持建立现代企业制度的方向推进企业改革，这是搞好国有企业的轴心和基础，不能丝毫放松。

二

搞好国有企业，必须把企业改革同企业的改组、改造结合起来，从战略上对国有经济的布局和结构进行调整。这是因为，当前许多国有企业的经营困难，不仅仅由于机制不活，还在于国有经济的布局和结构不合理。

国有经济是国民经济的支柱。改革开放以来，国有经济在承担大量改革成本的条件下仍然持续增长，对改革开放、社会稳定和经济建设作出了重大贡献。现在，国有经济仍然控制着经济命脉，对经济发展起着主导作用。但是，由于长期受到计划经济体制的羁绊，以及相当严重的"大而全""小而全"重复建设的影响，国有经济在布局与结构方面存在很多不合理问题。

对此可以用"长、散、小、差"四个字来概括，即战线太长，布局过散，企业规模偏小以及产业素质较差。拿钢铁工业来说，我国钢的年产量已超过亿吨，这是一个巨大成绩，是钢铁战线上广大职工卓有成效地工作和劳动的结果。然而这1亿吨钢是由1700家钢厂生产出来的，其中60%以上的钢厂年产钢在2万吨以下。全国的轧钢厂更多，有3000多家。大多数企业设备陈旧，产品老化，质量差、消耗高，因而使我们在钢和钢材的品种、质量方面同发达国家存在很大差距，不能适应国民经济发展的需要。在每年放空近2000万吨小型材能力的同时，要进口大量的板材、管材。我们的薄板自给率为50%，镀锡薄板的自给率只有30%，不锈钢薄板的自给率仅为15%。据有关统计，我国高附加值钢材的市场基本上被进口产品占领。类似的情况在其他行业也存在。比如汽车工业，1995年我国生产汽车150万辆，却有122个整车厂，年产1万辆汽车以上的只有六七个企业，绝大多数企业年产量不足1万辆。我国有18套乙烯装置，其中11套是年产14万吨以下的，不少投产即亏损，如此等等。国有经济的这种布局与结构，是造成高投入、低产出，高消耗、低效益的重要原因，已极不适应国民经济进一步发展的要求，使不少企业产品滞销积压，陷入经营亏损乃至停产半停产的困境。国有经济的这种布局与结构，也极不适应日趋激烈的国际竞争的挑战。当今世界科技进步日新月异，国际产业结构加速重组，一些战略性产业以前所未有的速度与规模积聚集中，少数跨国公司急剧地向全球扩张。这些公司的规模越来越大，技术进步速度越来越快，跨国经营的范围越来越广。面对国际科技、发展的这种态势，面对国际竞争日益激烈的挑战，分散、重复、被条块分割的软弱的国有企业如何同对手一搏？矛盾非常尖锐。好比大军压境，兵临城下，人家来的是航空母舰、联合舰队，而我们是一群小帆船、小炮艇，极不相称。说得贴切些，随着对外开放的扩大和深化，不少跨国公司进入我国，国内市场正在日趋国际化，同跨国公司的经济竞争已是短兵相接，时不我待。总之，国有经济不合理的布局与结构已严重不适应形势的发展，这种状况如不加以改变，国有企业的改革就难以深化，国有经济也不可能承担起我国经济跨世纪发展所必须解决的科技进步和结构优化的历史性任务，这将关系到我们整个事业发展的前途。

出路何在呢？可不可以用增加投入来改善国有企业的处境，使现有的国有经济改变面貌呢？有关部门曾对此做了研究和测算。据他们估计，我国现有国有工商企业大数为30万个，用于生产经营的国有资本大数为3万亿元，平均每个企业1000万元，这些企业约有30%—40%是亏损的。要为这30万个企业创造同其他企业大致平等的竞争条件，比如使负债率明显下降，冗员适当分流，社会负担有必要的减轻等，大体要投入4万亿—5万亿元，如要进行技术改造则还要增加几万亿元。很明显，一是国家没有这么多资本来支撑这么大摊子；二是即使有点钱，是不是要这样分散使用，在如此庞大的企业群上撒胡椒面，填充那些无法填满的亏损和消耗？如果这样做，其结果必然是关系现代化全局和国家安危的要害东西由于资金不足而搞不上去，或者不能及时搞上去，而宝贵的国有资本又被浪费在很多次要的甚至无用的地方，整个国有经济结构无法优化，素质难以提高，对国民经济的控制力不断削弱，这就会贻误时机，贻误大局，严重影响有中国特色社会主义事业的巩固和发展。因此，出路只有下决心对国有经济的布局和结构实行战略改组和调整：一方面通过联合、兼并、承包、租赁和股份合作制；出售给个人等形式，放开放活国有小企业，使它们找到更符合其生产力水平的所有制形式和经营方式，充分调动职工群众的积极性和动员各方面的社会资源，灵活适应市场需求，发展生产，稳定就业，增加供给，满足需要，减轻政府负担；另一方面集中有限的国有资本加强重点，通过市场培育和发育一批跨行业、跨地区、跨所有制和跨国经营的大公司，组建我们自己的航空母舰和联合舰队，使它们成为促进科技进步、结构优化和参与国际竞争的主力。在国民经济的重要行业和关键领域，国有经济必须占支配地位，而在其他领域则可以通过结构调整、资产重组，适当收缩战线，把国有资本用得更加集中和有效。通过这样的调整和改组，结合深化改革建立现代企业制度，加强科学管理和技术改造，国有企业必将在竞争中焕发新的生机，国有经济也将充满活力，更好地发挥主导作用。完全可以这样说，十五大在科学分析和正确估量形势的基础上所作出的对国有经济实行调整与改组的果断决策，是在当今条件下发展和提高国有经济的正确抉择和必由之路。谁要巩固和壮大国有经济，更好地发挥国有经济的主导作用，谁就应当在调整和改组国有经济不合理的布局与结构、推进国有企业改革上下功夫，并取得切实的成效。

党的十五大关于国有企业改革必须同企业改组、改造结合起来，对国有经济进行战略调整的决策，标志着我们对国有企业改革的认识与工作进一步深化的又一次飞跃。这就是不仅从单个企业的角度，而且从更高的层次和更大的范围，着眼于搞好整个国有经济，来考虑和把握国有企业改革，改革的目标与内涵也不仅仅要建立企业适应市场要求的经营机制，还要使它们能够在世纪之交承担振兴和发展我国战略性产业的历史重任。

三

深化国有企业改革必须同调整国有经济布局相结合，这就不仅要探索新的国有制形式，而且势必涉及调整和完善整个所有制结构和公有制实现形式的多样化。有些国有小企业要改为集体企业，有的要出售给个人；有些国有企业为了通过市场实行联合、兼并，或者在市场上直接融资以充实资本金，要改为上市公司，实行股份制；有的企业要改为股份合作制，等等。这是不是倒退，是不是搞私有化，会不会削弱社会主义？在这个重大原则问题上，如果不坚持解放思想，实事求是，按照"三个有利于"的原则勇于实践，大胆探索，开拓前进，而是囿于过去对社会主义的一些不正确的认识，止步不前，那势必影响改革的深化，影响社会主义市场经济体制如期确立，影响社会主义现代化建设的发展。党的十五大对此采取了正确坚定的立场和态度。江泽民同志在报告中针对某些片面认识和疑虑，从理论与实践的结合上，对调整与完善所有制结构问题做了马克思主义的科学分析和精辟论述，在理论上有一系列创新和重大突破，使我们的思想得到又一次解放，对经济改革的认识提高到了一个新的水平。主要是：

第一，首次提出以公有制为主体、多种所有制经济共同发展，是社会主义初级阶段的一项基本经济制度，突出了它的重要性、长期性和制度性，具有重大而深远的意义。所有制是生产关系的核心。所有制结构，各种所有制的地位、形式及其相互关系，是决定经济格局的基本因素，对于生产关系是促进还是阻碍生产力发展，具有极为重要的作用。过去受社会主义社会必须以单一公有制经济为基础的观念束缚，脱离生产力水平，在所有制问题上"急于求纯""急于过渡"，结果严重地阻碍甚至破坏了生产力，损害了社会主义。十一届三中全会以后，我们认真总结以往的经验教训，制定以公有制为主体、多种经济成分共同发展的方针，逐步消除所有制结构不合理对生产力的羁绊，出现了以公有制为主体、多种所有制经济共同发展的生动局面，极大地解放和促进了社会生产力，使社会主义在中国真正活跃和兴旺起来。实践证明，我国的社会主义性质和初级阶段的基本国情，决定了必须在公有制为主体的条件下发展多种所有制经济，这不是权宜之计、临时措施，而是社会主义初级阶段的基本经济制度。坚持和继续调整、完善这一基本经济制度，是解放和发展生产力的根本保证，是经济体制改革的重大任务。

第二，全面论述了公有制经济的含义，指出公有制经济不仅包括国有经济和集体经济，还包括混合所有制经济中的国有成分和集体成分。这不仅使公有制经济的内涵更加全面、准确,而且揭示了公有制经济同其他所有制经济联合、合作,更好地发展生产力的广阔道路。公有制经济可以采取独资的形式,也可以采取合资的形式,通过资本的联合和生产技术的联系,推动、支配大量社会资本的运作,更好地发挥自己的主体作用。

第三,从质与量的统一上认识和把握公有制经济占优势的原则,指出在全国范围内公有资产占优势,要有量的优势,更要注意质的提高。把提高公有制经济素质问题突出地提到全党面前,具有重大的现实意义和深远意义。过去对公有制经济占优势,习惯于从量上认识,关注其比重的高低。毫无疑问,公有制经济要有量的优势,在全国经济总量中要保持大于非公有制经济的比重。但决非比重越高越好,像过去那样公有制比重过高,反而不利于发展生产力和巩固社会主义。在公有制为主体、多种所有制经济共同发展的经济格局中,公有制经济的比重到底占多少为宜,恐怕应当根据各个时期经济发展的水平和面临的任务,按照"三个有利于"的标准来把握。重要的是,在存在多种经济成分的竞争和开放的社会主义市场经济条件下,公有制经济要保持自己占优势的主体地位,就不仅要讲量的优势,更要关注质的提高。如果不努力提高公有制经济的素质和竞争力,产品货不对路或者质次价高,卖不出去,企业不能获得平均利润乃至发生亏损,这样公有经济就难以扩大再生产,公有资产就会损蚀和贬值,即使有了量的优势也难以保持。应当说,现在是到了以质保量的时候了。要保持公有制经济的优势,就必须在提高公有制经济素质上下功夫,在增强公有制经济的竞争力上下功夫。

第四,提出国有经济的主导作用,主要体现在控制力上。这个论断同样具有重大的现实指导意义。国有经济的控制力,一是体现在重要行业和关键领域的支配地位,二是要有活力,有强大的科技开发和市场竞争能力,能够对市场起引导作用。在重要行业和关键领域的支配地位,在有些领域或一定时期,可以借助于法律手段和政府的政策效力，但随着社会主义市场经济的发展和对外开放的深化，也越来越要靠国有经济自身的素质与竞争力。因此，维护和增强国有经济的主导作用，必须在优化国有经济结构、提高国有经济的活力和素质上下功夫，而不能单纯从量的比例上去筹划。只要坚持以公有制为主体，国家控制经济命脉，国有经济的控制力和竞争力得到加强，国有经济的比重减少一些，也不会影响国有经济的主导作用，影响我国的社会主义性质。

第五，充分认识发展城乡多种形式的集体经济，对于促进生产力和发挥公有制主体作用的重大意义。以往对集体经济存在一种轻视和忽视的倾向，总认为集体经济公有化的范围小、程度低，是公有制的初级形式，于是总要去"提高"它，急于向全民所有制过渡，以为这样才能巩固发展社会主义，结果事与愿违，吃了大亏。必须彻底改变这种脱离生产力水平笼统、抽象地用"高级形式""低级形式"来评价和取舍所有制的观念和做法。实践证明，在社会主义初级阶段，社会生产力水平决定集体经济有着非常广阔的发展前景。它可以有效调动劳动者的积极性，广泛吸收社会的分散资源，发展生产、扩大就业，增加公共积累和国家税收，体现共同致富的原则，对促进生产力和巩固公有制的主体地位起重要作用。所以，必须从实际出发，采取有力措施，支持、鼓励和帮助城乡多种形式的集体经济的发展。

第六，要把所有制同所有制的实现形式适当区别。公有制的实现形式可以而且应当多样化，要努力寻找能够极大促进生产力发展的公有制实现形式，大胆利用一切反映社会化生产规律的经营方式和组织形式。在这个问题上，当前普遍关注的，一是对股份制的认识和运用，二是对股份合作制的评价和态度。

股份制是现代企业的一种资本组织形式，有利于所有权和经营权的分离，有利于提高企业和资本的运作效率，资本主义可以用，社会主义也可以用。因此，对利用股份制要进行具体分析。一是在什么前提下为什么目的利用股份制。世界上存在资本家利用股份制来发展资本主义的事实，也存在一些原社会主义国家运用股份制取消国有经济、推行私有化的例证。能不能因此得出利用股份制就是搞私有化的结论呢？当然不能。我们利用股份制就同上述情况根本不同。我们是在肯定公有制占主体地位、国有经济要控制经济命脉和起主导作用的前提下，为了改革国有企业的管理体制，优化国有经济结构和素质而利用股份制。也不是所有国有企业都要搞股份制，实行股份制的企业也不都要和都能上市。这就是说，我们是立足于巩固和发展有中国特色社会主义的基点上利用股份制。二是对股份制企业的性质要分析，不能笼统说股份制是公有还是私有。关键看控股权掌握在谁手中，国家和集体控股，实际上掌握企业主要人事、收益分配和重大决策的控制权，用部分公有资本控制企业全部资本的运作，扩大公有资产的支配作用，增强了公有制的主体作用，因而具有明显的公有性。

关于股份合作制，也要作具体分析。当前城乡大量出现的股份合作制经济是改革中的新事物，它的生成渠道多种多样，内容也很不规范，只要符合实际需要，有利于促进生产，就要支持和引导，不断总结经验，逐步使之完善。那种以劳动者的劳动联合和劳动者的资本联合为主的形式，则是一种新型的集体经济，尤其要提倡和鼓励。

第七，指出非公有制经济是社会主义市场经济的重要组成部分，在坚持公有制为主体的前提下，要继续鼓励、引导，使之健康发展。对非公有制经济的这种估价，比过去说的"补充"进了一步，这是符合实际的。现在非公有制经济在全国经济总量中占24%，在某些地方、某些领域比重还要多一些。它们在动员资源、发展生产、满足人们多样化需要以及增加就业等方面都发挥了重要作用。

党的十五大报告在调整和完善所有制结构问题上的一系列论述和决策，是在坚持公有制为主体、国有经济起主导作用的前提下，使生产关系进一步符合和促进生产力发展，推进有中国特色的社会主义事业，这不是倒退，而是前进。它充分体现了以江泽民同志为核心的党中央高举和运用邓小平理论研究新情况、解决新问题的理论勇气和政治魄力，必将成为推进改革和发展的强大思想武器。

四

调整和完善所有制结构，深化国有企业改革和调整国有经济布局，是一项艰巨复杂的任务。实现这项任务，必须按照中央的方针，坚持解放思想，实事求是，勇于实践，大胆试验；同时注意一切从实际出发，尊重经济规律，尊重群众意愿，随时总结经验，避免损失。寻找能够极大促进生产力发展的公有制实现形式，包括实行股份制和股份合作制，是一个长期探索的过程，是一项政策性很强的工作。要正确引导，积极稳妥，循序渐进，求真务实，真正优化资源配置，提高经济效益，决不能搞形式主义，用行政办法强制推行，一哄而起，搞"一刀切"。

要注意抓好相关的配套改革和措施。适应社会主义市场经济发展的需要，加大政府转变职能的力度，积极推进政府机构改革，这无论对于深化企业改革还是实行企业跨行业、跨地区、跨所有制的联合、兼并，都具有重要意义。要切实搞好国有资产管理体制改革，建立有效的国有资产管理、监督和运行机制，保证国有资产保值增值，防止其流失。深化金融财税改革，继续执行适度从紧的财政货币政策，适时适度进行微调，巩固发展良好的宏观经济形势；积极推进商业银行企业化，加强对金融机构和金融市场包括证券市场的监督，规范和维护金融秩序，防范和化解金融风险。加快社会保险体系改革，实行社会统筹和个人账户相结合的养老、医疗保险制度，完善失业保险和社会救济制度，切实执行对城镇居民提供基本生活保障的制度。重视搞好再就业工程，要把握好改革、改组和人员分流的"度"，做到"稳中求进"；企业要采取多种办法吸纳下岗人员，不轻易推向社会；政府要依靠各方面的力量，关心和安排好下岗人员生活，搞好职业培训，拓宽就业门路，帮助他们走上新的工作岗位；广大职工应当转变就业观念，提高自身素质，努力适应改革和调整的新形势。总之，改革、调整既是国有经济提高和发展的必由之路，又是伴随一定阵痛的复杂过程，必须慎重仔细地做好各项有关工作，保证其顺利进行。

在改革和调整问题上，还要避免和防止"一股就灵""以股代管"等片面认识和做法。应当了解，即使找到并实行了一种好的所有制实现形式，也只是为促进发展提供了好的环境和条件，决不意味着一切问题都会自然而然得到解决。要把改革、调整提供的极大的发展可能变为现实，还要靠努力工作，靠改进和加强科学管理，推进科技进步，提高职工素质，扎扎实实地解决一个个问题。这里特别要重视企业领导班子建设。一个好的班子，可以正确领会中央的方针，并使之同本单位的实际结合起来，创造性地进行工作，取得很大的成效；一个素质不高的班子，则往往打不开局面，或者把正确的东西搞偏，给工作造成困难甚至损失。所以要始终抓紧领导班子建设，对企业领导人员进行必要的考核、培训，努力提高他们的政治素质和经营管理能力。

（原载《经济研究》1997年第11期）

向深层次推进国有企业改革

《中共中央关于制定国民经济和社会发展第十个五年计划的建议》（以下简称《建议》）指出，结构调整和经济发展，归根结底要靠改革。而国有企业改革，是整个经济体制改革的中心环节。"十五"期间，深化国有企业改革，对于促进国民经济的结构调整和快速发展有着极为重要的意义。

经过各方面的共同努力，2000年我们可以基本实现国有企业三年改革与脱困的目标。国有企业改革的进展，对我国经济在亚洲金融危机冲击和通货紧缩趋势影响的环境中，保持持续快速增长，起了重要作用。但同时也要看到，三年改革与脱困是一个阶段性目标，实现这个目标绝非国有企业改革的结束，而是深化改革的新的起点。要把国有企业转变为自主经营、自负盈亏的市场主体，使国有企业建立起不断进行技术创新和提高效益的内在机制，还有艰巨的工作要做。

深化国有企业改革的核心问题是探索国有制新的实现形式，使之同市场经济相衔接。这就要求通过一系列制度创新，架构起与这一目标相适应的国有企业的产权结构、组织结构和利益结构，形成新的经营机制。归结起来，就是建立"产权清晰、权责明确、政企分开、管理科学"的现代企业制度。为此，要着力抓好以下几个方面的工作。

一　推进多元投资主体的股份制改革

为了实现国有企业既保持国有制又能自主经营的目的，国有企业的所有权同经营权必须分离，同时又要保持所有权对经营权必要的制约。经过实践，实行股份制比其他办法更有助于解决这个问题。一是股份制可以引入多元投资主体，有利于所有权与经营权以及最终所有权与法人财产权的分离；二是股份制企业通过建立规范的法人治理结构，确保出资人到位，有利于防止所有者被架空，形成"内部人控制"；三是股市的公开披露制度，可以使上市公司的生产经营受到股东和公众的广泛监督；四是实行股份制，对重要企业国有资本要控股，其他企业不必都控股，这样，国有资本可通过控股、参股等形式，一方面使有限的国有资本集中用于更必要的领域，优化其结构和配置；另一方面又可用少量国有资本支配、带动更多的社会资本，放大国有资本的作用。同时，它还能有力地促进其他所有制经济的发展。

在党的十五大、十五届四中全会精神指引下，国有大中型企业的股份制改革取得了可喜进展，股份制的活力和生命力明显显现。不足的是，国有独资公司还比较多，在多元投资的股份制企业中，国有股独大的公司又占绝对多数。这说明股份制改革还不够规范和深入，应当继续加以改进。要按照《建议》的要求，鼓励国有大中型企业实行股权多元化的股份制改革，有条件的应规范上市。

二　探索国有资产管理的有效形式

这是实行政企分开的必然要求，也是确保出资人到位，建立规范的法人治理结构的重要条件。在国有企业改革中，为了做到既政企分开，使企业自主经营，又保证出资人到位，并使出资人的职权同其应负的经济责任相统一，就需要政府把行政管理的职能同国有资产所有者代表的职能分开，建立国有资产管理、监督和营运的体系和机制。经过探索，在这方面已初步形成了一个总的架构，这就是十五届四中全会提出的："国家所有、分级管理、授权经营、分工监督。"即国务院代表国家统一行使国有资产所有权，中央与地方政府分级管理国有资产，授权大型企业、企业集团和控股公司经营国有资产。这样，政府在保有国有资产最终所有权的前提下，授权母公司及控股公司作为国有资产的经营实体，并以所投资本、所持股份出资人的身份在企业到位。这就为克服政府既是裁判员又是运动员以及在企业的经营决策中权责脱节的弊病，指明了原则和方向。

落实这个架构，有几点是需要着重加以研究的：一是政府作为最终所有者代表的职能由哪个部门承担，是一个部门还是几个部门？如由一个部门承担，这个部门如何处理好同政府其他部门的关系？由几个部门承担，这几个部门又如何协调相互之间的关系，以避免由于所有者职能的分割而形不成统一意志？二是投机、委托的层次以多少为宜？层次太多，鞭长莫及，难以严格管理；层次太少，又会导致控股公司太多，不利于集中统一管理。三是如何在各个授权、委托层次建立起严密的制度和机制，使授权、委托者与被授权、被委托者都既能出于公心行使职权，又能充分发挥积极性，创造性地开展工作。

三 建立规范有效的法人治理结构

这是进行公司制改革、建立现代企业制度的核心，也是架构新的产权结构，把企业在所有权约束下充分行使经营权的机制从制度上具体加以落实的关键所在。其中，最主要的是要明确股东会、董事会、监事会和经理层的职责、形成各负其责、协调运转、有效制衡的机制。经过几年的公司制改革，我们在这方面取得了一定进展，但如何结合中国实际把法人治理结构规范有效地建立起来，还有待做扎实细致的工作。比如，如何正确处理"老三会"同"新三会"的关系，就是长期困扰我们的一个难题。党的十五届四中全会在总结实践经验的基础上，明确提出了解决这个问题的原则办法，把发挥企业党组织的政治核心作用和加强民主管理，同建立法人治理结构结合起来，取得了很大突破。当前要在认真落实上下功夫，抓紧形成具体的规范、制度，并严格执行。只讲原则，不去结合实际认真落实，或者有章不循、有规不依，使制度流于形式，是目前相当普遍的现象。这是改革难以取得实质性进展的重要原因，必须切实加以扭转。

四 面向市场转变企业经营机制

这是把竞争机制引入国有企业，使企业成为市场竞争主体的必备条件。产权结构、组织结构的改革，为企业经营机制的转换创造了前提，但新的机制并不能自然形成，还需要进行相应的改革和制度创新，形成相应的利益结构。党的十五届四中全会提出国有企业要形成一系列新机制，主要有以下几个方面。

（1）企业优胜劣汰的机制。这是在企业之间引入竞争机制，使优势企业能够在竞争中发展壮大，落后而又不能扭转落后局面的企业则遭到淘汰，退出市场。建立这种机制，就是既使优势企业能通过市场竞争获得自主发展的条件，又使被淘汰的企业有退出市场的法定通道。这样才能新陈代谢，推动企业不断进步，促进国有经济的整体素质不断提高。

（2）经营者能上能下、人员能进能出、收入能增能减的机制。这是把竞争机制引入企业内部，彻底打破"铁交椅""铁饭碗""大锅饭"，建立各方面的责任制度和相应的激励机制和约束机制的内在要求。要制定与现代企业制度相适应的经营者考核、奖惩和任免制度，劳动用工制度以及合理的收入分配制度。

（3）技术创新的机制。国有企业要不断发展和增进效益，必须不断推进技术进步和创新。在传统经济体制下,企业既无技术进步的动力与压力,也缺乏进行技术开发的必要财力和权力,因而技术停滞,效益低下。改革开放以来,情况有了明显改变,但并未从根本上解决问题。随着改革的深化,必须在建立企业技术进步机制上狠下功夫,使企业真正成为技术创新的主体。

(4)国有资产保值增值的机制。在传统经济体制下,国有资产管理缺乏严格的责任制度及相应的机制,存在谁都负责又谁都不负责,甚至谁都可以拿的现象,造成国有资产的巨额损失与流失。改革开放以来,一方面企业经营自主权不断扩大,另一方面所有权约束弱化,对经营者的监督机制也不健全,国有资产大量流失的情况时有发生。要管好用好国有资产,除了搞好上述几个方面的工作外,还要强调三点:一是建立健全严格的财务管理制度,包括企业预算、决算和审计制度,并在财务管理中运用现代技术手段,堵塞各种漏洞。会计师必须符合任职资格,并确保其独立行使职权。二是建立规范的监督制度。前两年国务院对一些重点国有企业派出稽查特派员。通过查账监督企业的生产经营,取得明显成效。最近,中央在总结经验的基础上,对重点国有独资和国有控股企业建立了外派监事会制度,以进一步规范和加强监督机制,对此要认真加以落实。三是严肃执法,深入持久地进行反腐败斗争。不仅要依法严惩贪污、受贿以及侵吞国有资产的犯罪行为,而且要依法惩处该职行为,反对奢侈浪费。

五 把国有企业改革同改组改造以及国有经济布局的战略性调整结合起来

深化国有企业改革,必须着眼于搞好整个国有经济。事实上,国有企业改革势必涉及企业的联合、兼并,涉及国有经济布局的调整,而搞好国有经济布局的战略调整也是推进国有企业改革的重要前提。应按照有进有退、有所为有所不为的原则,着眼于提高国有经济的整体素质和控制力，调整结构，突出重点，优化配置。对关系国民经济命脉的重要行业和关键领域，国有经济必须占支配地位；在支柱产业和高新技术产业，国有经济要保有重要的骨干企业；而在其他一般性行业，则应更多地发挥包括个体、私营经济在内的其他所有制经济的作用。国有经济布局的调整，应以企业为主体，充分发挥市场配置资源的基础性作用。政府要加强宏观调控和政策引导，但切忌用行政指令直接干预企业的联合改组。随着股份制改革的深化，各种所有制经济相互联合、相互参股，混合所有制经济将不断发展，这将对国有经济布局的调整和国有企业的改革发挥日益重要的作用。在这里，公有制有效实现形式的探索，同整个所有制结构的调整和完善紧密地结合在了一起。

六 搞好金融、劳动、社会保障等配套改革

国有企业改革是一项复杂的系统工程，涉及许多方面的工作。优势企业的改革、改组和发展，落后企业的关停并转，都要碰到职工的下岗与安置，债权、债务的处理，资金的融通与支持等一系列问题，处理不好就会影响社会稳定和改革的进程。所以，必须正确把握改革与调整的力度同各方面承受能力的关系，积极有序地推进改革。同时，必须搞好配套改革，加快社会保障体系建设。扩大劳动就业门路，规范和发展要素市场尤其是资本市场，等等。

（原载《人民日报》2000年10月3日）

抓住机遇迎接挑战　中国经济走向成熟

一

新的世纪，新的开端，我国已经进入了全面建设小康社会，加快推进社会主义现代化的新的发展阶段。第九个五年计划胜利完成，国民经济和社会发展取得了巨大成就。商品短缺状况基本结束，市场供求关系发生了重大变化；社会主义市场经济体制初步建立，经济发展的体制环境发生了重大变化；全方位对外开放格局基本形成，开放型经济迅速发展，我国对外经济关系发生了重大变化。

2001年是实施"十五"计划和迈向第三步战略目标的第一年，从国际上看，有两种趋势对我国经济产生了深刻的影响：一是经济全球化趋势；二是以信息技术和生物工程为代表的新的科技革命。随着全球跨国公司的迅速崛起，以兼并、重组为标志的全球产业结构调整高潮迭起。这对我国经济的发展具有两方面的意义：一方面，随着我国加入WTO进程的加快，我国市场正走向国际化，面临着激烈竞争和严峻挑战；另一方面，我国也面临着更多更好地利用国际先进技术，市场资源、资金、人才等加速自身发展的机会。

二

目前，我国工业已具有相当基础，是国民经济发展的重要依托。但是，我国工业化还没有完成，需要把发达国家在工业化实施之后出现的信息化，同我国工业化有机结合起来，积极采用高新技术和先进适用技术，加快传统产业技术改造；同时有重点地发展高新技术产业，把机遇变成现实，推动整个结构升级和经济持续发展。

经过20多年的改革开放，中国经济取得了较快发展，一些重要的工农业产品产量位居世界排行榜前列。在主要农产品中，谷物、肉类、棉花、花生、油菜籽、水果等居世界第一位，茶叶、大豆、甘蔗位居第二位。在主要工业产品中，钢煤、水泥、化肥、电视机产量居世界第一位，发电量、棉布产量居世界第二位。这些都为我国经济继续发展奠定了较好的物质技术基础。同时，改革的深化，开放的扩大，也为发展创造了比过去更好的条件。但是，我们的发展也面临着一些不容忽视的问题。比如，如何进一步加强农业基础，增加农民收入；如何继续推进国有企业改革，解决好下岗职工再就业问题；如何完善社会保障体系，整顿和规范市场秩序；如何调整和优化经济结构，等等。只有采取切实可行的措施，一步一个脚印地解决这些问题，才能使经济进入良性循环的轨道，增强国际竞争力。

三

作为市场竞争的主体，中国国有企业的改革发展，一向引起国内外的关注，特别是政府宣布国有企业改革和脱困目标以来，国企改革以及由此产生的深刻社会变化，更成为海内外考察分析当前我国经济运转和改革进程的主要线索之一。

现在，实践已经证明，在国家正确的宏观经济政策引导下，通过国有经济布局的战略性调整和国有企业的兼并、重组及改革，国有企业三年改革脱困目标已基本实现。2000年，我国国有及国有控股企业实现利润比1999年增加1.9倍，达到2400亿元，创历史最高水平。面对激烈的市场竞争，我国国有企业虽然实现了三年脱困的阶段性目标，但企业的机制转换并未到位，脱困的基础还不牢固。宏观经济环境的改善、出口增加、国内需求回升，以及银行降息等一些政策性因素，起了相当大作用，所以，深化国有企业改革的任务还很艰巨。国有经济是国民经济的主流和支柱。要按照有进有退的原则，继续对国有经济布局进行战略性调整，以优化资源配置，提高国有经济整体素质，增强国有经济控制力，更好地发挥国有经济的主导作用。在关系国民经济命脉的重要行业和关键领域，国有经济要占支配地位；在其他行业和领域，可以通过资产重组和结构调整，集中力量，加强重点要积极探索公有制的有效实现形式，鼓励国有大中型企业通过多种形式进行股份制改革，建立规范的法人治理结构，转换经营机制，真正成为市场竞争主体。

中国已有一批企业到境外上市，经营不断完善。我国正在成长起一批优秀企业家。通过改革、改组、改造，一些国有企业已经成为市场竞争的主力舰队。我国在发展国有经济和集体经济同时，还注重发展私营个体经济，充分发挥它们在发展生产、活跃市场、扩大就业等方面的重要作用。

现在，中国经济总量在国际上不算低，2000年国内生产总值已达8.9万亿元，按现行汇率折算达1万多亿美元，在世界排第七位。但是，从经济的质量和技术水平看，不仅同发达国家，即使同不少新兴工业国家相比，都还有相当的差距．我们的技术水平和经济质量亟待提高，只有提高技术水平和经济质量，才能在国际市场上增强竞争力，增加市场占有率。

加入WTO以后，中国经济将进一步进入全球经济发展的大格局中。这对我国来讲既是挑战也是机遇。我国经济正走向成熟。

（原载《人民论坛》2001年第8期）

深入研究和建设社会主义市场经济理论

改革开放 20 多年来，我国经济体制改革取得重大进展，初步建立了社会主义市场经济体制，推动了国民经济持续快速健康发展。与此同时，我国经济学也有了很大发展，初步形成了社会主义市场经济理论体系，成为马克思主义同中国实际相结合第二次飞跃所产生的理论成果——邓小平理论的重要组成部分。

我国社会主义市场经济理论，既同西方经济学有质的区别，也突破了传统的社会主义政治经济学的体系，提出并且基本解决了在公有制为主体的基础上发展市场经济这样一个长期困扰经济理论界的社会主义建设理论与实践的根本性的命题。概括地说，其要点如下。

（1）社会主义是一个很长的历史阶段。由于我国是在经济文化极为落后的基础上取得新民主主义革命胜利，并进而走上社会主义道路的，因而在确立社会主义基本制度后将长期处于社会主义初级阶段。这个阶段的根本任务，是发展生产力，完成西方发达国家在资本主义制度下实现的社会生产的工业化、现代化，既进行传统产业革命又迎头赶上新科技革命，相应推进社会化、市场化，并不断完善社会主义的生产关系、上层建筑。

（2）同我国社会主义初级阶段生产力水平相适应的基本经济制度，是以公有制为主体、多种所有制经济共同发展的制度。公有制经济是社会主义制度的基础，也是推动生产力发展的主力；坚持以公有制为主体，是我国社会的社会主义性质与发展生产力的共同要求。包括私营经济在内的非公有制经济，也是发展多层次生产力所必需的，是社会主义市场经济的重要组成部分。在中国共产党领导下，在以公有制为主体的前提下，公有经济与非公有经济的利益统一于发展生产力、建设有中国特色社会主义事业之中，同时它们之间也存在矛盾。深入研究和揭示这种所有制结构运动发展的规律，研究不同时期、不同领域、不同地区如何正确坚持和把握以公有制为主体和发展多种所有制经济的格局，处理好公有经济与非公有经济之间的矛盾，探索两者既相互竞争又相互促进、联合渗透、各展所长、优势互补的条件与形式，从而推动生产力迅速发展和社会全面进步，这是社会主义市场经济学的一个重大课题。

（3）在社会主义初级阶段，存在多种所有制经济，同时劳动还是谋生手段，因而社会生产的运行形态必然是商品经济、市场经济，在政府宏观调控下市场对资源配置起基础性作用。这样，一方面要改革在计划经济时期形成的排斥市场机制的公有制主要是国有制的实现形式，建立有序的市场体系，并使之同市场机制相衔接，能够遵循市场经济的运行规则，大胆吸收和借鉴世界各国包括资本主义发达国家的一切反映现代社会化生产和商品经济一般规律的先进经营方式和管理方法；另一方面，要培育、发展包括商品市场和要素市场在内的、全国统一和竞争有序的市场体系，并使市场经济的运行，在承认和调动个体利益与局部利益的同时，体现公有制为主体形成的全局利益和实现共同富裕的本质要求，把社会主义能够集中力量办大事同市场有效配置资源结合起来，在经济调节中把"看不见的手"同"看得见的手"结合起来，创造出一种局部利益与整体利益、微观效益与宏观效益达到最佳配合的更高的劳动生产率。社会主义公有制特别是国有制，同市场经济之间存在矛盾，但决非互不相容。不能认为只有以私有制为基础才实行市场经济，坚持公有制为主体便不能搞市场经济；为了使公有制同市场经济相衔接，不能否认改革传统的国有制形式的必要性，也不能否认社会主义公有制为主条件下的市场经济有其不同于资本主义私有制基础上市场经济的特点。社会主义市场经济是一个复杂的矛盾统一体，是史无前例的理论和制度创新。不少具体方法和形式可以实行"拿来主义",西方经济学中的科学成分和有益方法也可加以应用,但总的来说许多东西没有现成的经验可以照搬,需要在改革和发展的实践中进行艰苦探索,在总结经验的基础上作出新的理论概括,创造新的概念和范畴。

(4)同社会主义初级阶段所有制结构相适应的分配制度,是按劳分配为主体、多种分配方式并存的制度。同时,要建立符合我国国情的健全的社会保障体系。要坚持允许一部分地区一部分人先富起来、带动全国共同富裕的方针,坚持效率优先、兼顾公平的原则。深入研究和揭示先富与共富、效率与公平之间的矛盾运动规律,研究按劳分配的内涵及其同其他分配方式的关系,探寻各种有效的分配形式,既反对平均主义,充分发挥收入分配差距的约束和激励作用,又防止收入分配差距悬殊,影响有效需求的正常增长和社会矛盾的激化。

(5)在世界经济全球化趋势不断增强、新科技革命迅猛发展的国际环境下,我国经济和社会发展必须高度重视科技进步的决定性作用,把发展教育放在优先的战略位置。要深入研究我国社会主义初级阶段生产力发展的内涵与规律,揭示影响速度与效益的各种因素及其变化、产业结构和地区布局的现状和演进趋势,以及经济发展与人口、资源、环境相协调的内在规律,探索我国经济社会发展战略的客观依据。

(6)坚持对外开放,积极参与国际经济分工与合作,充分利用两个市场、两种资源为发展国内经济服务。要正确把握对外开放与独立自主的关系,在激烈竞争和复杂斗争中,趋利避害,抓住机遇加快发展,维护国家安全。要建立符合国际经贸规则和我国国情的对外经贸体制,研究对外经济战略,既要"引进来",又要"走出去",使我国既能得益于国际经济的分工与合作,又能对世界经济发展作出应有的贡献。

(7)加强社会主义民主法制建设。建立健全社会主义市场经济的法律体系，从法制上保证社会主义市场经济的健康运行和持续发展。

（8）在建设社会主义物质文明同时，建设社会主义精神文明，以保证社会经济发展的正确方向，并为之提供强大的精神动力。不能片面夸大上层建筑的作用，但也决不可忽视社会主义上层建筑对巩固和发展社会主义经济基础的能动作用。

20多年来，我国经济学的发展生气勃勃、取得如此重大成果的原因，我觉得有几点不能忽视。

第一，以马克思主义辩证唯物主义和历史唯物主义为指导，坚决排除了长期"左"的思想干扰。坚持实践是检验真理的唯一标准，解放思想，实事求是；坚持生产力标准，以生产力为最终决定因素，联系上层建筑的反作用，来研究生产关系的运动。这样，才有了社会主义初级阶段的论断；才克服了脱离生产力水平，片面夸大上层建筑的作用，在所有制形式上"急于过渡""急于求纯"的错误观点，正确提出了社会主义初级阶段的基本经济制度和继续调整完善所有制结构的任务；才突破了计划经济是社会主义基本特征的传统观念，终于确认了社会主义商品经济、市场经济范畴，提出并初步建立了社会主义市场经济体制；才提出了先富与共富、效率与公平、按劳分配为主与多种分配方式并存等一系列新的有关分配关系的重大论断；才确立了分阶段、有步骤实现现代化，以及科教兴国和可持续发展等一系列新的发展思路与战略；如此等等。

第二，理论联系实际，这是理论创新的源泉所在。不断研究新情况，解决新问题，总结新经验，从实践探索中进行理论思考，在实践—理论—实践的反复循环中不断深化认识，创新理论。比如，在所有制结构问题上，开始提出要适应生产力水平，实行以公有制为主、多种经济成分并存的方针，并认为非公有制经济仅发挥辅助作用；后来认识随着改革实践不断深化，党的十五大进而把以公有制为主体、多种所有制经济共同发展确立为我国社会主义初级阶段的基本经济制度，并提出私营经济、个体经济是社会主义市场经济的重要组成部分。在市场与计划问题上,情形也是这样。改革开放初期,基本依据党的八大的精神,提出计划经济为主、市场调节为辅的观点,以后随着实践不断发展,认识逐步深化,相继提出了"社会主义经济是有计划的商品经济""计划调节与市场调节相结合""计划与市场都是覆盖全社会的",计划与市场相结合的具体模式是"政府调控市场,市场引导企业"等,最后邓小平同志"南方谈话"提出"计划多一点还是市场多一点,不是社会主义与资本主义的本质区别";接着,江泽民同志在党的十四大报告中提出我国经济体制改革的目标是要建立和完善社会主义市场经济体制,从而彻底摆脱了传统观念的束缚,把我国经济体制改革的理论与实践推进到一个新的阶段。这种实践不断发展、认识逐步深化的过程,同我国体制改革的渐进性相吻合,是符合马克思主义认识论所揭示的规律的,其效果也是好的。重要的是,要提倡解放思想、实事求是。在改革中要大胆探索、勇于创新,同时在重大措施上要谨慎从事,从现实的可能中安排改革的步骤,并注重对重要改革进行试点,探索前进。这样,才能既突破传统观念和习惯的束缚,开始新的实践,取得新的认识,又不致在没有把握或条件不具备的情况下草率从事,出台并不准确或者超过承受能力的改革措施,造成欲速不达的负面结果。

第三,贯彻"百花齐放、百家争鸣"的方针。注意区分学术问题与政治问题,实行"研究无禁区、宣传有纪律"的原则,营造比较宽松的学术研究和学术讨论的环境。对于一些认识暂不一致的问题,提倡可以试,也允许看,以实践的结果统一认识、决定取舍。这就调动了各方面研究和探索问题的积极性,也突出了实践的权威性,引导人们去积极参与、了解实践,走理论与实践相结合的道路,为理论创新提供不竭之源。

应当如实看到,我们已经取得的成果,只是为建立社会主义市场经济理论体系提供了一个初步基础,充实和完善这个体系的任务还十分艰巨。有一系列重大问题有待于我们在实践中去继续探索,已形成的政策和论断有不少需要加以具体化,并在实践检验中不断修正和完善。任重而道远。勇于实践,勤于思考,敢于创新,仍然是中国经济学进一步发展所必须坚持和发扬的精神。

(原载《经济研究》2001年第7期)

迎接信息网络化的挑战

进入20世纪90年代以来，信息技术呈跳跃性发展，并变成了网络化信息。信息网络化对经济的影响远远超过任何一个时代信息对经济的影响程度。

从世界经济发展的角度来看，信息网络化对中国经济带来一系列挑战。

第一个挑战是发达国家的信息网络化极大地推动了经济的发展，如果我们不迎头赶上，与发达国家在经济总量上的差距有进一步拉大的趋势。在信息网络化过程中存在马太效应，即在一定条件下，优势或者劣势一旦出现，就会不断加剧和自动强化，出现滚动的累积效果。这一现象还会随着发达国家加大信息网络化建设投入而明显放大。

第二个挑战是周边国家信息网络化对我们的挑战。在发达国家进行大规模信息网络化建设的同时，亚洲许多国家也在不遗余力地推进国家的信息网络化建设。20世纪90年代以来，新加坡制定了"信息技术2000年计划"，目标是建设更先进的国家信息基础设施，把新加坡建成一个"智力岛"。1997年亚洲金融风暴猛烈冲击韩国，使以大财团、综合商社为中心的韩国传统经济陷入了前所未有的困境。面对困境，韩国政府推行新的经济政策，即以信息产业为主导，扶持中小企业发展。韩国政府计划到2015年共投入550亿美元，兴建韩国的"信息高速公路"，并提出把韩国建设成信息技术与信息经济领先的国家。印度在发展信息技术方面也不甘落后，掀起了一场网络革命。近年来，印度软件出口每年以60%的速度增长。周边国家都在利用信息网络化发展自己的经济，并已经取得显著的成绩。这对我们也是严峻挑战。在这场竞争中，我们决不能落后。

第三个挑战是信息网络化对经济体制的挑战。尽管我们已经初步建立了社会主义市场经济体制，但这个体制尚不完善，许多改革还有待于进一步深化，还存在种种不能适应信息化发展的因素。比如，侵犯信息知识产权的事件经常发生，信息知识产权还没有得到完整、有效的保护；信息知识产权资本化的进程还受到种种制约；等等。

要迎接信息网络化的这些挑战，就必须按照《中华人民共和国国民经济与社会发展第十个五年计划纲要》的精神，扎实工作，作出积极有效的努力。

"十五"计划提出：建设一批重大高技术工程，主要是高速宽带信息网等；以信息化带动工业化；建设信息技术设施，提高网络容量和传输速度；广泛应用信息技术，推动信息技术在国民经济和社会发展各领域的广泛应用；发展电子、信息产品制造业。具体地说，可以从以下几个方面做好工作。这些工作做好了，我们面临的一系列挑战就会转变成发展的机遇。

①统一思想，把国家的信息网络化建设提高到战略高度来认识。要充分认识到信息网络化不仅仅是建立几个信息企业、生产几千万台电脑，更为主要的是要推进国民经济和社会的信息化。从这个角度讲，信息网络化建设是关系现代化建设全局发展的战略决策。

②抓紧建设国家信息基础设施，继续建设宽带高速传输网络，大力发展高速互联网；高度重视信息资源的开发利用；推进电信网、广播电视网和计算机网的三网融合；提高通信普遍服务水平，加快西部信息化进程。

③加速发展信息技术和信息产业。包括提高信息化装备能力；突破产业发展在集成电路、软件、信息平台等方面的技术瓶颈；积

极引导和推动数字技术的应用；增强技术创新能力，加速产品更新换代，争取在若干领域尽快取得技术上的群体性突破。

④大力推进信息技术在国民经济各部门的实际应用，包括改造和提升传统产业；促进国民经济和社会服务信息化；推动企业信息化；加快电子商务的发展；统筹规划，实施信息化重大工程；等等。通过信息网络化的建设，使国民经济各部门在生产方式、经营手段等方面都有比较大的改变，提高整个国民经济的效率和素质。

⑤制定相关政策推动信息网络化及其技术的发展。国务院近日出台《鼓励软件产业和集成电路产业发展的若干政策》，有关部门应当抓紧制定相关的实施细则。利用税收政策、采购政策、资本市场的政策推动信息网络化领域的技术创新。

⑥深化经济体制改革，尤其要加快生产信息产品的大型国有企业建立现代企业制度的步伐。采取股权多元化、主板市场和二板市场上市、债转股等措施，使国有信息产品生产和运营企业加快转变经营机制，真正成为市场竞争的主体。

⑦加快信息技术领域的国际合作，为我国的信息网络化争取一个有利的国际环境。我国的信息网络化建设不是在封闭的环境中进行的，而是在积极参与国际竞争和合作中进行的。要通过对外开放，利用成熟的信息技术发展自己，力争实现跨越式发展。

⑧尽快普及全民的信息网络化知识。信息化关系到我们民族在21世纪的崛起与繁荣，普及全民的信息化知识十分必要。我们应该像抓普法一样，抓信息化知识的普及，要系统地学习信息网络化的相关知识。某种程度上，信息网络化知识的拥有量和拥有程度不仅关系着个人在未来知识经济时代的发展前景，而且影响到一个国家与民族的未来。

（原载《人民日报》2001年8月13日）

我国市场取向改革的实践与理论创新

党的十六届三中全会通过的《中共中央关于完善社会主义市场经济体制若干问题的决定》(简称党的十六届三中全会《决定》),是进一步深化改革、促进经济社会全面发展的纲领性文件,是实现全面建设小康社会奋斗目标强有力的体制保证。

二十多年来,我国经济体制改革的理论与实践在探索中不断前进,取得举世瞩目的伟大成就。改革的基本取向是逐步增强市场在调节经济和配置资源中的作用,提高国民经济的市场化程度。

回顾过去,展望未来,改革历程大体可以分为三大阶段。

第一阶段市场机制逐渐增强,改革目标不够明确

第一阶段(1978年至1991年)是探索发展阶段。改革的主线是探索社会主义经济体制改革的目标模式,其核心是在社会经济活动中引入市场机制,正确认识和处理计划与市场的关系。

党的十一届三中全会明确提出,要多方面改变同生产力发展不适应的生产关系和上层建筑,提出按经济规律办事,重视价值规律的作用,决定首先启动农村改革。从此,中国经济进入改革开放时代。

党的十二大在传统的计划经济理论上打开了一个缺口,提出要以计划经济为主、市场调节为辅,正确划分指令性计划、指导性计划和市场调节各自的范围和界限,把实行对外开放作为我国坚定不移的战略方针。党的十二届三中全会《中共中央关于经济体制改革的决定》,突破了把计划经济同商品经济对立起来的传统观念,第一次提出社会主义经济是公有制基础上有计划的商品经济,并进一步提出要缩小指令性计划的范围，扩大指导性计划和市场调节的范围，开始启动以城市为重点的整个经济体制改革。

党的十三大使市场取向的改革向前迈出了重要一步，提出社会主义有计划商品经济的体制应该是计划与市场内在统一的体制，计划和市场的作用范围都是覆盖全社会的，要实行"国家调节市场、市场引导企业"的经济运行机制，使计划与市场的关系更加明晰。

伴随着理论的深化和思想的解放，改革实践也日趋深入。改革首先从农村开始，废除人民公社制度，实行家庭联产承包责任制，迅速搞活了农村经济，乡镇企业异军突起。在城市进行了包括企业体制、计划、物资、劳动工资、金融、商贸、物价、财税等多方面的改革，其重点是国有企业从扩权让利到两权分离和承包经营的机制转变，其关键是价格体制从调放结合、双轨制到市场定价的过渡。与之相应，计划体制方面指令性计划大幅度缩小，指导性计划成为主要形式，市场机制的作用逐步增强；财税体制进行了财政包干、利改税和健全税制的改革；金融体制方面建立了中央银行体制，发展了专业银行等多种金融机构，积极培育金融市场，配合股份制试点开始向社会公开发行股票，成立沪、申两个证券交易所。对外开放方面，从设置经济特区、开放沿海城市到开放沿海经济带，并积极吸引外资，发展外向型经济，开放格局不断扩大。总的来看，这一阶段的改革在许多方面取得了重大成果，但经济体制改革的目标模式还不够明确，市场在资源配置中的基础性作用尚未正式确立。

第二阶段 市场经济体制初步建立，体制性障碍尚未突破

第二阶段（1992年至2000年）是初步建立社会主义市场经济体制阶段。改革的主线就是探索如何建立社会主义市场经济体制的基本框架，其核心是如何发挥市场在资源配置中的基础性作用。

以1992年邓小平"南方谈话"和党的十四大为契机，在计划与市场关系问题上的认识上有了新的重大突破。党的十四大明确提出我国经济体制改革的目标是建立社会主义市场经济体制，要使市场在社会主义国家宏观调控下，对资源配置起基础性作用，这从根本上解除了把计划经济和市场经济看作不同社会制度基本特征的思想束缚，标志着我国改革开放和现代化建设进入一个新阶段。1993年党的十四届三中全会《中共中央关于建立社会主义市场经济体制若干问题的决定》，勾画了社会主义市场经济体制的基本框架，提出了"五大支柱"，即建立适应市场经济要求的产权清晰、权责明确、政企分开、管理科学的现代企业制度；统一开放、竞争有序的市场体系；以间接手段为主的完善的宏观调控体系；效率优先，兼顾公平，以按劳分配为主体多种分配方式并存的收入分配制度；适应国情的多层次社会保障制度。党的十五大对丰富和发展社会主义市场经济理论作出了重大贡献，明确提出公有制为主体、多种所有制经济共同发展是我国社会主义初级阶段的一项基本经济制度，要全面认识公有经济的含义，从战略上调整国有经济布局，增强国有经济的控制力，提出公有制实现形式可以而且应当多样化；明确提出对国有大中型企业实行规范的公司制改革；分配制度上提出要把按劳分配和按要素分配结合起来。党的十五届四中全会是对党的十五大关于国有企业改革和发展原则规定的具体化，进一步明确了推进国有企业改革和发展的主要目标和指导方针，提出从战略上调整国有经济布局和结构的具体方针，首次提出放开搞活国有中小企业，把建立公司法人治理结构作为国有大中型企业进行规范的公司制改革的核心，要求积极探索国有资产管理的有效形式等。

　　由于目标明确，这一阶段改革实践的重要特点是整体推进、重点突破，注重制度建设和体制创新。从1994年开始，财政、税收、金融、外贸、外汇、计划、投资、价格等方面的配套改革相继取得重大突破。如财税体制改革包干制，实行分税制；金融体制初步实现政策性金融与商业性金融的分离，实施人民币汇率并轨。从1998年开始，不失时机地推进了国有企业的改革与脱困工作，进行国有经济布局和结构的战略性调整，大力支持非公有制经济的发展；市场体系包括商品市场和各类生产要素市场的建设均取得重大进展，整顿和规范市场经济秩序工作取得阶段性成果；积极推进社会保障制度改革，基本确立起社会保障体系的框架；适应市场经济的要求，转变政府职能，对政府机构进行重大改革。对外开放从沿海、沿边、沿江扩展到内陆，基本形成全方位、宽领域、多层次的对外开放格局，以加入世贸组织为标志，对外开放进入新阶段。总体来看，经过这一阶段的改革实践，国民经济的市场化程度进一步提高，市场在资源配置中的基础性作用日益明显，社会主义市场经济体制初步建立。但仍然是初步的、不完善的，特别是加入世界贸易组织后，许多深层次的矛盾和问题开始凸显，一些体制性的障碍尚未突破。

第三阶段建立现代企业制度，完善市场经济体制

第三阶段（2001年至2020年）是逐步完善社会主义市场经济体制阶段。党的十六大提出21世纪头二十年全面建设小康社会的宏伟目标，提出基本实现工业化，建成完善的社会主义市场经济体制和更具活力、更加开放的经济体系的任务。党的十六届三中全会《决定》，就是落实十六大的任务，就完善社会主义市场经济体制作出的明确部署。

党的十六届三中全会《决定》在重大理论观点、方针政策和体制架构方面有许多创新。其中，在改革理论上有两个突出的亮点。一个是关于股份制成为公有制的主要实现形式的论断，另一个是提出建立健全现代产权制度。党的十六届三中全会《决定》提出，要适应经济市场化不断发展的趋势，进一步增强公有制经济的活力，大力发展国有资本、集体资本和非公有资本等参股的混合所有制经济，实现投资主体多元化，使股份制成为公有制的主要实现形式。我国从20世纪90年代开始，公司制发展迅速。有关资料显示，到2001年年底，除个体户外，90%以上的新建企业为股份制企业，70%以上的老企业改为股份制企业。改革实践表明，从放权让利的国有企业改革——推进股份制和发展非公经济——发展混合所有制经济——股份制或混合所有制成为国有制的主要实现形式，表明我国公有制特别是国有制找到了一个与市场经济相结合的形式和途径。建立归属清晰、权责明确、保护严格、流转顺畅的现代产权制度，首先是国有企业建设现代企业制度的需要，因为产权清晰是现代企业制度的首要特征。改革国有资产管理体制，也是要解决产权清晰问题，使国有企业出资人到位。集体企业改革，也要以明晰产权为重点。建立现代产权制度，更是大力发展非公有制经济和混合所有制经济的根本前提。因此，建立现代产权制度是完善基本经济制度的内在要求，是构建现代企业制度的重要基础。

当前改革进入攻坚阶段，要触及一些深层次体制性障碍，利益关系也面临重大调整，只有坚持解放思想、实事求是，与时俱进，把党的十六届三中全会《决定》的各项重大部署落到实处，才能实现党的十六大提出的建成完善的社会主义市场经济体制和更具活力、更加开放的经济体系的重大任务，最大限度地发挥市场在资源配置中的基础性作用，为全面建设小康社会提供强有力的体制保障。

（原载《经济参考报》2003年10月21日，与张卓元合作）

编选者手记

桂世镛同志在理论研究部门和综合经济部门积累了长期的工作经验，并曾在人民日报社、国家计委、国务院研究室、国家行政学院担任重要的领导职务。他曾多年参与中共中央、国务院有关重要文件和报告的起草。他笔耕不辍，在政治经济学体系研究、宏观经济管理、经济体制改革和人力资源开发等方面作出了重要贡献，有很高的理论水平、政策水平、文字水平，在经济理论研究和经济管理实践方面成绩显著，在经济界、理论界和社会上具有广泛影响。本文集编选了桂世镛同志生前从 1959 年到 2003 年间，从事经济研究和政策研究工作所写文章中具有代表性的作品。所选篇目突出了桂世镛同志在经济研究和政策研究的贡献，并主要选取了其在权威和核心期刊中发表的作品，以发表时间先后排序。计划经济时期，桂世镛同志提出体制问题的核心是国家与企业的关系，社会主义国家对企业也应该考核利润，并提出了明确企业内部层层责任并与奖惩挂钩的必要性等理论。改革开放以来，经济建设成为重心任务，同时实行改革开放，经济发展战略和经济体制都有了重大的转变，桂世镛同志围绕经济生活中的突出问题，从实践经验中探索规律性的内容，伴随着改革开放与经济建设的发展进程，其作品主要涉及发展目标与总体战略、经济效益与发展速度、总量平衡与产业政策、计划与市场、经济调整与治理整顿、国有企业改革、改革开放与建设发展等方面。

桂世镛同志的文章，清晰地体现出了中华人民共和国成立以来中国经济发展的阶段和进程。他的治学精神，值得我们每一位经济学人学习。

何伟

2018 年 10 月

《经济所人文库》第一辑总目(40种)

(按作者出生年月排序)

《陶孟和集》	《戴园晨集》
《陈翰笙集》	《董辅礽集》
《巫宝三集》	《吴敬琏集》
《许涤新集》	《孙尚清集》
《梁方仲集》	《黄范章集》
《骆耕漠集》	《乌家培集》
《孙冶方集》	《经君健集》
《严中平集》	《于祖尧集》
《李文治集》	《陈廷煊集》
《狄超白集》	《赵人伟集》
《杨坚白集》	《张卓元集》
《朱绍文集》	《桂世镛集》
《顾　准集》	《冒天启集》
《吴承明集》	《董志凯集》
《汪敬虞集》	《刘树成集》
《聂宝璋集》	《吴太昌集》
《刘国光集》	《朱　玲集》
《宓汝成集》	《樊　纲集》
《项启源集》	《裴长洪集》
《何建章集》	《高培勇集》